텐서플로로 시작하는 딥러닝
Deep Learning Getting Started with TensorFlow

TensorFlow de Manabu Deep Learning Nyumon

Copyright © 2016 Etsuji Nakai

Original Japanese edition published by Mynavi Publishing Corporation
Korean translation rights arranged with Mynavi Publishing Corporation through
The English Agency (Japan) Ltd. and Danny Hong Agency.

텐서플로로 시작하는 딥러닝
Deep Learning Getting Started with TensorFlow

초판 1쇄 발행 2017년 7월 12일 **2쇄 발행** 2017년 12월 18일

지은이 나카이 에츠지
옮긴이 진명조
펴낸이 장성두
펴낸곳 제이펍

출판신고 2009년 11월 10일 제406-2009-000087호
주소 경기도 파주시 회동길 159 3층 3-B호
전화 070-8201-9010 / **팩스** 02-6280-0405
홈페이지 www.jpub.kr / **원고투고** jeipub@gmail.com
독자문의 readers.jpub@gmail.com / **교재문의** jeipubmarketer@gmail.com

편집부 이민숙, 황혜나, 이 슬, 이주원 / **소통·기획팀** 민지환 / **회계팀** 김유미
교정·교열 배규호 / **본문디자인** 성은경 / **표지디자인** 미디어픽스
용지 에스에이치페이퍼 / **인쇄** 한승인쇄 / **제본** 광우제책사

ISBN 979-11-85890-87-6 (93000)
값 24,000원

제이펍은 독자 여러분의 아이디어와 원고 투고를 기다리고 있습니다. 책으로 펴내고자 하는 아이디어나 원고가 있으신 분께서는
책의 간단한 개요와 차례, 구성과 저(역)자 약력 등을 메일로 보내주세요.   jeipub@gmail.com

텐서플로로 시작하는 딥러닝

Deep Learning Getting Started with TensorFlow

나카이 에츠지 지음 | **진명조** 옮김

제이펍

차 례

머리말

딥러닝의 세계에 오신 것을 환영합니다. 이 책은 머신러닝과 데이터 분석을 전문으로 하지 않는 분들을 위한 책입니다. 그렇지만 딥러닝의 역사나 인공지능의 전망을 말하는 계몽서는 아닙니다. 딥러닝의 대표적인 예라고 할 수 있는 '합성곱 신경망(CNN)'의 구조를 근본부터 이해하는 것, 그리고 텐서플로를 이용해 실제로 동작하는 코드를 작성하는 것이 이 책의 목표입니다.

딥러닝이 세상의 주목을 받기 시작한 것은 "신경망이 이미지를 인식했다"라고 구글이 발표할 무렵부터입니다. 그후 DQN(Deep Q-Network)이라는 알고리즘이 비디오 게임 제어를 학습하고, 나아가 신경망을 이용한 머신러닝 시스템이 바둑 세계 챔피언을 이기는 등 놀라운 결과를 만들어 내고 있습니다. 그리고 이러한 딥러닝의 해설 기사에 반드시 등장하는 것이 바로 다수의 뉴런이 여러 층 결합된 '다층 신경망'을 도식화한 그림입니다. 이 신경망 내에서 대체 무슨 일이 일어나는 것인지, 딥러닝 알고리즘은 어떤 원리로 학습하는 것인지를 '어떻게 해서든 이해하고 싶다!'라고 느끼는 여러분이 바로 이 책의 대상 독자입니다.

사실, 딥러닝의 기저에는 오래전부터 있던 머신러닝의 원리가 있습니다. 간단한 행렬 계산과 기초적인 미분을 알면 그 구조를 이해하기는 그리 어렵지 않습니다. 이 책은 필기 문자를 인식하도록 처리하는 합성곱 신경망을 구성하는 각 요소의 역할에 대해 신중하게 설명합니다. 또한, 딥러닝의 학습 처리 라이브러리인 텐서플로를 이용해 실제로 동작하는 코드를 통해 각 요소의 동작 원리를 확인합니다. 레고 블록을 짜 맞추듯이 네트워크를 구성하는 요소를 늘려 감으로써 인식 정확도가 향상되는 모습을 관찰할 수 있을 것입니다.

아울러 텐서플로의 공식 웹사이트에는 다양한 예제 코드가 공개되어 있습니다. 이 코드를 실행해 봤지만 코드의 내용을 잘 몰라 응용을 하려 해도 어디서부터 손을 대야 할지 모르겠다는 목소리가 많았습니다. 이 책을 통해 딥러닝의 근본 원리, 텐서플로 코드 작성법을 학습하면 다음 단계가 눈에 보일 것입니다. 딥러닝의 심오함과 재미를 맛보는 것은 결코 전문가만의 특권이 아닙니다. 이 책을 통해 지적 탐구심이 넘치는 여러분이 딥러닝의 세계로 한 발 내딛는 계기가 된다면 필자에게는 더없는 기쁨일 것입니다.

나카이 에츠지

감사의 글

책을 집필하고 출판하면서 도움을 주신 분들께 감사드립니다.

이 책을 구상하게 된 것은 주식회사 KUNO의 이토 스구르(佐藤 傑) 님이 주최하는 '텐서플로 연구회'에 참가했을 때입니다. 텐서플로를 이용해 누구나 간단하게 딥러닝을 체험할 수 있게 되었지만, 그 내용을 제대로 이해하고 싶어 하는 참가자가 많다는 것을 알게 되었습니다. 역사나 전망을 말하는 계몽서가 아니고, 그렇다고 해서 전문가를 대상으로 한 난해한 해설서도 아닌, 딥러닝을 근본부터 이해하기 위한 일반인 대상의 입문서를 집필하고 싶다는 생각을 마음속에 갖게 되었습니다.

이 생각을 구체화하자는 제안을 하고, 책으로 펴내기 위해 많은 지원을 해 준 마이나비 출판의 이사 도모코(伊佐知子) 님에게 다시 한 번 감사의 말씀 전합니다. 또한, 이 책을 집필하는 데 기술 정보를 제공해 준 구글의 사토 가즈노리(佐藤一憲) 님, 이와오 하루카(岩尾はるか) 님에게도 고마움을 전합니다.

마지막으로, 이 책을 집필하는 도중에 필자의 소속 회사가 바뀌는 인생의 전기가 있었습니다. 새로운 도전을 항상 긍정적으로 응원해 주는 아내 마리와 사랑스러운 딸 아유미에게도 고마운 마음을 전하고자 합니다. "아빠가 이제부터는 검색 잘하는 회사에서 열심히 일할게!"

이 책에 대하여

이 책의 내용과 읽는 방법

이 책은 딥러닝의 대표적인 예로 필기 문자를 인식하게 하는 '합성곱 신경망(CNN)'을 다루며 그 구조를 설명하고 있습니다. 딥러닝에서 이용되는 신경망은 다양한 역할을 하는 요소로 구성되어 있으며, 각각의 역할을 차례대로 이해하는 것이 목표입니다. 또한, 구글이 오픈소스 소프트웨어로 공개하고 있는 '텐서플로'를 이용해 실제로 동작하는 코드를 사용해서 각 요소의 동작 원리를 확인합니다. 이 책에서 사용하는 코드는 깃허브(GitHub)에 공개되어 있으며, 다음의 URL을 통해 내용을 확인할 수 있습니다.

- 원서: https://github.com/enakai00/jupyter_tfbook
- 번역서: https://github.com/Jpub/TensorflowDeeplearning

텐서플로는 신경망 구성을 파이썬 코드로 표현하며, 학습용 데이터를 이용해 신경망을 최적화하는 처리를 자동적으로 수행하는 기능을 제공합니다. 1장에서 설명하는 과정에 따라 텐서플로 실행 환경을 준비한 다음, 실제로 코드를 실행해 가면서 책을 읽어 갈 것을 권장합니다. 1장부터 차례로 읽어 가면서 머신러닝의 기본이 되는 개념부터 시작해서 텐서플로를 이용한 코드 작성법과 합성곱 신경망을 구성하는 각 요소의 역할을 단계적으로 이해할 수 있도록 구성하였습니다.

한편, 이 책에서 다루는 합성곱 신경망은 텐서플로 공식 웹 사이트의 튜토리얼에 'Deep MNIST for Experts'로 소개된 것을 거의 그대로 다루었습니다. 이는 MNIST 데이터 세트라는 필기 문자(숫자) 이미지 데이터를 분류하는 것으로, 최종적으로 약 99%의 인식률을 달성하고 있습니다.

"튜토리얼의 코드는 실행할 수 있는데 내용은 잘 모르겠어요."

"이 코드가 무슨 작업을 하는지 제대로 이해하고 싶어요."

이 책은 위와 같이 느끼는 독자들에게도 최적의 내용을 담고 있습니다. 이 책의 내용을 이해하는 데 필요한 수학 지식에 관해서는 책 뒤쪽의 부록을 참조하기 바랍니다.

예제 코드 테스트 환경

이 책에 등장하는 예제 코드는 필자가 준비한 도커용 컨테이너 이미지와 주피터 노트북 파일을 다운로드해서 실제로 실행하면서 테스트해 볼 수 있습니다.

구체적인 설명은 1.2절 '환경 준비'에서 CentOS 7에서의 준비 방법을 소개하고 있습니다. 또한, 부록 A '맥OS와 윈도우에서의 환경 준비 방법'에서 맥OS와 윈도우 환경에서의 방법도 함께 소개하고 있으므로 사용하는 환경에 맞게 참고하기 바랍니다.

- CentOS 7 → 1.2절 '환경 준비'
- 맥OS → 부록 A
- 윈도우 → 부록 A

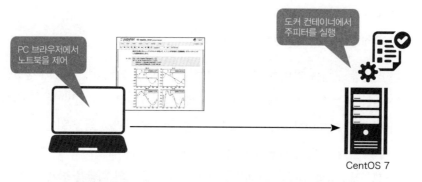

CentOS에서 도커 컨테이너 이미지상의 주피터를 이용하는 모습

또한, 도커용 컨테이너 이미지를 다운로드하지 않더라도 앞 페이지에서 소개한 깃허브 URL에 접속하면 전체 예제 코드와 이를 실행했을 때의 결과를 볼 수 있습니다.

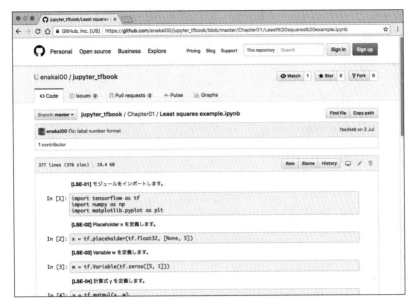

깃허브에서 주피터 노트북을 조회하는 모습

예제 코드 보는 법

이 책에서 등장하는 예제 코드는 앞에서 소개하는 환경 구축 절차에 따라 다운로드한 노트북 파일에 포함되어 있습니다. 책에서 예제 코드를 소개할 때는 과정 중간에 어떤 노트북 파일을 이용하는지 소개하고 있습니다.

직접 노트북 파일을 변경해서 실행할 때는 노트북 파일을 복사해서 이름을 바꾼 후에 실행하게 되면, 원본을 남겨 둘 수 있으므로 이후 참조할 때 편리합니다.

1.3.2 텐서플로 코드를 이용한 표현

그러면 실제로 이를 텐서플로 코드로 표현해 보자. 본격적인 프로그램을 작성할 때는 모델을 나타내는 그래프를 준비하는 등 코드의 모듈화를 고려해야 하지만, 여기서는 간단히 하기 위해 주피터의 노트북상에서 정의식을 직접 작성해 가겠다. 이에 해당하는 노트북은 'Chapter01/Least squares example.ipynb'이므로 실제로 노트북을 열고 코드를 실행하며 읽어 가도록 하자. 한편, 노트북을 열고 나면 이전 실행 결과가 남아 있으므로 그림 1-22의 메뉴에서 'Restart & Clear Output'을 실행해서 이전 실행 결과를 제거해 두는 것이 좋다.

사용하는 노트북 파일 소개

또한, 지면에서 예제 코드 왼쪽 위에 있는 [LSE-01]과 같은 표제는 다운로드한 노트북의 각 코드에 달려 있는 표제에 해당합니다. 본문 중에는 일부 코드만 발췌해서 소개하기도 하므로 주의하기 바랍니다.

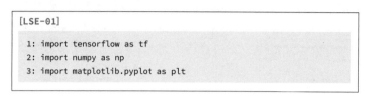

예제 코드 왼쪽 위의 표제

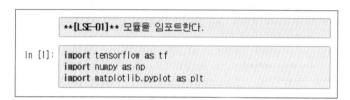

노트북 파일에서의 코드 표제

한편, [LSE]와 같은 알파벳은 노트북 파일 이름의 머리글자를 따온 것입니다('Least squares example.ipynb'의 경우 [LSE-01]처럼 되어 있습니다).

베타리더 후기

🐦 노태환(로아팩토리)

딥러닝을 단계적으로 풀어서 설명하려는 저자의 노력이 많이 보이는 책입니다. Python, Numpy가 익숙하지 않다면 처음에는 코드와 수식 자체에 너무 집중하기보다는 세 가지로 나눠 접근하는 방법과 딥러닝의 각 요소가 왜 사용되며 어떤 역할을 하는지 집중적으로 보신 후 코드로 구현해 보실 것을 추천합니다. 반복해서 읽고 싶다는 생각이 들 만큼 개인적으로는 만족하는 책이었습니다.

🐦 박두현(Marvrus)

책 제목에는 '텐서플로'가 들어가 있지만, 내용은 머신러닝, 딥러닝이 무엇인지를 소개해 주는 책입니다. 텐서플로의 깊은 맛보다 모호했던 머신러닝, 딥러닝의 기본 개념이 무엇인지, 왜 수학이 필요한지, 텐서플로는 어떻게 프로그래머의 짐을 덜어 주는지를 알 수 있게 한 책이었습니다. 책의 분량은 가벼웠지만, 내용은 결코 가볍지 않았습니다. 개인적으로 모호했던 머신러닝, 딥러닝에 대한 개념을 베타리딩하면서 잡을 수 있었던 게 좋았습니다. 또한, "머신러닝은 곧 수학이다"라는 말을 많이 들었는데, 이번 기회를 통해 그 말이 무슨 의미인지를 확실하게 깨달을 수 있어서 매우 좋았습니다.

🐦 유형진(데브구루)

알파고의 근간이 된 합성곱 신경망(CNN)을 구글이 제공하는 텐서플로 라이브러리를 이용해 문자를 인식하는 과정을 소개하고 있습니다. 가장 간단한 처리 구조에서 레이어를 확장해 나가면서 CNN의 구조를 완성하였습니다. 부록에 수학적 배경 지식을 몇 가지 넣어 놓긴 했지만, 자신의 수학적 배경이 탄탄하지 못하다면 보는 데 어려움을 느낄지도 모르겠습니다. 그래도 책을 끝까지 읽으면 CNN의 전체적인 구조는 이해할 수 있을 것으로 생각합니다. 이 책은 보기도 좋고 이해하기도 좋게 편집된 것 같습니다. 이 책의 베타리더가 된 덕분에 CNN의 전체적인 구조에 관해서 알 수 있게 되었네요.

🦅 이철혁(스노우)

가장 대표적인 공개 데이터 세트인 MNIST를 이용하여 CNN을 만들어 보는 내용에 특화된 책입니다. 그래서 종합적인 입문서나 개괄서가 넘쳐나는 시기에 선택과 집중을 잘한 것으로 보입니다. 이미지 처리에서 압도적인 성능을 보인 CNN을 만들기 위한 기본부터 모든 것을 설명하고 있으므로 CNN에 대해 깊게 이해하고 싶다면 꼭 읽어 봐야 할 것입니다. 다만, 아쉬운 점은 합성곱 필터의 결과로 나온 특징 맵에 관한 설명이 조금 부족한 것 같았고, 책의 말미에 대표적인 네트워크인 알렉스넷 등에 대해 좀 더 자세히 설명했더라면 하는 점입니다.

🦅 차준성

딥러닝의 3단계 과정을 핵심 골격으로 하고 거기에 살을 덧붙여 가는 방식은 입문자들이 딥러닝 개념을 잡는 데 도움이 될 것 같습니다. 하지만 분량이 많지 않다 보니 간단한 설명만으로 넘어간 부분이 다소 아쉬웠고, 수학적인 배경 지식도 어느 정도 있어야 충분한 학습 효과를 얻을 것 같습니다. 도커를 이용함으로써 실습 환경을 손쉽게 구축할 수 있는 점은 좋았습니다.

🦅 최승호(Naver)

'텐서플로에 대한 입문을 이렇게 간결하게 설명할 수 있을까?'라는 생각이 절로 드는 책입니다. 편집이 굉장히 잘 되어 있어서 고품질의 책이라는 생각이 읽자마자 들었습니다. 딥러닝 입문자들에게 강력히 추천하고 싶습니다. 한편, 입문서임에도 수학적 배경 지식을 요구한다는 점이 저를 더욱 단련시키는 계기가 되기도 했습니다.

제이펍은 책에 대한 애정과 기술에 대한 열정이 뜨거운 베타리더들로 하여금
출간되는 모든 서적에 사전 검증을 시행하고 있습니다.

제 **1** 장
텐서플로 입문

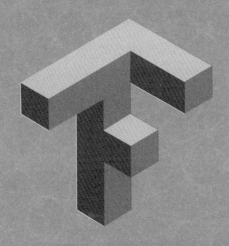

텐서플로(TensorFlow)는 구글이 오픈 소스 소프트웨어로 공개하고 있는 머신러닝(machine learning, 기계학습) 라이브러리다.[1] 특히, 딥러닝(deep learning)에 적용할 것을 고려해서 구조를 갖추고 있으며, 이 분야에 관한 구글 내부의 연구 및 구글이 제공하는 서비스 개발에도 이용되고 있다. 이 책의 주제는 텐서플로를 이용해서 딥러닝의 대표적인 예라고 할 수 있는 '합성곱 신경망(CNN, Convolutional Neural Network)'의 구조를 이해하는 것이다. 텐서플로 공식 웹사이트에 있는 '텐서플로 튜토리얼(TensorFlow Tutorials)'[2] 그림 1-1)에는 텐서플로의 다양한 이용 사례가 예제 코드와 함께 소개되고 있다. 그중 하나가 그림 1-2의 CNN을 이용한 필기 문자(숫자) 분류 처리다. 딥러닝 전문 서적이나 해설 기사를 보면 이와 비슷한(혹은 이를 더 복잡하게 한) 그림을 볼 수 있을 것이다. 이것이 과연 어떤 구조이고, 어떤 원리로 필기 문자를 분류할 수 있는지 수학적인 원리를 포함해서 그 구조를 근본부터 이해한 다음, 이를 실현하는 텐서플로 코드를 작성해 내는 것이 이 책의 목표다.

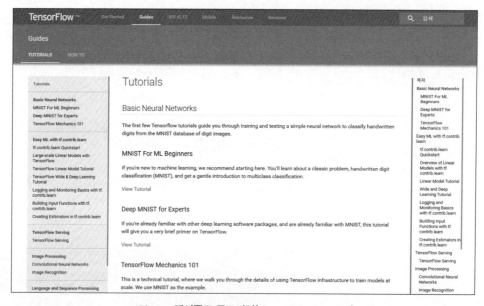

그림 1-1 텐서플로 튜토리얼(TensorFlow Tutorials)

---

1 ㈜ 텐서플로 공식 사이트: https://www.tensorflow.org/
2 ㈜ 텐서플로 튜토리얼: https://www.tensorflow.org/tutorials

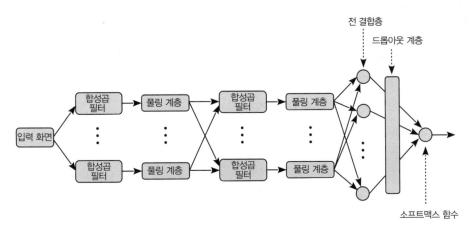

그림 1-2 **필기 문자(숫자) 분류 처리를 하는 CNN**

이 장에서는 사전 준비로 딥러닝과 텐서플로의 개요를 소개한 뒤 텐서플로 코드를 실행하기 위한 환경을 준비한다. 또한, 머신러닝의 초보 단계라고 할 수 있는 '최소 제곱법' 문제를 예로 들어 텐서플로의 기본적인 코드 작성법을 설명한다.

1.1 딥러닝과 텐서플로

딥러닝은 넓은 의미로 머신러닝 중 '신경망(neural network)'이라는 모델의 일종이다. 여기서는 딥러닝을 정확하게 이해하기 위해 머신러닝에서 '모델'의 역할과 일반적인 신경망의 구조를 먼저 설명한다. 그리고 나서 일반적인 신경망과는 다른 딥러닝만의 특징과 딥러닝을 이용해 데이터를 분석하는 텐서플로의 역할을 설명한다.

1.1.1 머신러닝의 개념

머신러닝은 데이터의 속에 있는 '수학적인 구조'를 컴퓨터로 계산해서 발견해 내는 구조다. 말은 복잡해 보이지만 결코 어렵게 생각할 필요는 없다. 예를 들어, 그림 1-3의 데이터를 보면 어떤 느낌이 드는가? 이를 특정 도시의 올해 1년간 월별 평균 기온이라고 하자. 이 데이터를 기반으로 내년 이후의 월별 평균 기온을 예측한다면 어떻게 해야 할까?

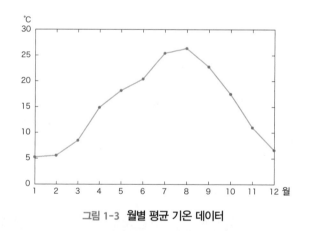

그림 1-3 **월별 평균 기온 데이터**

가장 간단한 답은 올해 평균 기온과 동일한 수치로 예측하는 것이지만, 좀 더 연구해 볼 여지가 있어 보인다. 이 그래프에서는 월별 평균 기온이 직선으로 삐뚤삐뚤하게 연결되어 있는데, 기후변화의 원리를 생각해 보면 월별 평균 기온은 본질적으로 완만한 곡선으로 변화한다는 것을 알 수 있다. 이 완만한 변화에 대해 월별로 무작위적인 노이즈(noise)가 더해져 이렇게 직선처럼 변화하는 모습이 되었다고 생각해 볼 수 있다.

그래서 전체적인 데이터를 살펴보고 그림 1-4와 같이 부드러운 곡선을 그려 보았다. 내년 이후의 평균 기온을 이 곡선상의 값으로 예측한다면 정확도가 더 높을 것으로 기대할 수 있을 것이다. 내년 이후의 기온에도 노이즈가 더해져 이 곡선의 상하로 벗어날 우려가 있지만, 확률적으로는 이 곡선 부근에 분포할 가능성이 가장 높다고 할 수 있다.

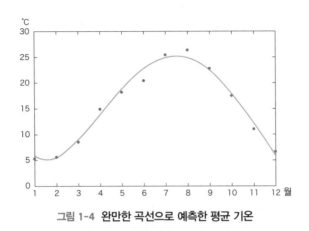

그림 1-4 완만한 곡선으로 예측한 평균 기온

이처럼 주어진 데이터의 수치를 있는 그대로 받아들이는 것이 아니라 그 속에 있는 '원리'를 생각하는 것을 '데이터의 모델화'라고 한다. 이렇게 해서 생각해 낸 구조가 바로 데이터의 '모델'인 것이다.

이러한 데이터 모델은 일반적으로 식으로 표현할 수 있다. 예를 들면, 그림 1-4의 곡선이 다음과 같은 4차 함수로 표현된다고 가정해 보겠다.

$$y = w_0 + w_1 x + w_2 x^2 + w_3 x^3 + w_4 x^4$$
식 1.1

$x = 1, 2, \cdots, 12$가 각각의 월을 나타내며, 식 1.1로 계산된 y가 해당 월의 예상 평균 기온이라고 하자. 각 항의 계수 $w_0 \sim w_4$의 값을 잘 조절하면 그림 1-4와 같은 '그럴듯한' 곡선을 얻을 수 있다.

다만, 계수의 값을 구체적으로 결정하려면 또 하나의 지표가 필요하다. 과연 무엇을 근거로 이 곡선을 '그럴듯한' 곡선이라고 판단할 수 있을까? 이는 식 1.1에서 예상되는 값과 실제 데이터의 오차로 판단한다. 예를 들면, 그림 1-3의 기초 데이터값을 $t_1, t_2, \cdots, t_{12}(t_n$은 n월의 평균 기온)라고 하자. 이때 식 1.1에 $x = 1, 2, \cdots, 12$를 대입해서 얻은 예상 평균 기온을 $y_1, y_2, \cdots, y_{12}$라고 하고 다음 값을 계산한다.

$$E = \frac{1}{2} \sum_{n=1}^{12} (y_n - t_n)^2$$

식 1.2

이는 일반적으로 제곱 오차라고 하는데, 월별 예측값과 실제 데이터 차이의 제곱을 더한 값이다. 전체를 2로 나누는 것은 계산 상황에 따른 것이며 본질적인 것은 아니다. 이 값이 가능한 한 작아지도록 계수 $w_0 \sim w_4$를 조정함으로써 그럴듯한 곡선을 얻을 수 있다. 식 1.2는 계수 $w_0 \sim w_4$의 함수라고 볼 수 있으므로 이를 오차 함수(error function)라고 한다.

실제로 계산하는 예는 '1.3 텐서플로 훑어보기'에서 소개하기로 하고, 지금까지의 과정을 정리하면 다음과 같다.

❶ 주어진 데이터를 기반으로 해서 미지의 데이터를 예측하는 식(식 1.1)을 생각한다
❷ 식에 포함된 파라미터의 좋고 나쁨을 판단하는 오차 함수(식 1.2)를 준비한다
❸ 오차 함수를 최소화할 수 있도록 파라미터값을 결정한다

이러한 과정을 거쳐 파라미터값이 구체적으로 결정되면 얻어진 식(결정된 $w_0 \sim w_4$의 값을 식 1.1에 대입한 것)을 이용해 내년 이후의 평균 기온을 예측할 수 있다. 물론, 실제로 얼마나 정확하게 예측할 수 있을지는 해보지 않으면 모른다. 만일 예측의 정밀도가 좋지 않았다면 처음에 생각한 식 1.1, 즉 데이터의 '모델'이 그리 적합하지 않았을 수도 있다. 미지의 데이터에 대한 예측 정밀도를 향상하기 위해서는 더욱 최적의 모델, 즉 예측용 식을 발견하는 것이 머신러닝을 활용하는 데이터 과학자가 능력을 발휘해야 하는 부분이다.

그렇다면 지금까지 설명한 내용 중에 '컴퓨터를 이용한 계산'은 어느 부분에 등장할까? 머신러닝에서 컴퓨터의 역할은 ❸ 부분에서 이루어진다. 앞의 예에서 오차 함수(식 1.2)에 포함된 데이터는 과거 1년, 즉 12개월 치(12개) 데이터만 존재했다. 그러나 현실에서 머신러닝은 보다 대량의 데이터(이른바 '빅데이터')에 대해 오차 함수를 최소화하는 계산을 할 필요가 있다. 이 부분을 정해진 알고리즘을 이용해 자동으로 계산하는 것이 머신러닝에서 컴퓨터(즉 '머신')가 하는 역할이며, 이 책에서 설명하는 텐서플로의 주요 업무다.

흔히 생각하기로 머신러닝 또는 요즘 유행하는 '인공지능'이라고 하면 컴퓨터가 스스로 판단해서 미래를 예측하는 모습을 떠올리는 사람도 많을 것이다. 그러나 이 책의 주제이기도 한 딥러닝을 포함해서 현시점의 머신러닝에서는 데이터의 속에 있는 모델, 즉 데이터를 설명하는 식 그 자체는 사람이 준비해야 한다는 점을 염두에 두어야 한다. 컴퓨터의 주요 역할은

그 식에 포함된 파라미터를 최적화하는 것이다.

한편, 앞서 ❶~❸의 단계는 이 책 전체를 통해 여러 번 등장하게 된다. 이 책에서는 이를 '머신러닝 모델의 3단계'라고 하겠다.

1.1.2 신경망의 필요성

머신러닝의 기본적인 개념을 이해했다면 이제 신경망에 관해 설명하겠다. 앞에서와는 약간 다른 예제로 데이터의 분류 문제를 생각해 보겠다. 특정 바이러스에 감염되었는지를 판정하는 간단한 예비 검사가 있고, 검사 결과는 두 종류의 수치(x_1, x_2)로 주어진다고 하자. 이 두 가지 수치를 기반으로 해서 바이러스에 감염되었을 확률을 구한 다음, 확률이 어느 정도 높은 환자는 정밀 검사로 전환한다고 가정한다.

그림 1-5는 지금까지 예비 검사를 받은 환자의 검사 결과와 실제로 바이러스에 감염되어 있는지를 나타내는 그래프(산포도)다. 이 예비 검사의 정밀도를 조사하기 위해 모든 환자에 대해 예비 검사와 정밀 검사를 모두 수행해서 얻어진 데이터라고 가정한다. 이 데이터를 기반으로 새로운 검사 결과(x_1, x_2)에 대해 감염 확률 P를 계산하는 식을 구하는 것이 여러분에게 주어진 과제다.

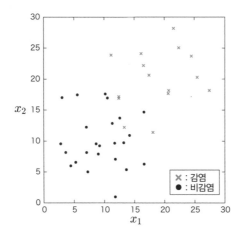

그림 1-5 예비 검사의 결과와 실제 감염 상황을 나타낸 데이터

이 예에서는 그림 1-6과 같이 직선을 기준으로 크게 두 가지로 분류할 수 있음을 알 수 있다. 직선의 오른쪽 위 영역은 감염되어 있을 확률이 높고, 왼쪽 아래 영역은 감염되어 있을

확률이 낮다고 생각할 수 있다. 여기서 이 경계를 나타내는 직선을 다음과 같이 수식으로 표현해 보겠다.

$$f(x_1, x_2) = w_0 + w_1 x_1 + w_2 x_2 = 0$$

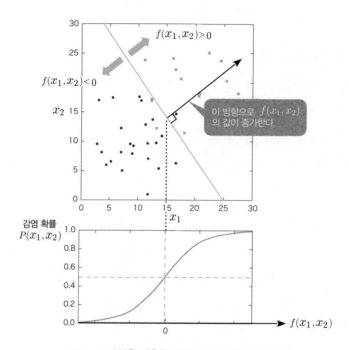

그림 1-6 **직선을 이용한 분류와 감염 확률로의 변환**

평면상의 직선은 $y = ax + b$라는 형식으로 많이 알려졌지만, 여기서는 x_1과 x_2로 이루어진 관계식으로 나타내기 위해 이와 같은 형식을 사용한다. 이 형식의 장점은 $f(x_1, x_2) = 0$이 경계가 될 뿐만 아니라 경계에서 멀어질수록 $f(x_1, x_2)$의 값이 $\pm\infty$를 향해 증가(감소)해 가는 성질을 나타낸다는 점이다.

따라서 0부터 1을 향해 부드럽게 값이 변화하는 함수 $\sigma(x)$를 준비하고 여기에 $f(x_1, x_2)$의 값을 대입하면, 검사 결과 (x_1, x_2)로부터 감염 확률 $P(x_1, x_2)$를 구하는 함수를 만들 수 있다.[1] 그림 1-6의 아랫부분은 수식을 그래프로 나타낸 것이다.

---

1 ☝ 머신러닝의 세계에서는 일반적으로 $\sigma(x)$와 같이 0부터 1까지 완만하게 값이 변화하는 함수를 '시그모이드 함수 (sigmoid function)'라고 한다. 구체적으로 보면 몇 가지 변형된 형태의 함수가 있다.

$$P(x_1, x_2) = \sigma(f(x_1, x_2))$$

식 1.4

이는 '머신러닝 모델의 3단계'에서 ❶단계에 해당한다. 이후에는 식 1.4에 포함된 파라미터인 w_0, w_1, w_2의 좋고 나쁨을 판단하는 오차 함수를 준비하고(❷단계), 이를 최소화하도록 파라미터를 결정하는(❸단계) 흐름으로 진행된다.

구체적인 계산에 대해서는 나중에 '2장 분류 알고리즘의 기초'에서 자세히 설명하도록 하고, 여기서는 이 모델의 문제점을 살펴보겠다. 그것은 바로 주어진 데이터를 직선으로 분류할 수 있다는 전제 조건이다. 예를 들면, 주어진 데이터가 그림 1-7과 같은 경우를 생각해 보자. 이는 아무리 생각해도 단순하게 직선으로 분류할 수 없고, 그림에 나타냈듯이 구부러진 직선 혹은 곡선을 이용해서 분류해야만 한다.

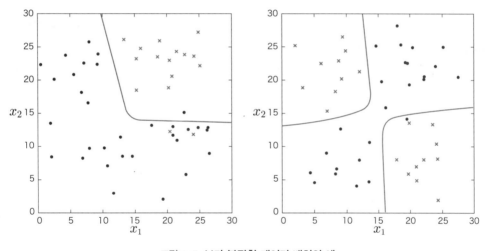

그림 1-7 보다 복잡한 데이터 배치의 예

단순하게 생각하면 식 1.3에 나타낸 직선의 방정식을 보다 복잡한 수식으로 치환해서 구부러진 직선이나 곡선을 표현할 수 있으면 되겠지만, 실제로는 그리 간단하지 않다. 왜냐하면, 현실의 머신러닝에서 이용하는 데이터는 그림 1-7과 같이 평면에 그릴 수 있을 정도로 단순한 것이 아니기 때문이다. 예를 들면, 이번 예에서 검사 결과의 수치가 두 종류가 아니라 모두 20종류라고 해보자. 이를 그림으로 나타내려면 20차원 공간의 그래프가 필요하다. 물론, 이를 그림으로 나타내기는 불가능하며 머릿속으로 상상하기도 곤란하다.

"그렇게 감춰진 데이터의 특성을 자동으로 발견해 내는 게 '머신러닝' 아니었나?!"

이런 목소리가 들려오는 것만 같은데, 안타깝게도 현재의 머신러닝이라는 것은 기본적으로는 데이터의 모델, 즉 ❶단계에서 준비해야만 하는 식 자체는 사람이 생각해 내야 한다. 다만 그런 와중에도 가능한 한 유연성이 높은, 다양한 데이터에 대응할 수 있는 '수식'을 생각해 내려는 노력이 이어져 왔다. 신경망은 이러한 식 중의 한 가지 형태라고 볼 수 있다.

신경망을 '수식'이라고 해도 감이 잘 오지 않는다면 '함수' 또는 프로그램 코드에서의 '서브루틴(subroutine)'이라고 생각해도 된다. 식 1.3은 (x_1, x_2)라는 두 개의 값을 입력하면 $f(x_1, x_2)$라는 하나의 값을 출력하는 함수이고, 그 값이 크고 작음에 따라 감염 확률이 높거나 낮다는 것을 뜻한다. 머신러닝의 모델에서는 입력 데이터에 대해 해당 모델의 특징을 나타내는 값을 출력해 주는 함수를 준비하는 것이 그 본질이라고 할 수 있다.

그렇다면 식 1.3과 같이 하나의 단순한 수식으로 결과를 출력하는 것이 아니라 복수의 수식을 조합한 함수를 만드는 것에 대해 생각해 볼 수 있는데, 이것이 바로 **신경망**(neural network)이다. 신경망은 딥러닝의 핵심이 되는 구조이므로 앞으로 차근차근 설명하도록 하겠다.

먼저, 그림 1-8은 세상에서 가장 간단한 신경망이라고 할 수 있는데, 이는 식 1.4를 신경망 형태로 그린 것이다. 왼쪽부터 (x_1, x_2)라는 두 값을 입력하면 내부에서 $f(x_1, x_2)$ 값이 계산되고, 이를 시그모이드 함수 $\sigma(x)$로 0~1의 값으로 변환한 것이 변수 z로 출력된다. 이는 신경망을 구성하는 최소의 유닛으로, 뉴런(neuron) 또는 **노드**(node)라고 한다.

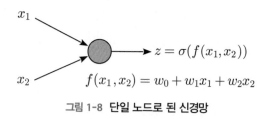

그림 1-8 단일 노드로 된 신경망

그리고 이러한 노드를 다층으로 중첩함으로써 더욱 복잡한 신경망이 얻어진다. 그림 1-9는 2계층 노드로 된 신경망의 예다. 세상에서 두 번째로 간단한 신경망이라고 할 수 있을 것이다. 첫 번째 계층의 두 노드에는 $f_1(x_1, x_2)$와 $f_2(x_1, x_2)$라는 1차 함수가 부여되어 있는데, 각각의 계수값은 서로 다르다. 이들을 시그모이드 함수 $\sigma(x)$로 변환한 값의 쌍인 (z_1, z_2)를

다시 두 번째 계층의 노드로 입력해서 최종적인 출력값 z가 얻어지는 과정으로 되어 있다.[2]

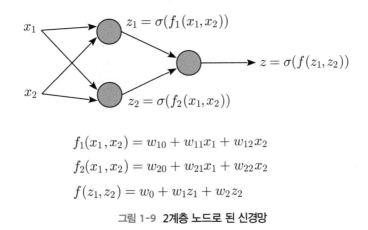

$$f_1(x_1, x_2) = w_{10} + w_{11}x_1 + w_{12}x_2$$
$$f_2(x_1, x_2) = w_{20} + w_{21}x_1 + w_{22}x_2$$
$$f(z_1, z_2) = w_0 + w_1 z_1 + w_2 z_2$$

그림 1-9 **2계층 노드로 된 신경망**

이 신경망에는 $w_{10}, w_{11}, w_{12}, w_{20}, w_{21}, w_{22}, w_0, w_1, w_2$라는 총 9개의 파라미터가 포함되어 있다. 이 값들을 조정함으로써 단순한 직선이 아니라 더 복잡한 경계선을 표현할 수 있으리라 예상해 볼 수 있다. 마지막의 z 값이 감염 확률 P를 나타낸다고 가정하고 있으므로 $z = 0.5$가 되는 부분이 경계선에 해당한다.

사실, 이러한 파라미터값을 잘 조정해서 $z = 0.5$가 되는 부분을 그리면 그림 1-10의 결과를 얻을 수 있다. 이는 각 (x_1, x_2)에 의한 z의 값을 색의 농담으로 나타낸 것으로, 오른쪽 위 영역이 $z > 0.5$에 해당한다. 그림 1-7의 오른쪽 예를 보면 이것만으로는 아직 대응할 수 없다는 것을 알 수 있다. 다음 방법으로는 노드의 수를 증가시킨, 더 복잡한 신경망을 이용해야 할 것으로 보인다.

---

2 ⓐ 여기서는 중간 계층의 노드로부터 나온 출력을 시그모이드 함수 $\sigma(x)$로 추출하고 있는데, 이 부분이 반드시 시그모이드 함수일 필요는 없다. 일반적으로는 $x = 0$을 경계로 값이 증가하는 특정 '활성화 함수(activation function)'를 사용한다. 활성화 함수의 선택에 대해서는 '3.1.1 단층 신경망을 이용한 이항 분류기'에서 다루고 있다.

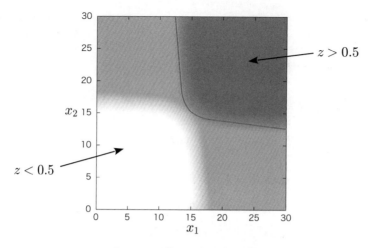

그림 1-10 2계층 신경망에 의한 분할 예

이때 노드를 증가시키는 방법에는 몇 가지 패턴이 있다. 하나는 계층의 수를 늘려 신경망을 다층화하는 것이고, 다른 하나는 하나의 계층에 포함된 노드의 수를 늘리는 것이다. 또는 이를 조합해서 그림 1-11과 같은 신경망을 구성할 수도 있다.

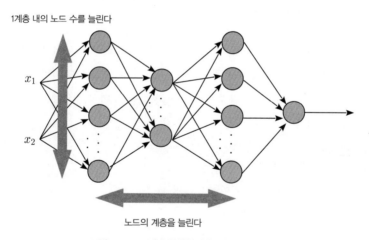

그림 1-11 보다 복잡한 다층 신경망의 예

다만, 여기서 신경망의 난해함이 드러난다. 원칙적으로는 노드의 수를 늘려가면 아무리 복잡한 경계선이라도 그릴 수 있다.[3] 그러나 아무렇게나 노드를 늘려가면 파라미터의 수가 방대해져 파라미터를 최적화하는 ❸단계의 계산이 곤란해진다. 이는 현실적인 시간 내에 계산이 끝나지 않는다는 컴퓨터의 성능 문제와 더불어, 최적인 값을 계산하는 알고리즘 그 자체를 만들 수 없는 경우도 있다.

머신러닝을 통해 신경망에 도전한다는 것은 주어진 문제에 대해 실제로 계산할 수 있으며, 데이터의 특성에 맞는 신경망을 구성한다는 것이다. 그러나 결국 "눈에 보이지 않는 데이터의 특성을 감으로 찾아낸다"라는 어려움은 신경망에서도 사라지지 않은 것이다. 그리하여 다양한 연구자들이 이런 어려움에 계속 도전해 오면서 등장한 것이 '딥러닝(deep learning)'이라는 특별한 형태의 신경망을 이용한 방법이다.

1.1.3 딥러닝의 특징

딥러닝은 '심층학습'이라고도 하며, 용어만 보면 뭔가 심오한 이론인 것처럼 느껴진다. 그러나 기본적으로는 앞서 그림 1-11과 같은 다층 신경망을 이용한 머신러닝에 지나지 않는다. 다만, 단순히 계층을 증가시켜 복잡화하는 것이 아니라 해결해야 할 문제에 맞게 각각의 노드에 특별한 역할을 부여하거나 노드 간의 연결 방식을 다양하게 연구한 것이다. 무조건 노드를 증가시켜 복잡화하는 것이 아니라 각 노드의 역할을 생각하면서 특정 의도를 갖고 구성한 신경망이라고 생각할 수 있다.

예를 들면, 그림 1-9에 나타낸 신경망에서 각각의 노드는 단순한 1차 함수와 시그모이드 함수의 조합으로 되어 있다. 이를테면 최초 입력이 단순한 수치의 쌍인 (x_1, x_2)가 아니라 이미지 데이터라고 하면 어떤 방식으로 풀어 갈 수 있을까?

그림 1-2에 나타낸 **합성곱 신경망**(CNN)에서 첫 번째 계층 노드에는 1차 함수가 아닌 '**합성곱 필터**(convolution filter)'라는 함수를 적용하고 있다.

합성곱 필터란, 딥러닝만을 위해 특별히 고안된 것이 아니라 포토샵(Photoshop)과 같은 이미

---

3   🔢 수학적으로는 1계층으로 된 신경망이라도 노드 수를 늘려가면 (일부 특이한 것을 제외하고) 아무리 복잡한 함수라도 표현할 수 있다고 알려져 있다.

지 처리 소프트웨어에서도 많이 이용되는 이미지 필터의 일종이다. 사진에서 물체의 윤곽을 추출해서 선으로만 그린 그림처럼 변환하는 필터를 사용해 본 경험이 있을 것이다. 이를 통해 이미지에 나타난 물체의 특징을 보다 정확하게 포착할 수 있게 된다.

또는 그 뒤에 있는 **풀링 계층(pooling layer)**이라는 부분에서는 이미지의 해상도를 낮추는 처리를 한다. 이는 이미지의 세밀한 부분을 지우는 것으로, 그려져 있는 물체의 본질적인 특징만을 추출하고자 하는 발상에서 비롯된 것이다. 이러한 전처리를 한 데이터를 뒤쪽에 있는 노드가 좀 더 분석해서 이미지의 물체가 무엇인지를 판정하게 되는 것이다.

또한, 노드 간 연결 방식을 연구한 특수한 예로 **순환 신경망(RNN, Recurrent Neural Network)**이 있다. 일반적으로 시계열 데이터를 다루는데, 단어가 나열된 문장을 입력 데이터로 하는 자연어 처리에 응용하는 경우가 좋은 예라 할 수 있다. 특정 단어를 입력하면 그다음에 나타날 단어를 확률과 함께 예측하는 형태의 신경망을 생각해 보자(그림 1-12).

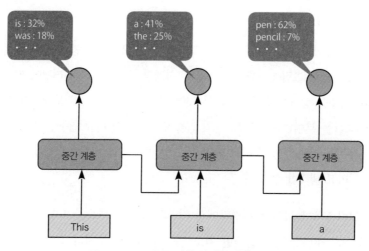

그림 1-12 RNN으로 다음 단어를 예측하는 예

이는 특정 문장이 흔히 보는 자연스러운 문장인지 뭔가 어색한 부자연스러운 문장인지를 판정하는 데 이용된다. 예를 들면, 'This is a pen'이라는 네 개의 단어를 차례로 입력해서 'This' 뒤에 'is'가 올 확률, 'is' 뒤에 'a'가 올 확률을 차례로 구한다. 전부 높은 확률이 나오면 이는 자연스러운 문장이라고 판정할 수 있다.

여기서 처음에 'This'를 입력하고 다음에 'is'를 입력할 때 앞서 'This'를 입력했을 때의 중간 계층의 출력값도 더해서 입력한다. 이전의 중간 계층에서는 "최초의 단어가 'This'였다"라는 정보가 특정한 형태로 남아 있을 것이므로 'is'만을 입력해서 예측하는 것보다 더욱 자연스러운 예측이 가능할 것이라고 기대할 수 있다. 또한, 이때 중간 계층에는 "이전에 'This'가 오고 지금은 'is'가 있다"라는 정보가 기록되어 있다고 생각할 수 있지 않을까? 만일 그렇다면 다음은 그 중간 계층의 정보와 'a'를 입력함으로써 'This is a'에 이어질 단어를 예측할 수 있게 된다.

"처음부터 'This is a'라는 세 개의 단어를 입력하는 신경망을 준비하면 되지 않나?"라고 생각할 수도 있는데, 그런 경우에는 세 단어까지만 입력할 수 있게 된다. 그림 1-12의 구조에서는 과거의 입력값 정보가 중간 계층에 축적되어 감에 따라 보다 긴 단어열을 바탕으로 판정할 수 있게 되는 것이다.

이처럼 이전 중간 계층의 값을 다음 입력에 재이용하는 신경망이 RNN이다. 물론, 현실에서는 이 정도만으로는 충분하지 않다. 이전에 입력한 단어 정보는 중간 계층에서 서서히 사라지게 되므로 노드 간 연결 방식을 좀 더 연구해서 과거의 정보를 가능한 한 오래 축적하는 등의 테크닉이 이용된다.

이러한 예로부터 알 수 있듯이 딥러닝의 이면에는 주어진 데이터가 어떻게 처리될지를 생각하면서 최적의 네트워크를 구성해 가는 방대한 시행착오가 감춰져 있다. 또한, 이는 어디까지나 '머신러닝 모델의 3단계' 중 ❶단계라는 것도 상기할 필요가 있다. 아무리 잘 만들어진 모델이라도 실제로 계산을 할 수 없다면 활용할 수 없다. 그 이후 단계로 나아가기 위해서는 각각의 네트워크에 대해 효율적으로 파라미터를 최적화하는 알고리즘의 연구도 필요하다.

이러한 내용은 사실 이 분야를 선도하는 연구자들이 매일 새로운 결과를 산출해 내는 세계이며, 이 책과 같은 입문서에서 다루기에는 어려움이 있다. 이 책의 목표는 이미지 분류 처리라는 특정 문제에 대해 좋은 성능을 나타내는 것으로 실증된 모델인 CNN의 내부를 이해하는 것이다. CNN에서 각각의 노드에는 특별한 역할이 있으므로 각 계층의 노드 구조를 순서에 따라 차분히 설명하도록 하겠다.

향후 딥러닝의 세계에서 신경망의 구성 패턴 및 이용 사례는 상당한 기세로 확대될 것으로 예상된다. 먼저, CNN의 구조를 기본부터 이해함으로써 앞으로의 딥러닝 발전을 뒤쫓기 위한 준비를 해두도록 하자.

1.1.4 텐서플로를 이용한 파라미터 최적화

지금까지 머신러닝의 기본적인 개념과 신경망, 딥러닝의 개요를 설명했다. 주어진 데이터의 속에 있는 구조를 특정 수식으로 모델화하는 것이 머신러닝의 출발점, 즉 '머신러닝 모델의 3단계'에서 ❶단계라는 것을 알았다. 그리고 그 이후에는 수식에 포함되는 파라미터를 조정해서 주어진 데이터에 적합하게 맞춰 가는 단계가 기다리고 있다.

여기서는 '1.1.1 머신러닝의 개념'에서 이용한 평균 기온 예측의 예를 사용해서 그다음 단계에 대한 진행 방법을 구체적으로 설명한다. 텐서플로의 구조를 이해하는 포인트가 되므로 수식을 사용해 정확하게 설명하겠으나, 세세한 계산 내용을 모두 이해할 필요는 없다. 실제로는 여기서 설명하는 계산은 텐서플로가 자동적으로 수행한다. 먼저, 각각의 수식이 무엇을 나타내고 있는지 수식의 '의미'를 파악해 두기 바란다.

이 예에서는 파라미터의 좋고 나쁨을 평가하는 기준으로 식 1.2의 오차 함수 E를 준비했다. '머신러닝 모델의 3단계'에서 ❷단계에 해당하는 부분이다. 식 1.1에 포함되는 파라미터 $w_0 \sim w_4$의 값을 변경하면 오차 함수 E의 값도 변화하므로 이는 파라미터 $w_0 \sim w_4$의 함수라고 볼 수 있다. 먼저, 이 함수를 수식으로 표현하겠다.

식 1.1과 식 1.2를 다시 한 번 기재하면 다음과 같다.

$$y = w_0 + w_1 x + w_2 x^2 + w_3 x^3 + w_4 x^4 \qquad \boxed{\text{식 1.5}}$$

$$E = \frac{1}{2} \sum_{n=1}^{12} (y_n - t_n)^2 \qquad \boxed{\text{식 1.6}}$$

식 1.6에 포함된 y_n은 n월($n = 1 \sim 12$)의 기온을 식 1.5로 예측한 결과를 나타낸다. 즉, 식 1.5에 $x = n$을 대입한 것이 y_n이다.

$$y_n = w_0 + w_1 n + w_2 n^2 + w_3 n^3 + w_4 n^4 = \sum_{m=0}^{4} w_m n^m \qquad \boxed{\text{식 1.7}}$$

마지막에 수열의 합을 나타내는 기호 $\sum$로 다시 쓴 부분에서는 임의의 n에 대해 $n^0 = 1$이 되는 관계를 이용하고 있다. 식 1.7을 식 1.6에 대입하면 다음 식이 얻어진다.

$$E(w_0, w_1, w_2, w_3, w_4) = \frac{1}{2} \sum_{n=1}^{12} \left(\sum_{m=0}^{4} w_m n^m - t_n \right)^2 \qquad \text{식 1.8}$$

식 1.8에는 다양한 기호가 포함되어 있는데, 미지의 파라미터는 $w_0 \sim w_4$뿐이라는 점에 주의하기 바란다. 수열의 합을 나타내는 기호 $\sum$에 포함되는 m과 n은 루프를 돌리기 위한 로컬 변수로 볼 수 있으며, t_n은 그림 1-3에 주어진 월별 평균 기온의 구체적인 관측값이 된다.

이렇게 해서 오차 함수 E의 구체적인 모양을 알게 되었으므로 다음은 ❸단계로서 식 1.8의 값을 최소로 하는 $w_0 \sim w_4$를 결정한다. 기호가 많아서 복잡하게 보이지만, $w_0 \sim w_4$의 함수로 보면 2차 함수에 불과하다. 수학을 잘 하는 사람이라면 종이와 연필만으로 답을 찾을 수도 있을 것이다. 구체적으로는 식 1.8을 $w_0 \sim w_4$ 각각으로 편미분한 값을 0으로 하는 다음과 같은 연립방정식을 푸는 것이다.

$$\frac{\partial E}{\partial w_m}(w_0, w_1, w_2, w_3, w_4) = 0 \ (m = 0, \cdots, 4) \qquad \text{식 1.9}$$

편미분이란, 복수의 변수를 갖는 함수에 대해 특정한 하나의 변수로 미분하는 것을 말한다. 변수가 하나인 함수 $y = f(x)$의 최댓값/최솟값을 구할 때 미분계수를 0으로 하는 다음 방정식을 풀었는데, 본질에서는 이와 같은 것이다.

$$\frac{df}{dx}(x) = 0 \qquad \text{식 1.10}$$

실제로 식 1.8을 $w_0 \sim w_4$로 편미분하는 작업은 수학을 좋아하는 사람에게 숙제로 남겨 두고, 여기서는 식 1.9의 조건으로 E가 최소가 되는 이유를 그림을 통해 설명하겠다. 먼저, 1변수 함수 $f(x)$의 경우 그 미분계수 $\frac{df}{dx}(x)$는 점 x에서 그래프의 기울기를 나타낸다. $f(x)$가 최대/최소가 되는 점에서는 그래프의 기울기가 0이 되므로 식 1.10이 성립한다. 다만, 엄밀하게는 그림 1-13과 같이 최대, 최소, 극대, 극소, 정류점(변곡점) 등 몇 군데서 식 1.10이 성립한다. 이를테면 $f(x)$가 최솟값만을 갖는(그 밖에 극댓값 등은 갖지 않는) 함수라고 알고 있다면 식 1.10으로 결정되는 x가 $f(x)$를 최소로 하는 값이라고 단언할 수 있다.

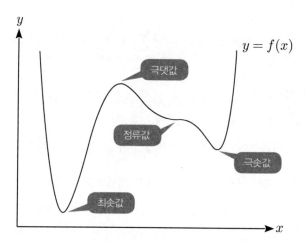

그림 1-13 **그래프의 기울기가 0이 되는 지점**

한편, $E(w_0, w_1, w_2, w_3, w_4)$와 같은 다변수 함수의 경우는 어떻게 되는 것일까? 여기서는 간단히 설명하기 위해 다음 2변수 함수의 경우를 생각해 보겠다.

$$h(x_1, x_2) = \frac{1}{4} \left(x_1^2 + x_2^2 \right)$$

식 1.11

이 경우 편미분은 다음과 같이 간단히 계산할 수 있다.

$$\frac{\partial h}{\partial x_1}(x_1, x_2) = \frac{1}{2}x_1, \quad \frac{\partial h}{\partial x_2}(x_1, x_2) = \frac{1}{2}x_2$$

식 1.12

또한, 이를 나열한 벡터를 다음 기호로 나타내며 함수 $h(x_1, x_2)$의 '**기울기 벡터**(gradient vector)'라고 한다.

$$\nabla h(x_1, x_2) = \begin{pmatrix} \frac{1}{2}x_1 \\ \frac{1}{2}x_2 \end{pmatrix} = \frac{1}{2} \begin{pmatrix} x_1 \\ x_2 \end{pmatrix}$$

식 1.13

1변수 함수의 미분계수 $\frac{df}{dx}(x)$는 그래프의 기울기라는 의미가 있는데, 이와 마찬가지로 기울기 벡터에도 도형에서의 의미가 있다. 먼저, (x_1, x_2)를 좌표로 하는 평면을 생각하고, $y = h(x_1, x_2)$의 그래프를 그리면 그림 1-14와 같이 절구 모양의 도형이 된다. 기울기 벡터 $\nabla h(x_1, x_2)$는 절구 벽면을 올라가는 방향과 일치하고, 그 크기 $\|\nabla h(x_1, x_2)\|$는 벽을 오르는 기울기와 일치한다. 절구 벽면의 기울기가 클수록 기울기 벡터도 길어지는 것이다.

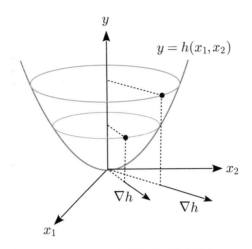

그림 1-14 **2변수 함수의 기울기 벡터**

따라서 임의의 점 (x_1, x_2)에서 출발해서 기울기 벡터와 반대 방향으로 나아가면 절구의 벽면을 내려감과 동시에 기울기 벡터의 크기는 점점 작아진다. 이 예의 경우, 최종적으로 원점 $(0, 0)$에 도달했을 때 $h(x_1, x_2)$는 최소가 되고, 기울기 벡터의 크기도 0이 된다. 즉, $h(x_1, x_2)$를 최소로 하는 (x_1, x_2)는 $\nabla h(x_1, x_2) = \mathbf{0}$라는 조건으로 정해진다.

이는 또한 $h(x_1, x_2)$를 최소로 하는 (x_1, x_2)를 구하는 알고리즘이기도 하다. 현재의 위치를 벡터 표기로 $\mathbf{x} = (x_1, x_2)^{\mathrm{T}}$로 해서 새로운 위치를 다음 식으로 계산한다.[4]

$$\mathbf{x}^{\mathrm{new}} = \mathbf{x} - \nabla h$$

식 1.14

이를 여러 번 반복해 가면 그림 1-15와 같이 어디에서 출발하더라도 점점 원점에 가까워지는 것을 알 수 있다. 이처럼 현재 파라미터의 값에 대해 기울기 벡터를 계산하고, 그 반대 방향으로 파라미터를 수정하는 알고리즘을 일반적으로 '**경사 하강법**(gradient descent)'이라고 한다. "함수의 그래프가 그리는 비탈길을 내려간다"라는 뜻이다. 이 예의 경우 엄밀히 말하면 무한대로 수정을 반복해야만 원점에 도달할 수 있는데, 현실의 문제에서는 충분히 원점에 가까워졌을 때 계산을 중단하고, 그 시점의 값을 근사적인 최적해로 채택한다.

4 　📌 이 책에서는 $\mathbf{x}$와 같은 문자로 성분을 가로로 나열한 가로 벡터를 나타내는 경우와 세로로 나열한 세로 벡터를 나타내는 경우가 있는데, 어느 방향을 나타내는지는 정의식에서 판별하게 되어 있다. 여기서는 표기 여건상 가로 벡터 (x_1, x_2)에 전치 기호 T를 붙여 세로 벡터를 표현한다.

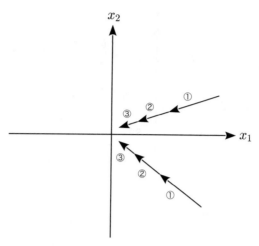

그림 1-15 경사 하강법으로 최솟값에 가까워지는 모습

그리고 이때 주의해야 할 점은 파라미터를 수정하는 분량이다. 단순히 식 1.14로 파라미터를 수정한 경우 상황에 따라서는 최솟값이 되는 경우를 지나쳐 갈 가능성이 있다. 예를 들어, 이와 동일한 방법을 다음의 두 가지 예에 적용해 보겠다.

$$h_1(x_1, x_2) = \frac{3}{4}\left(x_1^2 + x_2^2\right)$$

식 1.15

$$h_2(x_1, x_2) = \frac{5}{4}\left(x_1^2 + x_2^2\right)$$

식 1.16

먼저, 각각의 기울기 벡터는 다음 수식으로 나타낼 수 있다.

$$\nabla h_1 = \frac{3}{2}\begin{pmatrix} x_1 \\ x_2 \end{pmatrix}$$

식 1.17

$$\nabla h_2 = \frac{5}{2}\begin{pmatrix} x_1 \\ x_2 \end{pmatrix}$$

식 1.18

이들에 대해 식 1.14를 적용하면서 이동해 가는 모습을 나타내면 그림 1-16과 같이 된다. $h_1(x_1, x_2)$의 경우 기울기 벡터만큼 이동하면 원점을 지나쳐 가지만, 그렇더라도 원점 주위를 왕복하면서 서서히 원점에 가까워져 간다. 반면, $h_2(x_1, x_2)$의 경우에는 기울기 벡터가 너무 커서 반대로 원점에서 멀어져 간다.

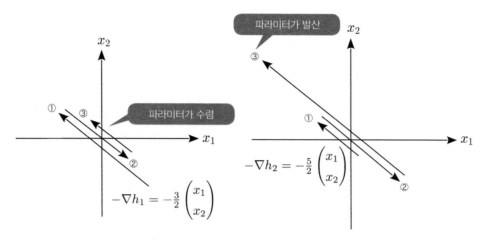

그림 1-16 경사 하강법에 의한 두 종류의 이동 예

일반적으로 경사 하강법에 의해 최솟값에 제대로 근접해 가는 것을 "파라미터가 수렴한다", 혹은 반대로 최솟값에서 멀어져 무한히 먼 곳으로 가는 것을 "파라미터가 발산한다"라고 한다. 실제로 경사 하강법을 적용할 경우에는 단순히 기울기 벡터만큼 이동하는 것이 아니라 이동량을 적당히 줄여 가면서 파라미터가 발산하는 것을 방지해야 한다.

이는 구체적으로는 ϵ을 0.01이나 0.001처럼 작은 값으로 해서 다음 수식으로 파라미터를 갱신해 가는 것이다.

$$\mathbf{x}^{\text{new}} = \mathbf{x} - \epsilon \nabla h$$

식 1.19

일반적으로 ϵ을 **'학습률'**이라고 한다. 이는 한 번의 갱신으로 파라미터를 얼마나 많이 수정하는지를 결정하는 값이 된다. 학습률이 낮으면 최솟값에 도달하기까지 파라미터를 더 많이 갱신할 필요가 있으므로 파라미터의 최적화 처리에 시간이 걸린다. 반면, 학습률이 너무 높으면 파라미터가 발산해서 제대로 최적화할 수 없다.

구체적인 학습률 값은 문제에 따라 잘 선택할 필요가 있는데, 이 부분은 머신러닝의 실질적인 테크닉에 해당한다. 소박하게 시작한다면 처음에는 작은 값으로 시도해서 파라미터 수렴에 시간이 걸리면 값을 크게 해보는 등의 시행착오를 통해 수행한다.

혹은 그림 1-13과 같이 여러 곳에 극솟값을 갖는 경우에는 실제 최솟값 이외의 위치(극솟값)에 파라미터가 수렴할 가능성도 있다. 이를 피해서 실제 최솟값에 도달하기 위한 연구도 필요하게 된다. 이 책의 내용 중에는 이와 같은 문제에 대응하기 위해 확률적 경사 하강법이나 미니 배치(mini-batch)와 같은 테크닉을 사용하고 있다. 이에 관해서는 '2.3.4 미니 배치와 확률적 경사 하강법'에서 설명한다.

지금까지 2변수 함수의 경우를 생각해 보았는데, 변수의 개수가 늘어나더라도 같은 방식을 적용할 수 있다. 식 1.8의 제곱 오차 $E(w_0, w_1, w_2, w_3, w_4)$를 최소로 하는 파라미터 $w_0 \sim w_4$를 결정하는 경우라면 이를 나열한 벡터를 $\mathbf{w} = (w_0, w_1, w_2, w_3, w_4)^{\mathrm{T}}$로 하고, 적당한 값에서 출발해서 다음 수식으로 파라미터를 갱신해 간다.

$$\mathbf{w}^{\mathrm{new}} = \mathbf{w} - \epsilon \nabla E(\mathbf{w})$$

식 1.20

여기서 기울기 벡터 $\nabla E(\mathbf{w})$는 다음 수식으로 나타낼 수 있다.

$$\nabla E(\mathbf{w}) = \begin{pmatrix} \frac{\partial E}{\partial w_0}(\mathbf{w}) \\ \vdots \\ \frac{\partial E}{\partial w_4}(\mathbf{w}) \end{pmatrix}$$

식 1.21

이때 식 1.20에서 파라미터를 갱신할 때마다 그 점에서의 기울기 벡터의 값을 식 1.21로 다시 계산한다는 점에 주의한다. 식 1.8의 예에서는 종이와 연필로 편미분을 계산해서 기울기 벡터의 함수형을 구체적으로 결정할 수도 있었다. 그러나 파라미터를 갱신할 때마다 매번 식 1.21의 값을 구체적으로 계산하는 것은 어려운 일이다.

실제로는 이와 같은 계산을 컴퓨터를 이용해 자동화할 필요가 있다. 이 부분이 바로 머신러닝 혹은 딥러닝에서 텐서플로의 역할에 해당한다. 이를테면 평균 기온을 예측하는 문제에서 텐서플로를 이용한다면 다음과 같은 과정으로 프로그램 코드를 작성해 간다.

❶ 평균 기온을 예측하는 모델이 되는 식 1.7을 코드로 기술한다
❷ 식 1.7에 포함된 파라미터의 평가 기준이 되는 오차 함수 식 1.8을 코드로 기술한다
❸ 그림 1-3에 나타낸 12개월 평균 기온 데이터를 이용해 오차 함수를 최소로 하는 파라미터를 결정한다

이는 정확히 '머신러닝 모델의 3단계'와 일치한다. ❸부분은 기본적으로는 텐서플로가 자동으로 수행해 주지만, 실제 코드 내에서는 경사 하강법에 사용하는 알고리즘이나 학습률을

지정하는 것이다. 또한, ❸에서 파라미터를 최적화하기 위해 사용하는 데이터의 집합을 '트레이닝 세트'라고 한다. 트레이닝 세트 데이터의 양이 많은 경우 한 번에 모든 데이터를 이용하는 것이 아니라 단계적으로 데이터를 투입해 가면서 파라미터를 최적화해 가는 식의 테크닉도 필요하다.

이와 같은 실전적 테크닉은 이후에 이 책 전체에 걸쳐 설명해 가도록 하고, 여기서는 일반적인 머신러닝 라이브러리와 텐서플로의 차이에 대해 다루도록 하겠다. 위에서 설명한 ❶~❸의 처리를 프로그램 코드로 실행한다는 점에서는 일반적인 라이브러리와 텐서플로 간에 큰 차이는 없다. 텐서플로가 다른 점은 딥러닝에서 이용되는 대규모 신경망에 대해 ❸의 계산 처리를 효율적으로 실시할 수 있다는 점이다.

딥러닝의 세계에서는 그림 1-2의 CNN 예에서와같이 합성곱 필터(convolution filter)나 풀링 계층(pooling layer)과 같은 특수한 함수가 등장한다. 나아가 이러한 것들이 여러 계층에 결합해 간다. 이들 전체를 하나의 함수로 간주해서 그 편미분을 계산하는 것은 간단한 작업이 아니다. 이와 같은 복잡한 신경망에 대해 편미분을 계산하고 기울기 벡터를 결정하며, 혹은 결정한 기울기 벡터를 이용해 경사 하강법으로 파라미터를 최적화하는 식의 알고리즘이 사전에 마련되어 있다는 점이 텐서플로의 최대 특징이라 할 수 있다.

또한, 합성곱 필터나 풀링 계층에 해당하는 함수도 미리 준비되어 있다. 이러한 함수를 조합함으로써 복잡한 신경망에 대응하는 수식에 대해서도 비교적 간결한 코드로 정리할 수 있다. 그리고 실제로 계산을 처리할 때는 서버에 탑재된 GPU를 이용해 식 계산을 고속으로 처리하거나 복수의 서버를 이용해 병렬 계산 처리를 하는 등의 기능도 갖춰져 있다. GPU 이용 방법이나 병렬 계산 처리에 관한 설명은 이 책이 다루는 범위 밖이지만, 텐서플로를 실용 레벨에서 본격적으로 활용할 때에는 특히 유용한 기능이다.

1.2 환경 준비

여기서는 실제로 텐서플로를 이용해서 이 책의 예제 코드를 실행할 수 있는 환경을 준비한다. 텐서플로를 직접 설치할 수도 있지만, 가능한 한 간단하게 다양한 환경에서 실행할 수 있도록 이 책에서는 텐서플로가 설치 완료된 도커용 컨테이너 이미지를 준비했다.[5] 이를 이용해 리눅스, 맥(Mac)OS, 윈도우 환경에서 도커를 이용해서 텐서플로 환경을 실행할 수가 있다. 여기서 도커(Docker)는 애플리케이션 실행에 필요한 파일을 모아서 '컨테이너 이미지 (container image)'를 생성하고 리눅스 컨테이너 환경에서 애플리케이션을 실행하는 소프트웨어를 말한다.

이 환경 안에는 텐서플로와 함께 오픈 소스인 '주피터(Jupyter)'가 포함되어 있다. 주피터는 웹 브라우저상의 '노트북(Notebook)'에서 데이터를 분석 처리하는 기능을 제공한다. 이를 이용하면 그림 1-17과 같이 웹 브라우저를 이용해서 대화형으로 파이썬(Python) 코드를 편집/실행할 수 있다.

---

5   컨테이너 이미지를 생성할 때 이용한 도커파일(Dockerfile)은 깃허브(GitHub, https://github.com/enakai00/jupyter_tensorflow)에 공개되어 있다. 독자적인 컨테이너 이미지를 생성하고자 할 때는 이를 참고하기 바란다.

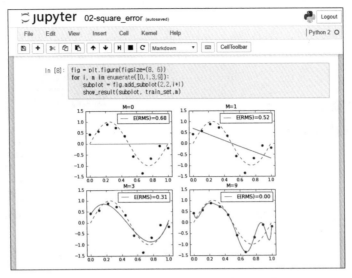

그림 1-17 주피터의 노트북을 이용하는 모습

여기서는 CentOS 7을 이용해서 환경을 준비하는 방법을 설명한다. 도커를 이용할 수 있는 환경이라면 그 밖의 리눅스 배포판에서도 준비 과정에 큰 차이는 없다. 또한, 참고를 위해 맥OS 및 윈도우에서의 환경 구축 과정을 부록에서 설명하고 있다.

텐서플로 버전은 이 책을 집필하는 시점에서 최신 버전인 r0.9.0(GPU 미지원)[6]을 사용한다. 텐서플로는 파이썬 및 C/C++를 지원하는 라이브러리를 제공하고 있지만 대부분 파이썬 코드로 이용한다. 이 책이 제공하는 컨테이너 이미지 환경에서는 파이썬 2.7을 사용한다. 하드웨어 환경은 4코어 CPU와 4GB 이상의 물리 메모리를 가정하고 있다. 메모리 용량이 이보다 적으면 4장과 5장의 예제 코드를 실행할 수 없는 경우가 있으므로 주의하기 바란다.

1.2.1 CentOS 7에서의 준비 과정

여기서는 CentOS 7의 도커 컨테이너에서 주피터를 실행하고 외부 웹 브라우저에서 네트워크를 거쳐서 주피터에 접속하여 사용하기로 한다(그림 1-18). 웹 브라우저에서 접속할 경우

---

6   역주 현재 텐서플로 최신 안정 버전은 r1.2이며, 텐서플로 버전 정보는 https://www.tensorflow.org/versions/에서 확인할 수 있다. 최신 안정 버전인 r1.2를 이용할 경우에 대한 안내는 다음 URL을 확인하기 바란다.
     '텐서플로 최신 버전 지원 가이드' https://github.com/Jpub/TensorflowDeeplearning

간단한 패스워드 인증은 필요하지만, 통신 경로 암호화는 하지 않으므로 가정 내의 사설
네트워크(private network) 등 신뢰할 수 있는 네트워크상에서 이용하기 바란다.[7]

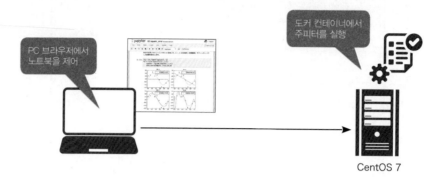

그림 1-18 네트워크를 경유해 주피터를 이용하는 모습

01 먼저, 사용할 서버에 CentOS 7을 최소 구성으로 설치한다. CentOS 공식 다운로드
사이트에서 'DVD ISO'를 선택하면 여러 미러 사이트가 표시되며, 원하는 사이트에서
설치 미디어를 다운로드해서 사용하면 된다.

- Download CentOS (https://www.centos.org/download/)

02 설치가 완료되었으면 root 사용자로 로그인해서 계속 작업한다. 다음 명령으로 패키
지를 최신으로 업데이트하고 시스템을 재부팅한다(# 오른쪽의 명령을 입력).

```
# yum -y update ↵
# reboot ↵
```

03 시스템이 부팅되었으면 다시 root 사용자로 로그인하고 도커를 설치한 다음, 도커 서
비스를 활성화하고 실행한다.

```
# yum -y install docker ↵
# systemctl enable docker.service ↵
# systemctl start docker.service ↵
```

---

7 주 퍼블릭 클라우드(public cloud)의 가상머신을 인터넷 경유로 사용할 때에는 SSH 터널링 기능을 이용해 통신 경
로를 암호화하기 바란다. 구체적인 과정은 아래 저자의 블로그 기사를 참고하기 바란다.
'GCP에서 주피터를 이용하는 방법(GCE의 VM 인스턴스를 이용할 경우)'
http://enakai00.hatenablog.com/entry/2016/07/03/201117

04 다음 명령을 실행하면 인터넷상의 도커 허브(Docker HUB)에서 컨테이너 이미지가 다운로드된 후에 컨테이너 및 주피터가 실행된다.[8] '\'는 명령 도중에 개행할 때 입력하는 기호다.

```
# mkdir /root/data ⏎
# chcon -Rt svirt_sandbox_file_t /root/data ⏎
# docker run -itd --name jupyter -p 8888:8888 -p 6006:6006 \ ⏎
    -v /root/data:/root/notebook -e PASSWORD=passw0rd \ ⏎
    enakai00/jupyter_tensorflow:0.9.0-cp27 ⏎
```

여기서 '-e PASSWORD' 옵션에는 웹 브라우저에서 주피터에 접속할 때의 인증 암호를 지정한다. 이 예에서는 'passw0rd'를 지정하고 있다.

05 실행한 컨테이너의 상태는 다음 명령으로 확인한다(두 번째 행 이후부터는 출력 결과임).

```
# docker ps ⏎
CONTAINER ID         IMAGE                                    COMMAND
CREATED              STATUS                PORTS
NAMES
d9e03614e80b         enakai00/jupyter_tensorflow:0.9.0-cp27   "/usr/local/bin/
init."   13
seconds ago      Up 12 seconds         0.0.0.0:6006->6006/tcp, 0.0.0.0:8888-
>8888/tcp    jupyter
```

06 이렇게 해서 텐서플로를 이용할 환경 준비를 마쳤다. 웹 브라우저에서 URL 'http://<서버 IP 주소>:8888'에 접속하면 패스워드 입력 화면이 표시된다. 앞서 지정한 패스워드를 입력하고, 그림 1-19와 같은 화면이 표시되는 것을 확인한다. 이후 사용 방법은 '1.2.2 주피터 사용법'에서 설명한다.

---

8 쥠 'Usage of loopback devices is strongly discouraged for production use.'라는 경고가 표시될 때가 있는데 문제되지는 않는다.

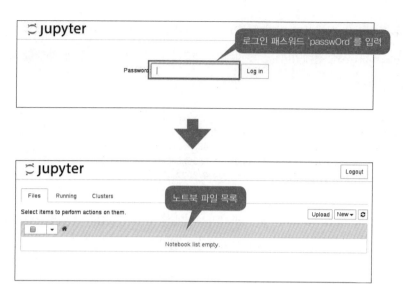

그림 1-19 주피터 실행 화면

한편, 컨테이너를 정지·재시작·삭제할 경우에는 각각 다음 명령을 실행한다.

```
# docker stop jupyter ⏎
# docker start jupyter ⏎
# docker rm jupyter ⏎
```

여기서 설명한 과정으로 컨테이너를 실행한 경우 주피터에서 생성한 노트북 파일은 디렉터리 /root/data 하위에 저장되며, 컨테이너를 삭제하더라도 파일은 그대로 남는다. 여기서 **04** 단계의 세 번째 명령으로 다시 컨테이너를 시작하면 같은 노트북을 그대로 이용할 수 있다.

1.2.2 주피터 사용법

주피터(Jupyter)에서는 노트북(Notebook)이라는 파일을 열고, 그 안에서 파이썬 명령이나 프로그램 코드를 대화형으로 실행한다. 하나의 노트북은 여러 셀로 나뉘며, 하나의 셀에는 실행해야 할 명령과 그 실행 결과가 세트로 기록되는 형태다.

01 그림 1-19의 초기 상태에서는 아직 노트북의 파일이 없다. 그림 1-20의 순서에 따라 새로운 노트북을 열어 보자. 노트북 파일 목록 화면의 오른쪽에 있는 풀다운 메뉴에서 'New' → 'Python 2'를 선택하면 새로운 노트북이 열린다. 기본적으로 'Untitled'라

는 제목으로 되어 있으므로 이 부분을 클릭해서 원하는 제목을 설정한다. 여기서 설정한 제목에 확장자 '.ipynb'를 붙인 것이 노트북의 파일명이 된다.

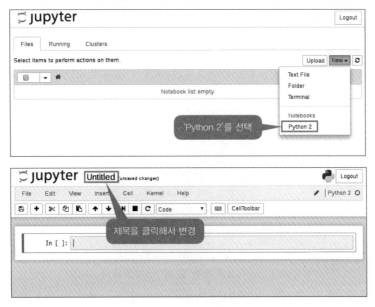

그림 1-20 **새로운 노트북 생성**

02 그다음에는 그림 1-21과 같이 파이썬 코드를 입력하고 [Ctrl] + [Enter] 키를 누르면 실행 결과가 표시된다. 이것이 하나의 셀(cell)이다. 셀에서 실행한 결과는 내부적으로 저장되며, 하나의 셀에서 변수에 값을 설정하고, 다음 셀에서 해당 변수의 값을 참조할 수도 있다. print문으로 명시적으로 결과를 출력할 수도 있는데, 기본적으로 마지막에 실행한 명령의 반환값이 출력된다. 예를 들어, 변수명만 입력하면 그 값이 결과로 출력된다.

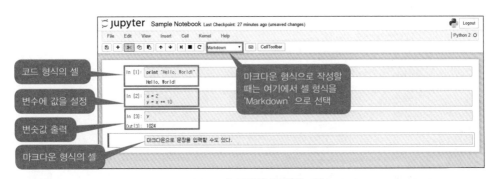

그림 1-21 **노트북을 사용하는 예**

칼럼 주피터 노트북에서의 작업

새로운 셀을 추가하고 셀의 위치를 위아래로 이동할 때는 화면상의 '+', '↑', '↓' 버튼을 이용하거나 표 1.1과 같은 단축키를 이용할 수 있다. 이러한 단축키는 [ESC]키를 눌러 '명령 모드'로 들어간 후에 사용한다. 명령 모드에서 셀을 선택하고 [Enter]키를 누르면 셀 편집 모드로 들어간다.

표 1.1 **주피터 노트북의 주요 단축키**

단축키	설명
[ESC]	명령 모드로 전환
[Enter]	셀 편집 모드로 전환
[A]	현재 셀 위에 셀 추가 (Above)
[B]	현재 셀 아래에 셀 추가 (Bottom)
[C]	현재 셀을 복사
[X]	현재 셀을 잘라 내기
[Shift] + [V]	현재 셀 위에 셀을 붙여 넣기
[V]	현재 셀 아래에 셀을 붙여 넣기
[Y]	셀을 코드 형식으로 변경
[M]	셀을 마크다운 형식으로 변경
[Ctrl] + [S] (맥OS에서는 ⌘ + [S])	노트북을 파일로 저장

또한, 셀에는 몇 가지 형식이 있는데, '코드 형식'의 셀과 '마크다운 형식'의 셀이 자주 이용된다. 코드 형식의 셀은 코드를 입력해서 실행하기 위한 것이고, 마크다운 형식의 셀은 설명문 등을 기재하는 데 사용한다. 마크다운 형식으로 텍스트를 입력하고 [Ctrl] + [Enter]키로 실행하면 포맷된 형태로 표시된다. 셀의 형식은 화면 상단의 툴바 혹은 단축키로 변경한다.

한편, 앞서 **02** 단계에서, 셀에서 실행한 결과는 내부적으로 저장된다고 설명했는데, 이는 '커널'이라는 프로세스가 수행하고 있다. 지금까지의 실행 결과를 삭제하고 처음부터 코드를 실행하고자 할 때는 그림 1-22의 [Kernel] 메뉴에서 재시작 처리를 한다. 'Restart & Clear Output'을 선택하면 커널 재시작과 함께 기존 출력 내용도 삭제된다.

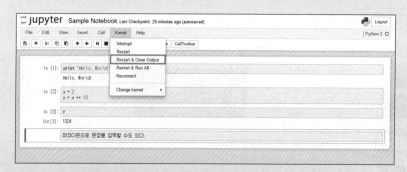

그림 1-22 Kernel의 Restart 메뉴

또한, 노트북 파일을 추출해서 외부에 저장할 때는 그림 1-23의 'File' 메뉴에서 'Download as' →
'Notebook (.ipynb)'를 선택한다. 다운로드한 파일은 그림 1-19의 노트북 파일 목록 화면에서 오른쪽
위에 있는 'Upload'를 눌러서 업로드할 수 있다.

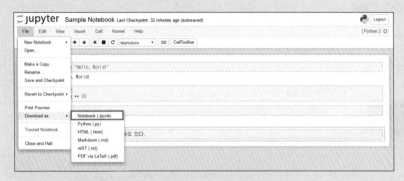

그림 1-23 노트북 파일 다운로드

한편, 사용을 마친 노트북을 닫은 후에도 해당 커널 프로세스는 그대로 계속 실행되며, 다시 같은 노
트북을 열면 닫은 위치에서부터 실행을 재개할 수 있다. 다만, 실행 중인 커널이 많으면 서버 메모리
가 부족할 수 있으므로 불필요한 커널은 중지하는 것이 좋다. 그림 1-19의 노트북 파일 목록 화면에서
'Running' 탭을 선택하면 실행 중인 커널의 목록이 표시되므로 'Shutdown'을 눌러 중지한다.

지금까지 주피터의 기본적인 사용법을 설명했다. 기타 자세한 내용은 공식 웹사이트의 문서를 참고하
기 바란다.

• Jupyter Documentation (http://jupyter.readthedocs.io/en/latest/index.html)

03 끝으로, 여기서 이 책의 예제 코드가 포함된 노트북 파일을 다운로드한다. 새로 연
노트북의 셀에서 다음 명령을 실행한다.

```
!git clone https://github.com/Jpub/TensorflowDeeplearning jupyter_tfbook
```

노트북의 셀 안에서는 앞에 '!'를 붙여 컨테이너 내에서 리눅스 명령을 실행할 수 있
다. 여기서는 git 명령을 사용해 인터넷상의 깃허브(GitHub)에 공개된 노트북 파일을
다운로드받는다.

04 이후 노트북 창을 닫고 파일 목록 화면으로 돌아오면 'jupyter_tfbook' 폴더가 생성되
어 있을 것이다. 이 폴더 아래에 'Chapter01', 'Chapter02'와 같이 각 장에 해당하는 폴

더가 있고, 그 안에 각 장에서 사용하는 예제 코드의 노트북 파일이 저장되어 있다. 이 노트북은 원래의 내용을 분실하지 않도록 노트북 파일을 복사한 후 사용하기 바란다. 그림 1-24와 같이 파일을 선택하고 'Duplicate'를 눌러 복사한 후 복사된 파일을 선택하고 'Rename'으로 임의의 파일명을 지정한다.

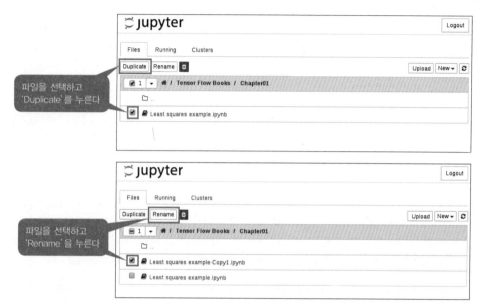

그림 1-24 **노트북 파일을 복사해서 사용**

노트북 내에는 다음과 같이 코드를 적은 각각의 셀 앞에 [LSE-01]과 같은 형식의 라벨로 시작하는 주석 셀이 포함되어 있다. 이 책에서 예제 코드를 인용할 때는 다음과 같이 라벨을 기재하여 노트북 내의 셀과 매핑할 수 있게 되어 있다. 또한, 각 셀에 행 번호가 붙어 있는데 당연히 행 번호를 입력할 필요는 없다. 그리고 행 번호가 없는 행은 출력 결과이므로 입력할 필요가 없다.

[LSE-01]

```
1: import tensorflow as tf
2: import numpy as np
3: import matplotlib.pyplot as plt
```

1.3 텐서플로 훑어보기

여기서는 '1.1.1 머신러닝의 개념'에서 소개한 월별 평균 기온을 예측하는 문제를 텐서플로를 이용해 풀어 보겠다. 수학적으로는 예측값과 관측값의 제곱 오차를 최소로 하도록 파라미터를 결정하는 '최소 제곱법' 문제에 해당한다. 텐서플로를 이용할 정도의 문제는 아니지만, 먼저, 이 간단한 문제로 텐서플로의 기본적인 내용을 배워 보자.

1.3.1 다차원 배열을 이용한 모델 표현

텐서플로에서는 계산에 사용하는 데이터를 모두 다차원 배열로 표현한다.[9] 다차원 배열이라고 하면 어렵게 느껴질 수도 있는데, 예를 들어 2차원 배열이라고 하면 이는 곧 행렬을 말한다. 그러므로 먼저, 데이터의 관계를 행렬로 표현하고, 이를 텐서플로 코드로 바꿔 보겠다.

예를 들면, n월의 예측 기온 y_n을 식 1.7로 계산했는데, 이는 행렬을 이용해 다음과 같이 바꿔서 쓸 수 있다.

$$y_n = (n^0, n^1, n^2, n^3, n^4) \begin{pmatrix} w_0 \\ w_1 \\ w_2 \\ w_3 \\ w_4 \end{pmatrix}$$

식 1.22

"이건 행렬이 아니라 벡터네요"라고 말할 수도 있지만, 가로 벡터 $(n^0, n^1, n^2, n^3, n^4)$는 1×5 행렬, 세로 벡터 $(w_0, w_1, w_2, w_3, w_4)^\mathrm{T}$는 5×1 행렬이라고 생각하기 바란다.[10] 그러고 나면

---

9 ⚙ 수학에서는 다차원 배열로 표현되는 값을 '텐서(Tensor)'라고 한다. '텐서플로(TensorFlow)'라는 명칭은 여기에서 유래한다.

10 $M \times N$ 행렬은 행 수(세로 길이)가 M이고 열 수(가로 길이)가 N인 행렬이다.

다음과 같이 12개월 치의 데이터를 하나의 계산식으로 적을 수도 있다.

$$\mathbf{y} = \mathbf{X}\mathbf{w}$$

식 1.23

여기서 $\mathbf{y}$, $\mathbf{X}$, $\mathbf{w}$는 각각 다음 수식으로 정의된 벡터 혹은 행렬이다.

$$\mathbf{y} = \begin{pmatrix} y_1 \\ y_2 \\ \vdots \\ y_{12} \end{pmatrix}, \quad \mathbf{X} = \begin{pmatrix} 1^0 & 1^1 & 1^2 & 1^3 & 1^4 \\ 2^0 & 2^1 & 2^2 & 2^3 & 2^4 \\ \vdots & & & & \\ 12^0 & 12^1 & 12^2 & 12^3 & 12^4 \end{pmatrix}, \quad \mathbf{w} = \begin{pmatrix} w_0 \\ w_1 \\ w_2 \\ w_3 \\ w_4 \end{pmatrix}$$

식 1.24

이때 이들 문자는 각기 역할이 다르다는 점에 주의하자. 먼저, $\mathbf{X}$는 트레이닝 세트로서 주어진 데이터로 구성된다. 텐서플로에서는 이처럼 트레이닝 세트 데이터를 저장하는 변수를 'Placeholder'라고 한다. 다음으로, $\mathbf{w}$는 앞으로 최적화할 파라미터다. 이와 같은 변수를 'Variable'이라고 한다. 그리고 $\mathbf{y}$는 Placeholder와 Variable로부터 계산된 값이다. 텐서플로의 고유 명칭은 아니지만, 이 책에서는 '계산값'이라고 하겠다.

이제 파라미터 최적화를 실시하려면 제곱 오차를 나타내는 식 1.6을 구할 필요가 있다. 이는 예측값 $\mathbf{y}$와 트레이닝 세트인 데이터 $\mathbf{t}$로 계산되는 값이다. $\mathbf{t}$는 다음과 같이 n월의 실제 평균 기온 t_n을 세로로 나열한 벡터다.

$$\mathbf{t} = \begin{pmatrix} t_1 \\ t_2 \\ \vdots \\ t_{12} \end{pmatrix}$$

식 1.25

다만, 일반적인 행렬 연산만을 생각한다면 식 1.6을 행렬 형식으로 변경할 수는 없다. 그러므로 약간의 변칙적인 방법을 써서 새로운 연산을 정의해야 하는데, 여기서는 일반적인 벡터 $\mathbf{v} = (v_1, v_2, \cdots, v_N)^{\mathrm{T}}$에 대해 다음 두 가지 연산을 정의한다.

$$\text{square}(\mathbf{v}) = \begin{pmatrix} v_1^2 \\ v_2^2 \\ \vdots \\ v_N^2 \end{pmatrix}$$

식 1.26

$$\text{reduce\_sum}(\mathbf{v}) = \sum_{i=1}^{N} v_i$$

식 1.27

square는 벡터의 각 성분을 제곱하는 것이고, reduce_sum은 벡터의 각 성분의 합을 계산하는 것이다. 이 두 연산을 이용하면 식 1.6을 다음과 같이 나타낼 수 있다.

$$E = \frac{1}{2}\text{reduce\_sum}\left(\text{square}(\mathbf{y} - \mathbf{t})\right)$$

식 1.28

이렇게 하면 평균 기온을 예측하는 함수인 식 1.23과 여기에 포함된 파라미터를 최적화하는 기준이 되는 오차 함수인 식 1.28을 행렬 형식으로 표현할 수 있다. 바꿔 말하면 텐서플로의 기본 데이터 형식인 다차원 배열로 표현할 수 있으면서 텐서플로 코드로 변경할 수 있게 된다.

한편, 식 1.23과 식 1.28은 각각 '머신러닝 모델의 3단계' 중 ❶단계와 ❷단계에 해당한다는 점을 다시 한 번 떠올리길 바란다. 식 1.28에는 square와 reduce_sum이라는 새로운 연산을 임의로 도입했으나, 이후에 설명하듯이 텐서플로에는 이에 해당하는 함수가 잘 준비되어 있다.

1.3.2 텐서플로 코드를 이용한 표현

그러면 실제로 이를 텐서플로 코드로 표현해 보자. 본격적인 프로그램을 작성할 때는 모델을 나타내는 그래프를 준비하는 등 코드의 모듈화를 고려해야 하지만, 여기서는 간단히 하기 위해 주피터의 노트북상에서 정의식을 직접 작성해 가겠다. 이에 해당하는 노트북은 'Chapter01/Least squares example.ipynb'이므로 실제로 노트북을 열고 코드를 실행하며 읽어 가도록 하자. 한편, 노트북을 열고 나면 이전 실행 결과가 남아 있으므로 그림 1-22의 메뉴에서 'Restart & Clear Output'을 실행해서 이전 실행 결과를 제거해 두는 것이 좋다.

01 먼저, 필요한 모듈을 임포트한다. 여기서는 텐서플로의 본체에 해당하는 모듈과 수치 계산 라이브러리인 NumPy, 그리고 그래프 이미지 라이브러리인 matplotlib를 임포트 하고 있다.

[LSE-01]

```
1: import tensorflow as tf
2: import numpy as np
3: import matplotlib.pyplot as plt
```

02 이어서, 식 1.24의 **X**에 해당하는 변수를 정의한다. 이는 트레이닝 세트 데이터를 저장하는 'Placeholder'에 해당하는 것이므로 tf.placeholder 클래스의 인스턴스로 생성한다.

[LSE-02]

```
1: x = tf.placeholder(tf.float32, [None, 5])
```

> **칼럼**
> ### tf.float32에 대해
>
> 첫 번째 인수인 tf.float32는 행렬의 요소가 되는 수치의 자료형을 지정하는 것이다. 텐서플로에서 사용하는 대표적인 자료형은 표 1.2와 같다.[11]
>
> X의 요소 자체는 정수이지만, 이후에 부동 소수점 연산을 하게 되므로 여기서는 tf.float32를 지정하고 있다. 그 뒤의 [None, 5]는 행렬의 크기를 지정하는 인수다. 식 1.24에서 X는 12×5 행렬로 되어 있는데, 12라는 값은 데이터의 개수에 해당한다는 점에 주의하기 바란다. 파라미터를 최적화할 때는 트레이닝 세트 데이터를 모두 모아서 지정하는 것이 아니라 일부 데이터만을 Placeholder에 넣고 계산하기도 하므로 [None, 5]와 같이 데이터 개수 부분을 None이라고 지정했다. 이는 텐서플로에서 임의의 데이터 개수를 받아들이도록 지시하는 것이다.

---

11 📌 전체 리스트에 대해서는 'Tensor Ranks, Shapes, and Types' (https://www.tensorflow.org/resources/dims_types)를 참조.

표 1.2 텐서플로의 주요 자료형

자료형	설명
tf.float32	32비트 부동 소수점
tf.float64	64비트 부동 소수점
tf.int8	8비트 부호 있는 정수
tf.int16	16비트 부호 있는 정수
tf.int32	32비트 부호 있는 정수
tf.int64	64비트 부호 있는 정수
tf.string	문자열(가변 길이 바이트 배열)
tf.bool	부울값
tf.complex64	복소수(32비트 부동 소수점의 실수부와 허수부를 갖는다)

03 그러면 식 1.23의 $\mathbf{X}$에 일부 데이터만 넣으면 어떻게 될까? 예를 들어, 최초 3개월 치 데이터만 넣으면 다음과 같은 계산식이 된다.

$$\begin{pmatrix} y_1 \\ y_2 \\ y_3 \end{pmatrix} = \begin{pmatrix} 1^0 & 1^1 & 1^2 & 1^3 & 1^4 \\ 2^0 & 2^1 & 2^2 & 2^3 & 2^4 \\ 3^0 & 3^1 & 3^2 & 3^3 & 3^4 \end{pmatrix} \begin{pmatrix} w_0 \\ w_1 \\ w_2 \\ w_3 \\ w_4 \end{pmatrix}$$

식 1.29

해당 3개월 치 예측값이 제대로 계산되고 있다. 즉, 식 1.23의 관계식은 $\mathbf{X}$에 주어진 데이터 개수에 상관없이 성립된다. 계속해서 이 관계를 텐서플로 코드로 표현해 보겠다.

04 먼저, 식 1.24의 $\mathbf{w}$에 해당하는 파라미터를 정의한다.

[LSE-03]

```
1: w = tf.Variable(tf.zeros([5, 1]))
```

이는 최적화의 대상이 되는 'Variable'에 해당하는 것이므로 tf.Variable 클래스의 인스턴스로 정의한다. 인수인 tf.zeros([5, 1])은 변수의 초깃값을 지정하는 것으로 모든 요소가 0인 5×1 행렬을 뜻한다. 0 이외의 정수를 지정하거나 난수로 변수를 초기화할 수도 있다.[12]

05 이렇게 해서 식 1.23은 다음과 같이 표현된다.

[LSE-04]

```
1: y = tf.matmul(x, w)
```

tf.matmul은 행렬을 곱하는 함수로 앞서 정의한 Placeholder x와 Variable w를 이용해 식 1.23을 그대로 표현하고 있음을 할 수 있다. 여기서는 x에 아직 구체적인 값을 넣지 않고 있으며, y값도 구체적으로는 정해지지 않았다는 점에 주의한다. 앞서 식 1.23의 y를 '계산값'이라고 했는데, 이는 어디까지나 함수 관계를 정의하고 있는 것이며, 실제 계산은 이후에 별도로 실행되는 것으로 생각하기 바란다.

06 다음은 오차 함수를 나타내는 식 1.28을 텐서플로 코드로 표현하겠다. 식 1.28의 우변에는 앞서 코드에서 표현한 예측 기온 y와 함께 실제로 관측된 기온 t가 포함되어 있다. 이는 앞서 X와 마찬가지로 트레이닝 세트 데이터를 저장하는 'Placeholder'로 정의한다.

[LSE-05]

```
1: t = tf.placeholder(tf.float32, [None, 1])
```

07 식 1.25를 보면 t는 12×1 행렬에 해당하지만, 데이터 개수 부분은 임의로 지정할 수 있도록 [None, 1]이라는 크기를 지정하고 있다. 이를 이용해 오차 함수를 나타내는 식 1.28은 다음과 같이 표현할 수 있다.

[LSE-06]

```
1: loss = tf.reduce_sum(tf.square(y-t))
```

tf.reduce_sum과 tf.square는 각각 reduce_sum과 square에 해당하는 함수다. 또한,

---

12 ㈜ 변수의 초깃값 생성에 이용할 수 있는 함수 목록은 'Constants, Sequences, and Random Values'(https://www.tensorflow.org/api_docs/python/constant_op/)를 참조.

앞에 1/2이 없는데 이는 의도적으로 생략했다. E가 최소가 되도록 파라미터를 결정한다는 의미를 생각하면 앞에 1/2이 없어도 결과는 달라지지 않으므로 코드를 보기 쉽도록 일부러 생략한 것이다.

08 이렇게 해서 '머신러닝 모델의 3단계'의 ❶단계와 ❷단계를 텐서플로 코드로 표현했다. 그다음은 ❸단계로 오차 함수 E를 최소로 하는 파라미터를 결정하는 단계를 진행하겠다. '1.1.4 텐서플로를 이용한 파라미터 최적화'에서 설명했듯이 텐서플로는 경사 하강법을 이용한 파라미터 최적화 알고리즘을 내장하고 있다. 여기서는 최적화에 사용할 알고리즘(트레이닝 알고리즘)을 선택한다.

[LSE-07]

```
1: train_step = tf.train.AdamOptimizer().minimize(loss)
```

tf.train.AdamOptimizer는 텐서플로가 제공하는 트레이닝 알고리즘 중 하나다.[13] 주어진 트레이닝 세트 데이터로부터 오차 함수를 계산해서 그 기울기 벡터의 반대 방향으로 파라미터를 수정하는 식 1.20에 해당하는 처리를 하는 것이다. 또한, 학습률 ϵ에 해당하는 파라미터도 자동으로 조절하는 구조를 갖추고 있다. 비교적 성능이 좋고 학습률을 수동으로 조정할 필요가 없으므로 딥러닝에서 자주 이용되는 알고리즘 중 하나다. 그 뒤에 minimize(loss)라는 메소드로는 앞에 정의한 loss를 오차 함수로 해서 이를 최소화하도록 명령을 내리고 있다.

이렇게 해서 머신러닝을 실행할 준비는 끝났다. 이후에는 실제로 트레이닝 알고리즘을 동작시켜 오차 함수를 최소로 하는 파라미터값을 결정해 보겠다.

1.3.3 세션을 이용한 트레이닝 실행

01 텐서플로에서는 트레이닝 알고리즘의 실행 환경이 되는 '세션'을 준비하고 그 안에서 파라미터, 즉 Variable에 해당하는 변숫값을 계산해 간다. 다음은 새로운 세션을 준비하고 Variable을 초기화하는 과정을 나타낸다.

---

13 📖 트레이닝 알고리즘의 목록은 'Training'(https://www.tensorflow.org/api_docs/python/train/)을 참조.

```
1: sess = tf.Session()
2: sess.run(tf.initialize_all_variables())
```

여기서는 세션을 하나 준비해서 변수 sess에 저장하고 있다. 일반적으로는 그림 1-25
와 같이 복수의 세션을 정의해서 각각의 세션에서 개별로 계산할 수도 있다. [LSE-03]
에서 w를 정의하는 단계에서는 구체적인 값이 저장되지는 않고, 특정 세션 내에서
tf.initialize_all_variables()를 실행한 터미널에서 해당 세션 내에서의 Variable 값
이 초기화된다고 생각하기 바란다.[14]

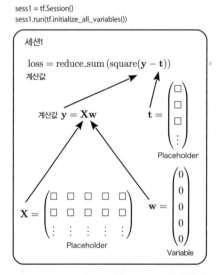

그림 1-25 세션 내에서 변숫값을 관리하는 구조

02 그러고 나서 트레이닝 알고리즘도 세션 내에서 실행한다. 이때 Placeholder에 트레이
닝 세트 데이터를 대입해야 하므로 먼저, 다음과 같은 데이터를 준비한다.

[LSE-09]

```
1: train_t = np.array([5.2, 5.7, 8.6, 14.9, 18.2, 20.4,
2:                     25.5, 26.4, 22.8, 17.5, 11.1, 6.6])
```

---

14 [역주] initialize_all_variables 함수는 텐서플로 버전 r1.0 이후부터는 global_variables_initializer 함수로 이름이 변경되었
다. r1.0 이전 버전에서 r1.0 이상 버전으로 이전 및 코드 호환성 유지를 위해서는 다음 페이지를 참조하기 바란다.
https://www.tensorflow.org/install/migration

```
3: train_t = train_t.reshape([12,1])
4:
5: train_x = np.zeros([12, 5])
6: for row, month in enumerate(range(1, 13)):
7:     for col, n in enumerate(range(0, 5)):
8:         train_x[row][col] = month**n
```

여기서는 t와 X에 대입할 데이터를 NumPy의 array 오브젝트로 준비하고 있다. array 오브젝트는 파이썬의 리스트에 수치 계산에 편리한 기능을 추가한 래퍼(wrapper)다. train_t는 실제로 관측된 기온 데이터로 그림 1-3의 세로축 값을 나열한 12×1 행렬이다. 1~2행에서 1차원 리스트로 값을 준비한 다음, 3행에서 12×1 행렬로 변환하고 있다. 5~8행에서는 train_x에 식 1.24의 X에 해당하는 12×5 행렬을 할당하고 있다.

03 그러면 이제 경사 하강법으로 파라미터를 최적화하도록 한다. 다음 코드에서는 [LSE-07]에서 정의한 트레이닝 알고리즘을 이용해 식 1.20에 해당하는 보정을 10만 회 반복한다. 1만 회 실행할 때마다 그 시점에서의 오차 함숫값을 계산해서 출력하고 있다.

[LSE-10]

```
1: i = 0
2: for _ in range(100000):
3:     i += 1
4:     sess.run(train_step, feed_dict={x:train_x, t:train_t})
5:     if i % 10000 == 0:
6:         loss_val = sess.run(loss, feed_dict={x:train_x, t:train_t})
7:         print ('Step: %d, Loss: %f' % (i, loss_val))
------------------------------------------------
Step: 10000, Loss: 31.014391
Step: 20000, Loss: 29.295158
Step: 30000, Loss: 28.033054
Step: 40000, Loss: 26.855808
Step: 50000, Loss: 25.771938
Step: 60000, Loss: 26.711918
Step: 70000, Loss: 24.436256
Step: 80000, Loss: 22.975143
Step: 90000, Loss: 22.194229
Step: 100000, Loss: 21.434664
```

4행에서는 세션 내에서 트레이닝 알고리즘 train_step을 실행해서 Variable에 해당하는 변수(여기서는 w)의 값을 보정한다. 이때 feed_dict 옵션으로 Placeholder에 구체적인 값을 설정한다. 이 예와 같이 Placeholder를 정의한 변수를 키로 하는 딕셔너리로 값을 지정한다.[15] 또한, 6행에서는 세션 내에서 계산값 loss를 평가하고 있는데, 이는 그 시점의 값을 추출하는 효과가 있다. 즉, 세션 내에서 해당 시점에서의 Variable 값을 이용해서 계산한 결과를 반환한다. Placeholder에는 feed_dict 옵션으로 지정된 값이 들어간다.

이 실행 결과를 보면 파라미터 보정을 반복함으로써 오차 함숫값이 감소함을 알 수 있다. 즉, 5만 회부터 6만 회 사이에 값이 한 번 증가하지만, 그 후 다시 감소하고 있다. 트레이닝 알고리즘의 성질에도 의존하는데, 일반적으로 경사 하강법을 이용한 트레이닝에서는 이와 같은 변동을 반복하면서 전체적으로 오차 함수가 최솟값에 가까워져 간다.

04 그러나 실제로 어디까지 감소하게 될지 예측하기란 그리 간단치 않다.[16] 여기서는 시험 삼아 추가로 트레이닝을 10만 회 더 반복해 보겠다.

[LSE-11]

```
1: for _ in range(100000):
2:     i += 1
3:     sess.run(train_step, feed_dict={x:train_x, t:train_t})
4:     if i % 10000 == 0:
5:         loss_val = sess.run(loss, feed_dict={x:train_x, t:train_t})
6:         print ('Step: %d, Loss: %f' % (i, loss_val))
-----------------------------------------------
Step: 110000, Loss: 20.749628
Step: 120000, Loss: 20.167929
Step: 130000, Loss: 19.527676
Step: 140000, Loss: 18.983555
Step: 150000, Loss: 18.480526
Step: 160000, Loss: 18.012512
Step: 170000, Loss: 17.615368
Step: 180000, Loss: 17.179623
Step: 190000, Loss: 16.879869
Step: 200000, Loss: 20.717033
```

05 마지막에 값이 다시 증가하는 모습이 보이므로 여기서 트레이닝은 중단하고, 이 시점의 파라미터값을 확인한다.

---

15 🔧 tf.placeholder로 정의한 변수는 반드시 feed_dict 옵션으로 지정해야 하며, 그렇지 않을 경우 InvalidArgument Error 오류가 발생하면서 실행되지 않는다.

16 🔧 '2.1.3 테스트 세트를 이용한 검증'에서는 테스트 세트를 이용한 검증 방법에 관해 설명한다.

[LSE-12]

```
1: w_val = sess.run(w)
2: print w_val
-----------------------------------------------
[[ 6.10566282]
 [-4.04159737]
 [ 2.51030278]
 [-0.2817387 ]
 [ 0.00828196]]
```

1행에서는 [LSE-10]의 6행과 마찬가지로 세션 내에서 Variable w를 평가해서 세션 내에 저장된 값을 추출한다. Placeholder의 값은 Variable의 값에 영향을 주지 않으므로 여기서는 feed_dict 옵션을 지정할 필요는 없다. 값은 NumPy의 array 오브젝트로 추출되므로 print문으로 출력하면 행렬 형식으로 출력된다.

06 계속해서 이 결과를 이용해 예측 기온을 다음 식으로 계산하는 함수를 준비한다.

$$y(x) = w_0 + w_1 x + w_2 x^2 + w_3 x^3 + w_4 x^4 = \sum_{m=0}^{4} w_m x^m \qquad \boxed{식 1.30}$$

[LSE-13]

```
1: def predict(x):
2:     result = 0.0
3:     for n in range(0, 5):
4:         result += w_val[n][0] * x**n
5:     return result
```

07 그러고 나서 이 함수를 그래프로 표시한다.

[LSE-14]

```
1: fig = plt.figure()
2: subplot = fig.add_subplot(1,1,1)
3: subplot.set_xlim(1,12)
4: subplot.scatter(range(1,13), train_t)
5: linex = np.linspace(1,12,100)
6: liney = predict(linex)
7: subplot.plot(linex, liney)
```

여기서는 matplotlib이 제공하는 pyplot 모듈의 기능을 이용한다. 1행에서 도형 영역을 나타내는 오브젝트를 할당하고, 2행에서는 그 안에 그래프를 그리는 영역을 준비한다. 일반적으로 하나의 도형 영역에 복수의 그래프를 나열할 수 있다. `fig.add_subplot`의 인수에 있는 (1,1,1)은 (y,x,n) 형식을 따르며, "세로에 y개, 가로에 x개 나열된 그래프 영역의 n번째 위치"라는 뜻이다. 번호 n은 그림 1-26과 같이 번호를 매긴다. 0이 아니라 1부터 시작한다는 점에 주의하기 바란다.

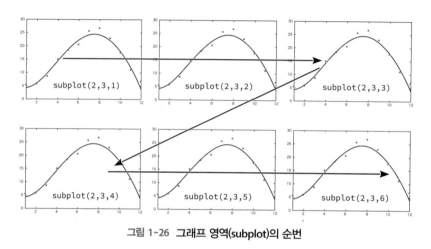

그림 1-26 **그래프 영역(subplot)의 순번**

또한, 3행은 x축의 표시 범위를 설정하는 것이고, 4행은 트레이닝 세트 데이터, 즉 실제로 관측된 월별 평균 기온을 산포도로 나타낸다. pyplot 모듈로 그래프를 그릴 때는 일반적으로 'x축 방향 데이터의 리스트'와 'y축 방향 데이터의 리스트'를 인수로 지정한다.

그러고 나서 5~7행에서는 [LSE-13]에서 준비한 함수의 그래프를 그린다. 5행의 `np.linspace(1,12,100)`은 1~12까지의 범위를 같은 간격으로 나눈 100개의 값 리스트(NumPy의 array 오브젝트)를 반환한다. `linex`로 지정된 x축상의 100개의 위치에 해당하는 점을 연결해서 부드러운 곡선을 표현한다. 한편, 6행에서는 이 리스트를 함수에 대입함으로써 각각에 대응하는 함숫값의 리스트(NumPy의 array 오브젝트)를 얻고 있다. array 오브젝트에는 편리한 성질이 있는데, 단일 값(스칼라)을 대입해야 하는 함수에 array 오브젝트를 대입하면 각 값의 함숫값을 다시 array 오브젝트로 얻을 수 있다.[17] 마지막으로, 7행에서는 얻어진 결과를 꺾은선 그래프로 표시한다. 그 결과 노트북상에는 그림 1-27과 같은 그래프가 표시된다.

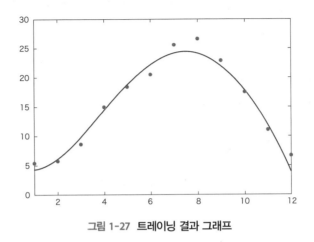

그림 1-27 트레이닝 결과 그래프

사실 이 문제에 관해서는 경사 하강법을 이용하지 않고 종이와 연필로 정확하게 답을 낼 수도 있다. 실제 오차 함수 loss의 최솟값은 약 12이며, 예상 기온 그래프는 '1.1.1 머신러닝의 개념'의 그림 1-4와 같이 된다. [LSE-11]에서 얻은 최솟값은 그리 정확하지는 않지만, 두 개의 그래프를 비교해 보면 그림 1-27이 그다지 나쁜 결과는 아니라는 것을 알 수 있다.

지금까지 텐서플로를 이용해 코드를 작성할 때의 기본적인 과정을 살펴보았다. '머신러닝 모델의 3단계'를 코드로 바꿔 가는 과정을 잘 이해해 두기 바란다. 코드 내에서 이용한 NumPy나 matplotlib 등은 텐서플로뿐만 아니라 수치 계산이나 그래프 도식 등 통계 해석 전반에서 이용되는 도구다. 이를 이용하는 방법에 관해서는 다음 자료를 참고하기 바란다.

- IT 엔지니어를 위한 머신러닝 이론 입문 – NumPy/pandas 튜토리얼 & 예제 코드 해설편(http://www.slideshare.net/enakai/it-numpy-pandas)
- 파이썬 라이브러리를 활용한 데이터 분석: pandas, NumPy, IPython, matplotlib로

---

17 🄯 엄밀히 말하면 호출하는 함수가 일정 조건을 만족해야 하지만, 이번 예와 같이 인수를 그대로 연산할 경우에는 대부분 상관없다. NumPy가 제공하는 함수 중 다수는 이 조건을 만족하는 '유니버설 함수(universal function)'라고 한다.

지진 데이터 시각화, 선거와 인구통계 분석 등 실사례 사용

- 웨스 맥키니 저/김영근 역 | 한빛미디어 | 원제: Python for Data Analysis

· 파이썬 데이터 시각화 마스터: 파이썬 패키지를 사용해 효과적으로 정보를 전달하는 매력적인 플롯 만들기

- 키르시 라만 저/정기연, 안진규, 허혜정 공역 | 에이콘출판사 | 원제: Mastering Python Data Visualization

· NumPy - Quickstart tutorial

- https://docs.scipy.org/doc/numpy-dev/user/quickstart.html

· matplotlib - Pyplot tutorial

- http://matplotlib.org/1.3.1/users/pyplot_tutorial.html

제 **2** 장

분류 알고리즘의 기초

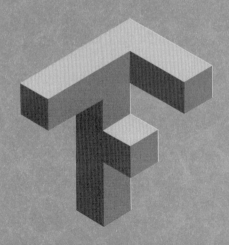

'1장을 시작하며'에서 이 책에서 다루는 합성곱 신경망(CNN)의 전체 모습을 그림으로 보았다. 그림 2-1은 동일한 그림을 다시 나타낸 것이다. 이 신경망을 구성하는 각 노드의 역할을 이해함으로써 CNN 및 보다 일반적인 신경망의 구조를 근본부터 이해하는 것이 이 책의 목표다. 여기서 흥미로운 점은 그림 2-1의 신경망을 오른쪽부터 왼쪽을 향해 차례로 알아간다는 점이다. 왜냐하면 이 신경망은 오른쪽부터 왼쪽으로 확장하면서 구성할 수 있기 때문이다.

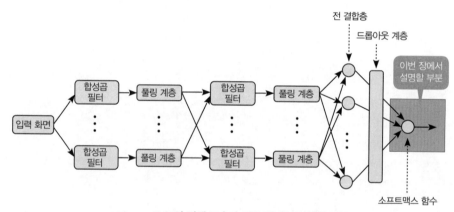

그림 2-1 **CNN의 전체 모습과 이번 장에서 설명할 부분**

예를 들어, 처음에는 가장 오른쪽에 있는 **소프트맥스 함수**로만 구성된 '세상에서 가장 간단한' 신경망을 준비한다. 사실 이것만으로도 필기 문자를 분류할 수 있다. 하지만 인식 정확도는 그리 높지 않다. 그래서 다음 단계로 그 앞부분에 있는 **전 결합층**(fully-connected layer)을 추가한 신경망을 준비한다. 이렇게 하면 인식 정확도가 조금 향상된다.

이런 식으로 앞 단에 새로운 구조를 추가해 감으로써 인식 정확도가 좀 더 높은 신경망으로 성장해 간다. 그리고 각각의 단계에서 추가하는 구조를 차례로 이해해 가는 것이 이 책의 전략이다. 이번 장에서는 첫 단계로서 그림 2-1의 가장 오른쪽에 있는 '소프트맥스 함수'와 일반적으로 '선형 분류기'(linear classifier), '퍼셉트론'(perceptron)이라고 하는 노드의 역할을 설명한다.

2.1 로지스틱 회귀를 이용한 이항 분류기

여기서는 간단한 예로서 '1.1.2 신경망의 필요성'에서 소개한 '바이러스 감염 확률'을 계산하는 예를 들어 설명한다. 주어진 데이터를 '바이러스에 감염되었다/되지 않았다'와 같이 두 종류로 분류하는 모델을 일반적으로 **이항 분류기**(binary classifier)라고 한다. 다만 단순하게 두 종류로 분류하는 것이 아니라 확률을 이용해 계산한다. 갑자기 확률이 나와서 앞으로의 설명이 어려울 것처럼 느껴질 수도 있는데, 걱정할 필요는 없다. 지금까지 자주 등장한 '머신러닝 모델의 3단계'에 따라 단계적으로 이해해 가도록 하자.

❶ 주어진 데이터를 기반으로 해서 미지의 데이터를 예측하는 수식을 생각한다
❷ 수식에 포함된 파라미터의 좋고 나쁨을 판단하는 오차 함수를 준비한다
❸ 오차 함수를 최소화할 수 있도록 파라미터의 값을 결정한다

2.1.1 확률을 이용한 오차 평가

풀어야 할 문제를 재확인하기 위해 1장의 그림을 다시 나타냈다. 먼저, 분석 대상 데이터는 그림 2-2와 같다.

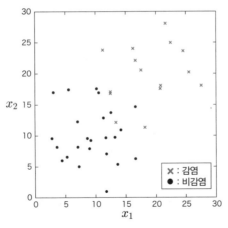

그림 2-2 예비 검사 결과와 실제 감염 상황을 나타낸 데이터

특정 바이러스의 감염을 조사하는 예비 검사 결과가 x_1과 x_2라는 두 종류의 수치로 되어 있고, 각각의 결과에 대해 실제로 감염되었는지가 데이터로 주어졌다. 이를 기반으로 해서 새로운 검사 결과 (x_1, x_2)가 나왔을 때 이 환자가 실제로 감염되었는지를 판정하는 것이 목표다.

이를 위해 단순하게 두 종류로 분류하는 것이 아니라 이 환자가 바이러스에 감염되었을 확률 $P(x_1, x_2)$를 예측하는 수식을 만든다. 구체적으로 말하면, 그림 2-3과 같이 (x_1, x_2) 평면을 직선으로 분할해서 직선상의 점은 확률 $P = 0.5$라고 가정한다. 그러고 나서 그림 2-3의 아래쪽 그래프처럼 직선에서 멀어짐에 따라 $P = 0$ 혹은 $P = 1$을 향해 완만하게 변화해 간다고 생각한다.

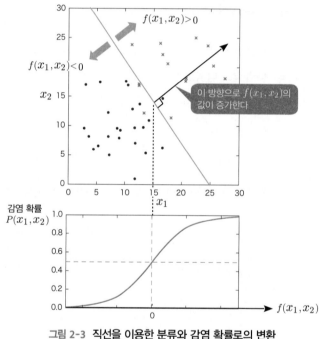

그림 2-3 **직선을 이용한 분류와 감염 확률로의 변환**

그렇다면 단순하게 두 종류로 분류하지 않고 확률을 이용해서 예측을 하는 데는 어떤 의미가 있을까? 실제로는 다양한 이점이 있지만, 여기서는 특히 파라미터의 좋고 나쁨을 평가하는 '오차 함수'를 자연스럽게 정의할 수 있다는 점을 들 수 있다. 구체적으로는 다음과 같은 흐름을 따른다.

먼저, '1.1.2 신경망의 필요성'에서 설명했듯이 (x_1, x_2) 평면을 분할하는 직선은 다음 식으로 나타낼 수 있다.

$$f(x_1, x_2) = w_0 + w_1x_1 + w_2x_2 = 0$$
식 2.1

또한, $f(x_1, x_2)$의 값은 경계선에서 멀어질수록 $\pm\infty$를 향해 변화하므로 이를 시그모이드 함수에 대입해서 0~1의 확률값으로 변환할 수 있다. 시그모이드 함수 $\sigma(x)$는 그림 2-3의 아래쪽 그래프처럼 0부터 1까지 완만하게 변화하는 함수다. 이후 계산에서 필요한 것은 아니지만, 참고를 위해 구체적인 수식을 나타내면 다음과 같다.

$$\sigma(x) = \frac{1}{1 + e^{-x}}$$
식 2.2

위에서 설명한 내용에 따라 (x_1, x_2)라는 검사 결과가 바이러스에 감염되었을 확률은 다음 수식으로 계산된다.

$$P(x_1, x_2) = \sigma\left(f(x_1, x_2)\right)$$
식 2.3

이는 '머신러닝 모델의 3단계'에서 ❶단계에 해당한다. 이 식은 식 2.1에서 미지의 파라미터 w_0, w_1, w_2가 포함되어 있으므로 파라미터값이 좋고 나쁨을 판정하는 기준을 마련한 다음 (❷단계), 최적의 값을 결정할 필요가 있다(❸단계).

여기서 확률의 개념을 잘 이용할 수 있다. 약간 번거로운 방법이지만, 이를테면 파라미터 w_0, w_1, w_2가 구체적으로 정해져 있다고 하고, 처음에 주어진 데이터를 다시 예측해 보겠다. 이는 다음과 같은 순서대로 실시한다. 먼저, 주어진 데이터가 총 N개라고 하고, n번째 데이터를 (x_{1n}, x_{2n})이라고 하자. 또한, 이 데이터가 실제 감염되었는지, 즉 예측의 '정답'을 나타내는 값을 $t_n = 0, 1$이라고 하자. 감염되었으면 $t_n = 1$이고, 감염되지 않았으면 $t_n = 0$이 된다.

그리고 현재의 모델에 의하면 n번째 데이터가 감염되었을 확률은 $P(x_{1n}, x_{2n})$으로 주어지므로 이 확률에 따라 '감염'이라고 예측한다. 예를 들어, $P(x_{1n}, x_{2n}) = 0.5$이면 동전을 던져 앞이 나오면 '감염'이라고 예측하는 수준이다. 보다 일반적으로는 0~1의 범위에서 부동소수점 난수를 발생시켜 그 값이 $P(x_{1n}, x_{2n})$ 이하이면 '감염'이라고 예측하기로 한다. "난수로 예측하는 건 너무 대충하는 것 같은데"라고 말할 수도 있지만, 일단은 이 방법으로 예측하기로 한다.

여기서 한 가지 문제를 내면, 이러한 방법으로 예측할 때 이게 정답일 확률은 얼마나 될까? 고등학교 확률 통계 수준의 문제이므로 주의 깊게 경우를 나눠 생각해 보자.

먼저, $t_n = 1$, 즉 실제로 감염된 경우 '감염'이라고 예측할 확률은 그대로 $P(x_{1n}, x_{2n})$이므로 이것이 정답일 확률과 일치한다. 반대로 $t_n = 0$, 즉 실제로는 감염되지 않은 경우 '감염되지 않음'이라고 바르게 예측할 확률은 얼마일까? 이는 '1 − (감염이라고 예측할 확률)'로 계산할 수 있으므로 정답일 확률은 $1 - P(x_{1n}, x_{2n})$이 된다. 따라서 고등학교 시험 문제라면 아래 내용이 모범 답안이다.

n번째 데이터를 바르게 예측할 확률을 P_n이라고 할 때 다음이 성립한다.

- $t_n = 1$인 경우: $P_n = P(x_{1n}, x_{2n})$
- $t_n = 0$인 경우: $P_n = 1 - P(x_{1n}, x_{2n})$

여기서 '고등학교 시험 문제'라고 언급한 데에는 이유가 있다. 이렇게 경우를 나눠 적는 방식으로는 이후에 다루게 될 계산이 복잡해지므로 여기서는 대학생의 지식(?)을 이용해서 이를 하나의 수식으로 정리하도록 한다. 약간 비약적일 수 있으나 다음과 같이 표현할 수 있다.

$$P_n = \{P(x_{1n}, x_{2n})\}^{t_n} \{1 - P(x_{1n}, x_{2n})\}^{1-t_n} \qquad \boxed{\text{식 2.4}}$$

임의의 x에 대해 $x^0 = 1$, $x^1 = x$가 되는 것을 떠올리면서 $t_n = 1$일 때와 $t_n = 0$일 때를 나눠서 생각하면 분명 '고등학생 모범 답안'과 일치하는 것을 알 수 있다. 이렇게 해서 n번째 데이터를 바르게 예측할 확률을 계산할 수 있게 되었으므로 끝으로, N개의 데이터 모두 정답일 확률 P를 계산해 보자. 이는 각각의 데이터를 바르게 예측할 확률의 곱셈으로 계산할 수 있다.

$$P = P_1 \times P_2 \times \cdots \times P_N = \prod_{n=1}^{N} P_n \qquad \boxed{\text{식 2.5}}$$

또는 식 2.4를 대입해서 다음과 같이 적을 수도 있다.

$$P = \prod_{n=1}^{N} \{P(x_{1n}, x_{2n})\}^{t_n} \{1 - P(x_{1n}, x_{2n})\}^{1-t_n} \qquad \boxed{\text{식 2.6}}$$

사실은 이 확률이 파라미터 w_0, w_1, w_2를 평가하는 기준이 된다. w_0, w_1, w_2의 값을 바꾸면 식 2.1과 식 2.3에 의해 N개의 데이터 모두 정답일 확률인 식 2.6도 변하게 되는데, 당연히 이 확률이 높은 쪽이 주어진 데이터에 대해 더 최적화되었다고 생각할 수 있다. 이와 같이

'주어진 데이터를 바르게 예측할 확률을 최대화하는 것'을 기본 방침으로 파라미터를 조정하는 방법을 통계학에서는 **최우추정법**(maximum likelihood method, **最尤推定法**)이라고 한다.[1]

이렇게 해서 파라미터의 좋고 나쁨을 판단하는 기준, 즉 '머신러닝 모델의 3단계'에서 ❷ 단계가 완료됐다. 다만, 텐서플로로 계산할 경우 수식 2.6과 같이 곱셈을 대량으로 포함하는 수식은 계산 효율이 좋지 않으므로 다음 식으로 오차 함수 E를 정의하고, 이를 최소화하도록 파라미터를 최적화한다.

$$E = -\log P$$

식 2.7

로그함수 $\log x$는 그림 2-4와 같이 단조 증가[2]하는 함수이므로 P를 최대로 하는 것과 $-\log P$를 최소로 하는 것은 동치(同值)[3]가 된다.[4] 또한, 로그함수에 대해 일반적으로 다음 공식이 성립한다.

$$\log ab = \log a + \log b, \ \log a^n = n \log a$$

식 2.8

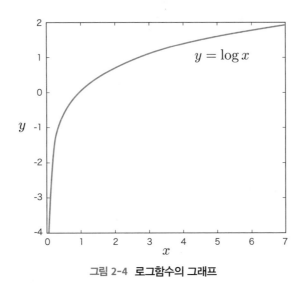

그림 2-4 로그함수의 그래프

---

1   **주** 최우추정법은 '주어진 데이터가 얻을 수 있는 확률'을 최대화하는 것이라는 게 일반적인 설명이다. 이는 잘 생각해 보면 여기서 이용한 '주어진 데이터를 제대로 예측할 확률'과 같다는 것을 알 수 있다.
2   **역주** 도중에 증가가 멈추지 않고 계속해서 증가하는 것. $x_1 < x_2$면 반드시 $f(x_1) < f(x_2)$로 되는 함수 $f(x)$를 단조 함수라고 한다.
3   **역주** 논리적으로 같음
4   **주** 이 책에서 log는 네이피어 상수 $e = 2.718\cdots$을 밑으로 하는 자연 로그를 나타낸다.

식 2.6을 식 2.7에 대입하고 식 2.8을 적용하면 오차 함수 E는 다음과 같이 변형된다.

$$E = -\log \prod_{n=1}^{N} \{P(x_{1n}, x_{2n})\}^{t_n} \{1 - P(x_{1n}, x_{2n})\}^{1-t_n}$$

식 2.9

$$= -\sum_{n=1}^{N} [t_n \log P(x_{1n}, x_{2n}) + (1 - t_n) \log \{1 - P(x_{1n}, x_{2n})\}]$$

이렇게 해서 모든 준비를 마쳤다. 다음은 '1.3 텐서플로 훑어보기'와 동일한 방법으로 ❶단계에서 준비한 모델을 나타내는 식 2.3과 ❷단계에서 준비한 오차 함수를 나타내는 식 2.9를 텐서플로 코드로 나타낼 것이다. 이에 따라 식 2.9를 최소로 하는 파라미터 w_0, w_1, w_2를 자동적으로 찾아낼 수 있게 된다.

2.1.2 텐서플로를 이용한 최우추정 실행

그러면 지금까지 준비한 내용을 텐서플로 코드로 표현해 보자. 이에 해당하는 노트북은 1.2.2절에서 다운로드한 예제 코드에 포함된 'Chapter02/Maximum likelihood estimation example.ipynb'다.

01 먼저, 필요한 모듈을 임포트한다.

[MLE-01]

```
1: import tensorflow as tf
2: import numpy as np
3: import matplotlib.pyplot as plt
4: from numpy.random import multivariate_normal, permutation
5: import pandas as pd
6: from pandas import DataFrame, Series
```

그리고 나서 트레이닝 세트로 사용할 데이터를 난수로 생성시켜 pandas의 데이터 프레임으로 저장한다. 이를 위해 난수 생성에 사용할 모듈과 pandas에 관련된 모듈을 임포트하고 있다. pandas의 데이터 프레임이란, 다음에 나오는 예에서도 알 수 있듯이 스프레드시트 형식의 2차원 데이터 세트다. pandas에 관한 자세한 내용은 참고 문헌의 [2]를 참고하기 바란다.

02 실제로 트레이닝 세트 데이터를 준비하는 코드는 다음과 같다.

[MLE-02]

```
 1: np.random.seed(20160512)
 2:
 3: n0, mu0, variance0 = 20, [10, 11], 20
 4: data0 = multivariate_normal(mu0, np.eye(2)*variance0 ,n0)
 5: df0 = DataFrame(data0, columns=['x1','x2'])
 6: df0['t'] = 0
 7:
 8: n1, mu1, variance1 = 15, [18, 20], 22
 9: data1 = multivariate_normal(mu1, np.eye(2)*variance1 ,n1)
10: df1 = DataFrame(data1, columns=['x1','x2'])
11: df1['t'] = 1
12:
13: df = pd.concat([df0, df1], ignore_index=True)
14: train_set = df.reindex(permutation(df.index)).reset_index(drop=True)
```

3~6행은 $t = 0$(비감염)인 데이터를 난수로 생성하고, 8~11행은 $t = 1$(감염)인 데이터를 난수로 생성하고 있다. 마지막에 13~14행에서는 모든 데이터를 하나로 모아서 좀 더 실제 데이터처럼 만들기 위해 행의 순번을 무작위로 변경한다. 한편, 1행은 난수의 시드(seed)를 지정하는 것으로 여기서 지정한 값에 따라 이후에 생성될 난수의 패턴이 결정된다. 시드를 명시적으로 지정하면 매번 동일한 데이터가 생성되므로 난수를 이용하더라도 동일한 데이터로 반복 테스트할 수 있게 된다.[5]

03 또한, 주피터의 노트북에서는 데이터 프레임의 내용을 표 형식으로 확인할 수 있다. 변수 train_set에 저장된 데이터 프레임의 내용은 다음과 같다.

[MLE-03]

```
1: train_set
-----------------------------------------------------------------
```

	x1	x2	t
0	20.729880	18.209359	1
1	16.503919	14.685085	0
2	5.508661	17.426775	0
3	9.167047	9.178837	0

... 이하 생략 ...

5 　🔻 이 책에서 난수를 사용하는 코드에는 특별한 이유가 없는 한 반드시 난수의 시드를 설정하고 있다. 시드 값은 임의로 정한 것이며 별다른 이유는 없다.

04 다만 텐서플로로 계산할 때는 각종 데이터를 다차원 배열, 즉 행렬 형태로 표현할 필요가 있다. 그러므로 (x_{1n}, x_{2n})과 t_n을 $n = 1 \sim N$에 대해 세로로 나열한 행렬을 다음과 같이 정의한다.

$$\mathbf{X} = \begin{pmatrix} x_{11} & x_{21} \\ x_{12} & x_{22} \\ x_{13} & x_{23} \\ \vdots & \vdots \end{pmatrix}, \ \mathbf{t} = \begin{pmatrix} t_1 \\ t_2 \\ t_3 \\ \vdots \end{pmatrix} \qquad \boxed{식 2.10}$$

이에 해당하는 데이터를 NumPy의 array 오브젝트로 변수 train_x와 train_t에 저장한다.

[MLE-04]

```
1: train_x = train_set[['x1','x2']].as_matrix()
2: train_t = train_set['t'].as_matrix().reshape([len(train_set), 1])
```

05 또한, 수식 2.10의 행렬 $\mathbf{X}$를 이용하면 트레이닝 세트에 포함된 각각의 데이터를 수식 2.1의 $f(x_1, x_2)$에 대입한 결과를 다음과 같이 표현할 수 있다.

$$\begin{pmatrix} f_1 \\ f_2 \\ f_3 \\ \vdots \end{pmatrix} = \begin{pmatrix} x_{11} & x_{21} \\ x_{12} & x_{22} \\ x_{13} & x_{23} \\ \vdots & \vdots \end{pmatrix} \begin{pmatrix} w_1 \\ w_2 \end{pmatrix} + \begin{pmatrix} w_0 \\ w_0 \\ w_0 \\ \vdots \end{pmatrix} \qquad \boxed{식 2.11}$$

여기서 $f_n = f(x_{1n}, x_{2n})$이라는 기호를 사용하고 있다. 이를 시그모이드 함수에 대입한 것이 n번째 데이터가 $t = 1$일 확률 P_n이다.

$$\begin{pmatrix} P_1 \\ P_2 \\ P_3 \\ \vdots \end{pmatrix} = \begin{pmatrix} \sigma(f_1) \\ \sigma(f_2) \\ \sigma(f_3) \\ \vdots \end{pmatrix} \qquad \boxed{식 2.12}$$

약간 복잡해졌지만, 구해야 할 확률 P_n을 행렬 형식으로 계산할 수 있게 되었으므로 먼저, 여기까지를 텐서플로 코드로 표현해 보자.

```
1: x = tf.placeholder(tf.float32, [None, 2])
2: w = tf.Variable(tf.zeros([2, 1]))
3: w0 = tf.Variable(tf.zeros([1]))
4: f = tf.matmul(x, w) + w0
5: p = tf.sigmoid(f)
```

1행의 x는 식 2.10의 $\mathbf{X}$에 해당하는 Placeholder다. 여기서는 트레이닝 세트에 포함된 데이터의 개수가 35개이므로 $\mathbf{X}$는 35×2 행렬이지만, Placeholder에는 임의의 개수의 데이터가 들어갈 수 있도록 [None, 2]라는 크기를 지정하고 있다. 2행의 w는 $\mathbf{w} = (w_1, w_2)^{\mathrm{T}}$에 해당하는 Variable, 3행의 w0은 w_0에 해당하는 Variable이다. 그리고 4행의 f는 $\mathbf{f} = (f_1, f_2, \cdots)^{\mathrm{T}}$를 나타내는 계산식으로 식 2.11에 해당하는 계산을 하고 있다.

여기서 4행의 계산에서 w0을 다룰 때 주의해야 한다. tf.matmul은 행렬을 곱하는 함수이므로 tf.matmul(x, w)는 $\mathbf{X}\mathbf{w}$, 즉 $\mathbf{X}$에 포함된 데이터와 동일한 개수의 요소를 갖는 세로 벡터가 된다. 반면, 3행을 보면 w0은 요소 하나의 1차원 리스트로 정의되어 있다. 통상적인 의미로는 이들을 더하는 작업을 할 수 없지만, 여기서는 그림 2-5 ⑴의 '브로드캐스팅 규칙(broadcasting rule)'이 적용된다. 이는 텐서플로의 리스트 연산에서 적용되는 규칙으로, 다차원 리스트에 하나의 요소로 된 값을 더한 경우 리스트의 각 요소에 동일한 값이 더해진다. 마찬가지로 그림 2-5 ⑵는 동일한 크기의 행렬끼리 '*'로 곱하면 성분별 곱셈이 된다는 것을 나타낸다.

(1) 행렬과 스칼라의 덧셈은 각 성분에 대한 덧셈이다

$$\begin{pmatrix} 1 & 2 & 3 \\ 4 & 5 & 6 \\ 7 & 8 & 9 \end{pmatrix} + (10) = \begin{pmatrix} 11 & 12 & 13 \\ 14 & 15 & 16 \\ 17 & 18 & 19 \end{pmatrix}$$

(2) 크기가 같은 행렬의 '*' 연산은 성분별 곱셈이다

$$\begin{pmatrix} 1 & 2 & 3 \\ 4 & 5 & 6 \\ 7 & 8 & 9 \end{pmatrix} * \begin{pmatrix} 10 & 100 & 1000 \\ 10 & 100 & 1000 \\ 10 & 100 & 1000 \end{pmatrix} = \begin{pmatrix} 10 & 200 & 3000 \\ 40 & 500 & 6000 \\ 70 & 800 & 9000 \end{pmatrix}$$

(3) 스칼라를 넘겨받는 함수를 행렬에 적용하면 각 성분에 함수가 적용된다

$$\sigma \begin{pmatrix} 1 \\ 2 \\ 3 \end{pmatrix} = \begin{pmatrix} \sigma(1) \\ \sigma(2) \\ \sigma(3) \end{pmatrix}$$

그림 2-5 리스트 연산의 브로드캐스팅 규칙

06 마지막으로, 5행의 p는 $\mathbf{P} = (P_1, P_2, \cdots)^{\mathrm{T}}$에 해당하는 계산식이다. 여기서는 식 2.12에 해당하는 계산을 한다. tf.sigmoid는 시그모이드 함수를 나타내며, 다차원 리스트를 대입하면 각각의 성분에 대해 시그모이드 함수를 적용한 다차원 리스트가 반환된다. 이는 그림 2-5 (3)에 나타낸 함수 적용에 대한 브로드캐스팅 규칙이다. 전체적으로 그림 2-6의 대응 관계가 성립됨을 알 수 있다.

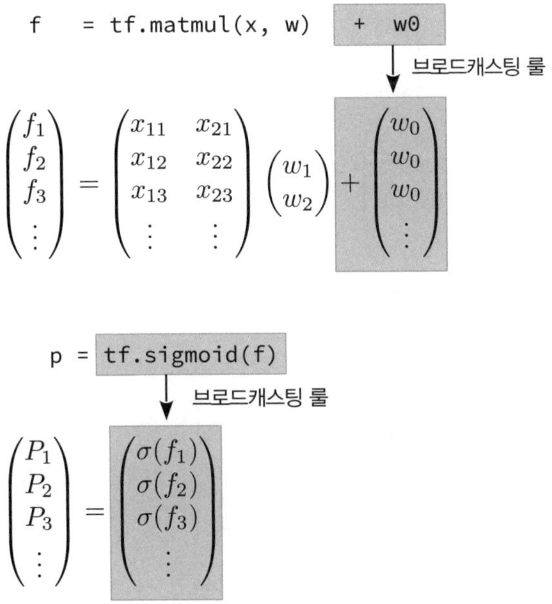

$$f = \texttt{tf.matmul(x, w)} \quad \boxed{+ \quad \texttt{w0}}$$

브로드캐스팅 룰 ↓

$$\begin{pmatrix} f_1 \\ f_2 \\ f_3 \\ \vdots \end{pmatrix} = \begin{pmatrix} x_{11} & x_{21} \\ x_{12} & x_{22} \\ x_{13} & x_{23} \\ \vdots & \vdots \end{pmatrix} \begin{pmatrix} w_1 \\ w_2 \end{pmatrix} + \begin{pmatrix} w_0 \\ w_0 \\ w_0 \\ \vdots \end{pmatrix}$$

$$p = \boxed{\texttt{tf.sigmoid(f)}}$$

브로드캐스팅 룰 ↓

$$\begin{pmatrix} P_1 \\ P_2 \\ P_3 \\ \vdots \end{pmatrix} = \begin{pmatrix} \sigma(f_1) \\ \sigma(f_2) \\ \sigma(f_3) \\ \vdots \end{pmatrix}$$

그림 2-6 변수 f와 변수 p가 나타내는 계산식

07 계속해서 오차 함수를 텐서플로 코드로 표현하고 이를 최소화하기 위한 트레이닝 알고리즘을 지정한다. 오차 함수 E는 식 2.9로 나타내며 이에 해당하는 코드는 다음과 같다.

[MLE-06]

```
1: t = tf.placeholder(tf.float32, [None, 1])
2: loss = -tf.reduce_sum(t*tf.log(p) + (1-t)*tf.log(1-p))
3: train_step = tf.train.AdamOptimizer().minimize(loss)
```

1행의 **t**는 식 2.10의 t에 해당하는 Placeholder이며, 트레이닝 세트 데이터를 저장할 공간이다. 2행에서는 그림 2-5의 브로드캐스팅 규칙을 이용하고 있으며, 식 2.9의 계산을 잘 정리하고 있다. `tf.log`는 로그함수 log를 나타내며, `tf.reduce_sum`의 인수 부분을 잘 살펴보면 그림 2-7과 같은 대응 관계를 확인할 수 있다.

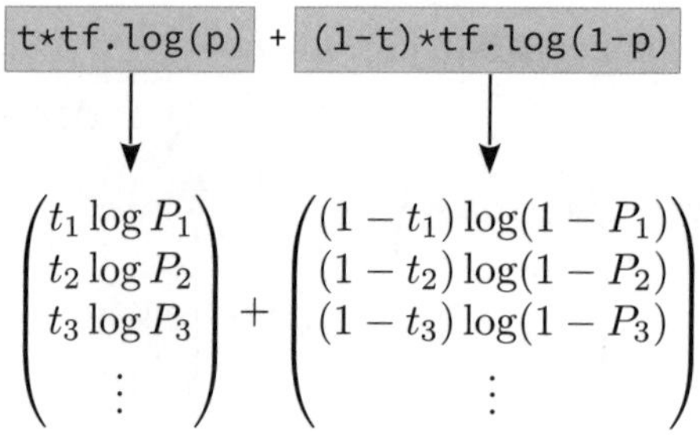

$$\boxed{\texttt{t*tf.log(p)}} + \boxed{\texttt{(1-t)*tf.log(1-p)}}$$

$$\begin{pmatrix} t_1 \log P_1 \\ t_2 \log P_2 \\ t_3 \log P_3 \\ \vdots \end{pmatrix} + \begin{pmatrix} (1-t_1)\log(1-P_1) \\ (1-t_2)\log(1-P_2) \\ (1-t_3)\log(1-P_3) \\ \vdots \end{pmatrix}$$

그림 2-7 tf.reduce_sum의 인수 부분

또한, tf.reduce_sum은 '1.3.2 텐서플로 코드를 이용한 표현'의 [LSE-06]에서 이용한 것과 같다. 앞에서는 벡터의 각 성분을 합산하는 함수로 이용했으나, 일반적으로는 행렬 혹은 다차원 리스트의 모든 요소를 합산하는 역할을 한다. 이렇게 해서 변수 loss는 식 2.9의 오차 함수 E와 일치한다는 것을 알 수 있다. 마지막으로, 3행은 트레이닝 알고리즘 tf.train.AdamOptimizer에 대해 loss를 최소화하도록 설정하고 있다.

08 이렇게 해서 오차 함수를 최소화하는 파라미터를 계산하기 위한 준비는 마쳤으나, 계산을 시작하기 전에 '정답률'을 나타내는 계산식을 추가적으로 정의해 두기로 한다. 이를테면 n번째 데이터에 대해 $P_n \geq 0.5$이면 $t = 1$, 그렇지 않으면 $t = 0$이라고 단순하게 예측하는 방식을 이용해 정답률이 얼마나 되는지를 계산하는 것이다.

[MLE-07]

```
1: correct_prediction = tf.equal(tf.sign(p-0.5), tf.sign(t-0.5))
2: accuracy = tf.reduce_mean(tf.cast(correct_prediction, tf.float32))
```

1행은 $(P_n - 0.5)$와 $(t_n - 0.5)$의 부호를 비교해서 예측이 정답인지 여부를 판정하고 있다. tf.sign은 부호를 추출하는 함수이고, tf.equal은 두 개의 인숫값이 동일한지 여부를 판정해서 Bool 값을 반환하는 함수다. 둘 다 함수 적용의 브로드캐스팅 규칙(그림 2-5 (3))이 적용되므로 correct_prediction은 트레이닝 세트의 각 데이터에 대해 정답이었는지를 나타내는 Bool 값을 나열한 세로 벡터가 된다.

2행에서는 tf.cast 함수로 Bool 값을 1, 0으로 변환해서 전체의 평균값을 계산하고 있다. tf.reduce_mean은 벡터(일반적으로는 다차원 리스트)의 각 성분의 평균값을 계산하는 함수다. 정답이면 1, 아니면 0이 나열된 벡터의 평균값을 계산하고 있으므로 이는 결국 정답률을 나타낸다. 이후에 경사 하강법으로 파라미터를 최적화할 때 오차 함수의 값이 감소함에 따라 정답률 accuracy의 값이 어떻게 변화할지를 함께 확인하도록 한다.

09 이제 파라미터를 최적화한다. 먼저, 세션을 준비하고 Variable 값을 초기화한다.

[MLE-08]

```
1: sess = tf.Session()
2: sess.run(tf.initialize_all_variables())
```

10 계속해서 경사 하강법에 의한 파라미터 최적화를 2만 회 반복한다. 여기서는 2,000회 반복할 때마다 그 시점에서의 오차 함수 loss와 정답률 accuracy 값을 계산해서 출력한다.

[MLE-09]

```
1: i = 0
2: for _ in range(20000):
3:     i += 1
4:     sess.run(train_step, feed_dict={x:train_x, t:train_t})
5:     if i % 2000 == 0:
6:         loss_val, acc_val = sess.run(
7:             [loss, accuracy], feed_dict={x:train_x, t:train_t})
8:         print ('Step: %d, Loss: %f, Accuracy: %f'
9:                 % (i, loss_val, acc_val))
-------------------------------------------------
Step: 2000, Loss: 15.165894, Accuracy: 0.885714
Step: 4000, Loss: 10.772635, Accuracy: 0.914286
Step: 6000, Loss: 8.197757, Accuracy: 0.971429
Step: 8000, Loss: 6.576121, Accuracy: 0.971429
Step: 10000, Loss: 5.511973, Accuracy: 0.942857
Step: 12000, Loss: 4.798011, Accuracy: 0.942857
Step: 14000, Loss: 4.314180, Accuracy: 0.942857
Step: 16000, Loss: 3.986264, Accuracy: 0.942857
Step: 18000, Loss: 3.766511, Accuracy: 0.942857
Step: 20000, Loss: 3.623064, Accuracy: 0.942857
```

4행에서 트레이닝 알고리즘을 실행할 때는 feed_dict 옵션에 [MLE-04]에서 준비해 둔 트레이닝 세트 데이터를 지정함으로써 Placeholder에 구체적인 값을 설정하고 있다. 6~7행에서는 해당 시점에서의 Variable(여기서는 w와 w0)의 값을 이용해 loss와 accuracy의 값을 계산해서 각각 loss_val과 acc_val에 저장하고 있다. 세션 내에서 계산값을 평가할 때는 이 예에 있는 [loss, accuracy]와 같이 리스트 형식으로 복수의 변수를 지정함으로써 여러 값을 동시에 얻을 수 있다.

실행 결과를 보면 오차 함수의 값은 계속 감소하지만, 정답률은 일정한 값 아래로는 떨어지지 않고 있다. 앞서 그림 2-3에서도 알 수 있듯이 애초에 이 트레이닝 세트 데이터를 직선으로 완전하게 분류할 수는 없으므로 정답률이 100%가 되는 일은 원칙적으로 불가능하다.

11 최적화 처리는 여기서 중단하고, 이 시점에서의 파라미터(Variable) 값을 구해 보겠다.

[MLE-10]

```
1: w0_val, w_val = sess.run([w0, w])
2: w0_val, w1_val, w2_val = w0_val[0], w_val[0][0], w_val[1][0]
3: print w0_val, w1_val, w2_val
----------------------------------------------
-15.6304 0.5603 0.492596
```

1행에서는 세션 내에서 Variable을 평가해서 세션 내에서의 값을 추출하고 있다. w0과 w는 각각 한 요소로만 이루어진 리스트 및 2×1 행렬로 정의되어 있으므로 2행에서 인덱스를 지정해서 구체적인 값 부분을 추출하고 있다(그림 2-8).

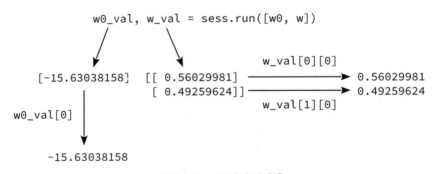

그림 2-8 Variable에서 값 추출

또한, '1.3 텐서플로 훑어보기'의 예에서는 파라미터 수정을 총 20만 회 실행했는데, 이번 예에서는 10분의 1에 해당하는 2만 회에서 중단하고 있다. 파라미터값이 최적값에 수렴하기까지의 시간(수정 횟수)은 사용할 모델이나 파라미터 수 또는 트레이닝에 사용할 데이터에 따라 크게 달라진다. 이번 예와 같이 오차 함수나 정답률 값이 어떻

게 변화하는지를 살펴보면서 처리를 중단할 타이밍을 판단해야 한다.[6]

(12) 끝으로, 추출한 값을 이용해 결과를 그래프로 표시한다.

[MLE-11]

```
 1: train_set0 = train_set[train_set['t']==0]
 2: train_set1 = train_set[train_set['t']==1]
 3:
 4: fig = plt.figure(figsize=(6,6))
 5: subplot = fig.add_subplot(1,1,1)
 6: subplot.set_ylim([0,30])
 7: subplot.set_xlim([0,30])
 8: subplot.scatter(train_set1.x1, train_set1.x2, marker='x')
 9: subplot.scatter(train_set0.x1, train_set0.x2, marker='o')
10:
11: linex = np.linspace(0,30,10)
12: liney = - (w1_val*linex/w2_val + w0_val/w2_val)
13: subplot.plot(linex, liney)
14:
15: field = [[(1 / (1 + np.exp(-(w0_val + w1_val*x1 + w2_val*x2))))
16:          for x1 in np.linspace(0,30,100)]
17:        for x2 in np.linspace(0,30,100)]
18: subplot.imshow(field, origin='lower', extent=(0,30,0,30),
19:              cmap=plt.cm.gray_r, alpha=0.5)
```

여기서는 트레이닝 세트에 포함되는 데이터, $f(x_1, x_2) = 0$으로 결정되는 직선(확률 $P(x_1, x_2) = 0.5$가 되는 경계선), 그리고 (x_1, x_2)) 평면 전체에서 확률 $P(x_1, x_2)$이 변하는 모습을 하나의 그래프에 모아서 표시한 결과, 그림 2-9와 같이 출력됐다. 그래프상에 색의 농담으로 확률 $P(x_1, x_2)$ 값의 크기를 반영했으며, 그림 2-3의 아래에 나타낸 시그모이드 함수의 모양이 색의 농담으로 멋지게 표현되고 있음을 알 수 있다. 식 2.2의 시그모이드 함수는 **로지스틱 함수**(logistic function)라고 하며, 여기서 사용한 분석 방법을 **로지스틱 회귀**(logistic regression)라고 한다.

6 　 다만 이번 예에서는 트레이닝 세트 데이터에 대한 정답률을 살펴보는 것은 그리 적절하지 않다. 정답률을 이용한 트레이닝 결과 확인에 관해서는 '2.1.3 테스트 세트를 이용한 검증'을 참고하기 바란다.

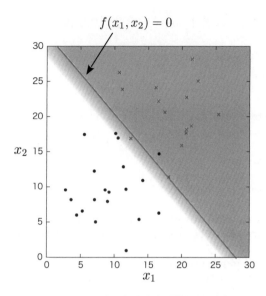

$$f(x_1, x_2) = 0$$

그림 2-9 로지스틱 회귀에 의한 분석 결과

한편, 그림 2-9의 경계선 부근에는 감염/비감염 데이터가 혼재되어 있다는 사실을 반영해서 확률이 0부터 1까지 완만하게 변화하고 있다. 이를테면 경계선을 크게 넘어서 보다 넓은 범위로 데이터가 혼재되어 있을 경우 이 변화의 양상은 더욱 완만하게 나타난다. 반대로 경계선으로 데이터가 깔끔하게 나뉘는 경우는 경계선상에서 단번에 확률이 변화하게 된다.

여기서 그래프를 그리는 코드에 관해서 간단히 설명하겠다. [MLE-11]의 1~2행은 트레이닝 세트 데이터 중에서 $t = 0$와 $t = 1$인 데이터를 개별로 추출하고, 4~9행에서 서로 다른 기호 (x와 o)를 이용해서 산포도를 그리고 있다. 11~13행에서는 앞서 구한 파라미터값을 이용해 직선 $f(x_1, x_2) = 0$을 그린다. 끝으로, 15~19행은 확률 $P(x_1, x_2)$의 변화를 색의 농담으로 표시하고 있다. (x_1, x_2) 평면(0 ≤ x_1 ≤ 30, 0 ≤ x_2 ≤ 30의 범위)을 100×100의 셀로 분할하고, 각각의 셀에 대해 $P(x_1, x_2)$의 값을 2차원 리스트인 field에 저장한 후 이를 색의 농담으로 나타내고 있다.

2.1.3 테스트 세트를 이용한 검증

앞서 본 예제 코드에서는 파라미터 최적화가 진행됨에 따라 '정답률'이 어떻게 변화하는지를 확인했다. 이 예에서는 약 94%의 정답률을 달성하고 있다. 그러나 머신러닝에서 트레이닝 세트에 대한 정답률을 계산하는 것은 그다지 의미가 없다. 오히려 파라미터 최적화의 결과에 대해 오해를 일으킬 위험성이 있다.

머신러닝에서 중요한 것은 주어진 데이터를 정확하게 예측하는 것이 아니라 앞으로 생길 것으로 예상되는 미지의 데이터(즉, 미래의 데이터)에 대한 예측 정확도를 향상시키는 것이기 때문이다. 특히, 다수의 파라미터를 포함하는 모델을 사용할 경우 트레이닝 세트 데이터만이 갖는 특징에 대해 과잉 최적화가 발생하는 경우가 있다. 이때는 트레이닝 세트에 대한 정답률은 굉장히 높은 반면, 미지의 데이터에 대한 예측 정확도는 그리 좋지 못한 결과로 나타난다. 이러한 현상을 과적합 혹은 **오버피팅**(overfitting)이라고 한다.

오버피팅을 피하는 방법으로는 트레이닝 세트로 주어진 데이터를 전부 이용하는 것이 아니라 일부러 일부 데이터를 테스트용으로 나누어 놓는 방법이 있다. 예를 들면, 80%의 데이터로 트레이닝을 하면서 나머지 20% 데이터에 대한 정답률 변화를 살펴본다. 이는 트레이닝에 사용하지 않는 데이터에 대한 정답률을 미지의 데이터에 대한 정답률에 상당하는 것이라고 기대하는 것이다. 엄밀히 말하면 현재 가지고 있는 데이터와 앞으로 얻을 수 있는 미래의 데이터가 같은 성질을 갖는다고 보장할 수는 없지만, 트레이닝 세트 그 자체의 정답률을 살펴보는 것보다는 훨씬 나은 방법이라고 생각할 수 있다.

여기서는 앞서 본 코드를 수정해서 트레이닝 세트와 테스트 세트 각각에 대한 정답률 변화를 확인해 보겠다. 이에 해당하는 노트북은 'Chapter02/Comparing accuracy for training and test sets.ipynb'다. 포인트가 되는 부분을 선별해서 설명하고 있으므로 전체 코드는 실제 노트북을 참고하기 바란다.

01 먼저, 다음 코드는 난수로 데이터를 생성한 후 80%를 트레이닝 세트 데이터, 20%를 테스트 세트 데이터로 나누고 있다. 테스트 세트 데이터의 양이 너무 적지 않도록 전체적으로 이전보다 40배의 데이터를 생성하고 있다.

[CAF-02]

```
 1: n0, mu0, variance0 = 800, [10, 11], 20
 2: data0 = multivariate_normal(mu0, np.eye(2)*variance0 ,n0)
 3: df0 = DataFrame(data0, columns=['x','y'])
 4: df0['t'] = 0
 5:
 6: n1, mu1, variance1 = 600, [18, 20], 22
 7: data1 = multivariate_normal(mu1, np.eye(2)*variance1 ,n1)
 8: df1 = DataFrame(data1, columns=['x','y'])
 9: df1['t'] = 1
10:
11: df = pd.concat([df0, df1], ignore_index=True)
12: df = df.reindex(permutation(df.index)).reset_index(drop=True)
13:
14: num_data = int(len(df)*0.8)
15: train_set = df[:num_data]
16: test_set = df[num_data:]
```

02 그 다음에 `feed_dict` 옵션으로 Placeholder에 저장하기 위해 트레이닝 세트, 테스트 세트 각각에 대해 (x_{1n}, x_{2n})만을 모은 데이터와 t_n만을 모은 데이터를 개별 변수에 저장한다.

[CAF-03]

```
1: train_x = train_set[['x','y']].as_matrix()
2: train_t = train_set['t'].as_matrix().reshape([len(train_set), 1])
3: test_x = test_set[['x','y']].as_matrix()
4: test_t = test_set['t'].as_matrix().reshape([len(test_set), 1])
```

03 그러고 나서 확률 $P(x_1, x_2)$, 오차 함수 E, 정답률 등의 수식을 텐서플로 코드로 표현하는 부분은 앞서 본 예와 정확히 같다. 다음 코드는 세션을 준비하고 Variable을 초기화한 후에 실제 최적화 처리를 하는 부분이다.

[CAF-06]

```
1: train_accuracy = []
2: test_accuracy = []
3: for _ in range(2500):
4:     sess.run(train_step, feed_dict={x:train_x, t:train_t})
5:     acc_val = sess.run(accuracy, feed_dict={x:train_x, t:train_t})
6:     train_accuracy.append(acc_val)
7:     acc_val = sess.run(accuracy, feed_dict={x:test_x, t:test_t})
8:     test_accuracy.append(acc_val)
```

여기서는 파라미터를 한 번 수정할 때마다 그 시점에서의 트레이닝 세트와 테스트 세트에 대한 정답률을 계산해서 리스트에 저장하는 처리를 2,500회 반복하고 있다. 5 행과 7행에서 feed_dict 옵션에 지정하는 변수가 다르다는 점에 주의하기 바란다. 5 행에서는 트레이닝 세트 데이터를 Placeholder에 저장하고 계산함으로써 트레이닝 세트에 대한 정답률을 구한다. 반면, 7행에서는 테스트 세트 데이터를 Placeholder에 저장함으로써 테스트 세트에 대한 정답률을 구한다. 이와 같이 하나의 세션 내에서 Placeholder에 저장하는 값을 변경하면 서로 다른 데이터에 대한 계산을 할 수 있다.

04 끝으로, 정답률 변화의 모습을 그래프로 표시한다.

[CAF-07]

```
1: fig = plt.figure(figsize=(8,6))
2: subplot = fig.add_subplot(1,1,1)
3: subplot.plot(range(len(train_accuracy)), train_accuracy,
4:             linewidth=2, label='Training set')
5: subplot.plot(range(len(test_accuracy)), test_accuracy,
6:             linewidth=2, label='Test set')
7: subplot.legend(loc='upper left')
```

이 코드를 실행하면 그림 2-10과 같은 결과가 얻어진다. 이 예에서는 그리 현저하지는 않지만, 트레이닝 세트와 테스트 세트에서 정답률 변화 양상이 다르다는 것을 알 수 있다. 이를테면 오버피팅이 발생한 경우에는 테스트 세트에 대한 정답률이 트레이닝 세트에 대한 정답률보다 더 높게 증가하지 않게 된다. 앞서 설명했듯이 트레이닝 세트 데이터에 대해서만 최적화가 이루어지기 때문이다. 머신러닝으로 얻어진 모델의 성능은 트레이닝에 사용하지 않은 데이터, 즉 테스트 세트에 대한 예측 정확도로 판정한다는 것을 기억해 두기 바란다.

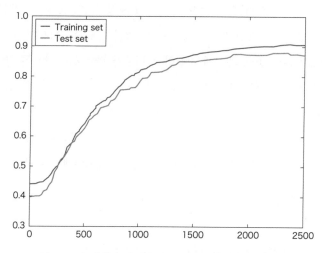

그림 2-10 **트레이닝 세트와 테스트 세트에 대한 정답률 변화**

그 다음은 필기 문자 분류라고 하는 좀 더 실전적인 과제를 상대하게 되는데, 이때에도 동
일한 사고방식으로 접근한다. 주어진 데이터 전부를 트레이닝에 사용하는 것이 아니라 일부
데이터를 테스트 세트로 나눠서 남겨 두고, 최종적인 트레이닝 결과의 좋고 나쁨은 테스트
세트에 대한 정답률로 판정한다.

2.2 소프트맥스 함수와 다항 분류기

이전 절에서는 로지스틱 회귀를 이용해서 (x_1, x_2) 평면상의 데이터를 두 종류로 분류하는데 성공했다. 이는 일반적으로 **이항 분류기**(binary classifier) 혹은 **퍼셉트론**(perceptron)이라는 모델에 해당한다. 반면, 이 책의 목표인 필기 문자 분류를 위해서는 주어진 데이터를 좀 더 여러 종류로 분류해야 한다. 구체적으로는 그림 2-11에 나타낸 '0' ~ '9'의 필기 숫자 이미지를 올바르게 분류하는 것을 목표로 한다. 이 경우에는 주어진 데이터를 10종류로 분류한다.

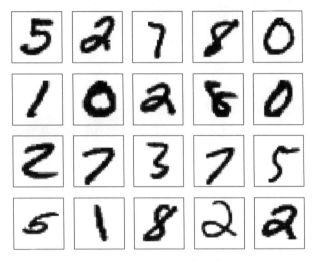

그림 2-11 **필기 숫자 이미지 데이터**

여기서는 주어진 데이터를 세 종류 이상으로 분류하는 **다항 분류기**와 분류 결과를 확률로 표현하는 **소프트맥스 함수**(softmax function)에 관해 설명한다.

2.2.1 선형 다항 분류기의 구조

먼저, 가장 간단한 다항 분류기의 예로 (x_1, x_2) 평면을 세 가지 영역으로 나누는 방법을 설명한다. 사전 준비를 위해 '2.1.1 확률을 이용한 오차 평가'의 식 2.1로 정의한 1차 함수 $f(x_1, x_2)$의 도형적 성질을 다시 떠올려 보자. 이는 $f(x_1, x_2) = 0$으로 정의된 직선이 평면의 분할선을 나타냄과 동시에 분할선에서 멀어져 감에 따라 ±∞로 값이 변화해 간다. z축을 추가해서 $z = f(x_1, x_2)$의 그래프를 3차원 공간에 그리면 그림 2-12와 같이 된다. 평평한 판을 3차원 공간에 기울여서 배치한 듯한 상태다. 이 판이 $z = 0$으로 정해진 평면의 상하 어느 쪽에 있는지에 따라 (x_1, x_2) 평면이 두 개의 영역으로 나뉘는 모습을 알 수 있다.

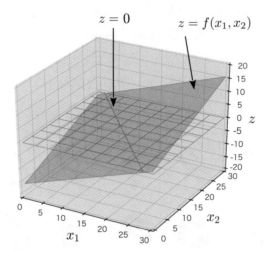

그림 2-12 **1차 함수 $f(x_1, x_2)$를 3차원 그래프에 표시**

여기서 이 모습을 염두에 두면서 다음 세 가지 1차 함수를 준비한다.

$$f_1(x_1, x_2) = w_{01} + w_{11}x_1 + w_{21}x_2 \qquad \boxed{\text{식 2.13}}$$

$$f_2(x_1, x_2) = w_{02} + w_{12}x_1 + w_{22}x_2 \qquad \boxed{\text{식 2.14}}$$

$$f_3(x_1, x_2) = w_{03} + w_{13}x_1 + w_{23}x_2 \qquad \boxed{\text{식 2.15}}$$

이 세 가지 1차 함수의 그래프를 3차원 공간에 그리면 어떻게 될지 상상할 수 있겠는가? 결론부터 말하면 그림 2-13과 같은 형태가 된다. 서로 다른 방향으로 기울어진 세 장의 판을 3차원 공간에 배치하면 두 장의 판이 교차하는 세 개의 선은 반드시 어느 한 점에서 만난다. 그 결과, 세 장의 판 중 어느 것이 가장 위에 있는지에 따라 (x_1, x_2) 평면을 세 개의 영역으로 분할할 수 있게 된다.

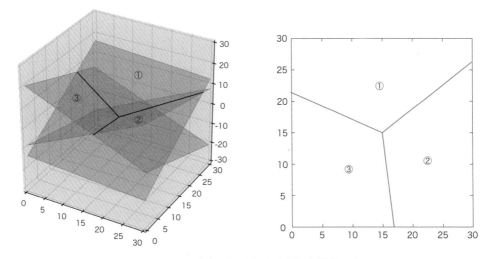

그림 2-13 **3장의 판을 이용해 평면을 3분할한 모습**

그림 2-13의 예에서 ①~③의 영역은 각각 $f_1(x_1, x_2)$, $f_2(x_1, x_2)$, $f_3(x_1, x_2)$가 가장 위쪽에 위치한다. 수학적으로 표현하면 다음과 같이 영역을 정의할 수도 있다.

$$\begin{cases} ① = \{(x_1, x_2) \mid f_1(x_1, x_2) > f_2(x_1, x_2),\ f_1(x_1, x_2) > f_3(x_1, x_2)\} \\ ② = \{(x_1, x_2) \mid f_2(x_1, x_2) > f_1(x_1, x_2),\ f_2(x_1, x_2) > f_3(x_1, x_2)\} \\ ③ = \{(x_1, x_2) \mid f_3(x_1, x_2) > f_1(x_1, x_2),\ f_3(x_1, x_2) > f_2(x_1, x_2)\} \end{cases} \quad \boxed{식 2.16}$$

아울러 세 장의 판이 반드시 한 점에서 교차한다는 것은 도형을 떠올리며 이해할 수도 있지만, 수학적으로도 간단히 확인할 수 있다. 세 장의 판이 만나는 점 (x_1, x_2)는 다음 연립방정식의 해(解)로 결정할 수 있다.

$$\begin{cases} f_1(x_1, x_2) = f_2(x_1, x_2) \\ f_2(x_1, x_2) = f_3(x_1, x_2) \end{cases} \quad \boxed{식 2.17}$$

이는 변수가 두 개(x_1, x_2)인 연립 1차 방정식이므로 해가 하나로 결정되며, 이것이 세 장의 판이 만나는 점(x_1, x_2)이 된다. 수학을 좋아하는 사람을 위해 계산식을 나타내면 다음과 같다. 먼저, 식 2.13 ~ 2.15를 대입하면 식 2.17은 다음과 같이 행렬 형식으로 바꿔 쓸 수 있다.

$$\mathbf{M} \begin{pmatrix} x_1 \\ x_2 \end{pmatrix} = \mathbf{w}$$

식 2.18

여기에서 $\mathbf{M}$과 $\mathbf{w}$는 다음 식으로 정의되는 행렬 혹은 벡터다.

$$\mathbf{M} = \begin{pmatrix} w_{11} - w_{12} & w_{21} - w_{22} \\ w_{12} - w_{13} & w_{22} - w_{23} \end{pmatrix}, \ \mathbf{w} = \begin{pmatrix} w_{02} - w_{01} \\ w_{03} - w_{02} \end{pmatrix}$$

식 2.19

따라서 $\mathbf{M}$의 역행렬을 이용하면 식 2.18의 해는 다음과 같이 정해진다.

$$\begin{pmatrix} x_1 \\ x_2 \end{pmatrix} = \mathbf{M}^{-1}\mathbf{w}$$

식 2.20

다만 엄밀히 말해서 이 이론이 성립하려면 $\mathbf{M}$의 역행렬이 존재할 것, 즉 $\det \mathbf{M} \neq 0$[7]이라는 조건이 필요하다. 자세한 계산은 수학을 좋아하는 사람들에게 과제로 남겨 두고, $\det \mathbf{M} = 0$인 경우에는 그림 2-14와 같이 세 장의 판이 동일한 직선으로 교차할 경우나 두 장의 판이 서로 평행할 경우에 해당한다. 이 경우 평행한 판 중에 한 장은 다른 판의 위에 위치할 일은 없으므로 (x_1, x_2) 평면은 두 개의 영역으로 분할된다. 혹은 세 장의 판이 모두 평행하다면 영역은 단 하나뿐일 것이다.

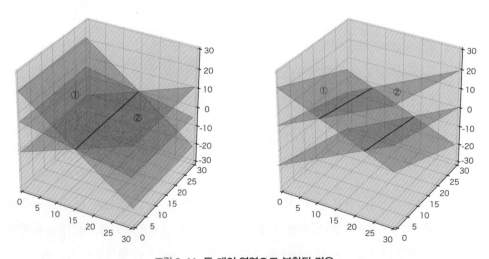

그림 2-14 두 개의 영역으로 분할된 경우

---

7 **역주** 어떤 행렬 M의 행렬식 값 det M=0이면 행렬 A는 역행렬을 갖지 않고, det M≠0이면 M의 역행렬이 존재한다. 즉, 행렬식(determinant)은 어떤 행렬의 역행렬 존재 여부에 대한 판별값 역할을 한다.

지금까지 내용을 정리하면, 식 2.13 ~ 2.15에 포함된 9개의 파라미터(w_{01}, w_{11}, w_{21}, $w_{02}, w_{12}, w_{22}, w_{03}, w_{13}, w_{23}$)를 조정해서 (x_1, x_2) 평면을 최대 세 개의 영역으로 분할할 수 있음을 알 수 있다. 이때 각 영역의 경계선은 두 개의 평면이 교차해서 생기는 직선이다. 이와 같이 1차 함수를 이용해 직선으로 영역을 분할하는 구조를 **선형 다항 분류기**라고 한다.

선형 다항 분류기의 경우 '1.1.2 신경망의 필요성'의 그림 1.7에 나타낸 것처럼 복잡한 곡선으로 분할하는 것은 할 수 없지만, 이 점에 대해서는 3장에서 신경망을 이용해서 개선할 것이다. 먼저, 여기서는 이와 같은 직선형 분할로 얼마나 정확한 분류가 가능한지 살펴보기로 하자.

2.2.2 소프트맥스 함수를 이용한 확률로의 변환

'2.1.1 확률을 이용한 오차 평가'의 그림 2-3에서는 1차 함수 $f(x_1, x_2)$의 값을 시그모이드 함수로 '확률'로 변환하는 작업을 했다. 즉, '$f(x_1, x_2) > 0$이면 감염'이라고 단순하게 판단하는 것이 아니라 $f(x_1, x_2)$의 값에 따라 '감염되었을 확률 $P(x_1, x_2)$'를 할당하는 것이다.

한편, 여기서는 식 2.13 ~ 2.15의 세 가지 1차 함수로 (x_1, x_2) 평면의 세 가지 영역으로 분할했으므로 이를 마찬가지로 '확률'로 변환해서 생각해 보자. 지금은 다음 세 가지 확률을 할당하는 것이 목표다.

- $P_1(x_1, x_2) : (x_1, x_2)$가 ①영역에 속할 확률
- $P_2(x_1, x_2) : (x_1, x_2)$가 ②영역에 속할 확률
- $P_3(x_1, x_2) : (x_1, x_2)$가 ③영역에 속할 확률

예를 들어, 필기 문자를 분류하는 문제라면 특정 이미지 데이터에 대해 '숫자가 1일 확률', '숫자가 2일 확률', ······이 개별로 계산되는 상황이라고 생각해 보자. 이때 가만히 생각해 보면 이들 확률은 다음 조건을 만족시켜야 한다.

$$0 \leq P_i(x_1, x_2) \leq 1 \quad (i = 1, 2, 3)$$

식 2.21

$$P_1(x_1, x_2) + P_2(x_1, x_2) + P_3(x_1, x_2) = 1$$

식 2.22

$$f_i(x_1, x_2) > f_j(x_1, x_2) \Rightarrow P_i(x_1, x_2) > P_j(x_1, x_2) \quad (i, j = 1, 2, 3) \qquad \boxed{\text{식 2.23}}$$

그리고 이러한 조건을 만족할 확률은 다음 **소프트맥스 함수**로 표현할 수 있다.

$$P_i(x_1, x_2) = \frac{e^{f_i(x_1, x_2)}}{e^{f_1(x_1, x_2)} + e^{f_2(x_1, x_2)} + e^{f_3(x_1, x_2)}} \quad (i = 1, 2, 3) \qquad \boxed{\text{식 2.24}}$$

다소 복잡해 보이지만, 차분히 생각해 보면 식 2.21 ～ 2.23의 조건을 분명히 만족시킨다는 것을 알 수 있다. 그림 2-15는 1차원의 예를 나타낸 것으로, x축상의 세 개의 1차 함수 $f_i(x)(i = 1, 2, 3)$의 값을 소프트맥스 함수를 이용해 확률 $P_i(x)$로 변환한 모습을 나타낸다. $f_i(x)$의 대소 관계가 확률의 대소 관계로 잘 반영되고 있음을 알 수 있다.

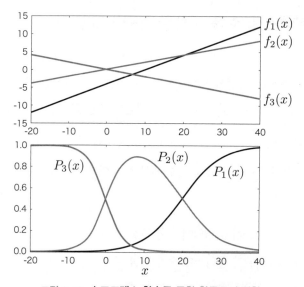

그림 2-15 소프트맥스 함수를 통한 확률로의 변환

아울러 식 2.16과 같이 어떤 $f_i(x_1, x_2)$가 최대가 되는지에 따라 점 (x_1, x_2)가 속하는 영역을 단정적으로 결정하는 것을 '**하드맥스(hardmax)**'라고 한다. 이에 반해 식 2.24와 같이 각각의 $f_i(x_1, x_2)$의 크기에 따라 각 영역에 있을 '확률'을 결정하는 것을 '**소프트맥스(softmax)**'라고 한다. 다시 말해, 경계선을 경계로 해서 갑자기(하드하게) 영역이 변화하는 것이 아니라 로지스틱 회귀에서 얻어진 그림 2-9와 같이 완만하게(소프트하게) 확률이 변화해 간다는 개념이다.

여기까지의 논의는 3차원 이상의 공간을 더 많은 영역으로 분할할 경우에도 적용할 수 있다. 이를 일반적으로 표현하면 다음과 같다. 좌표 $(x_1, x_2, \cdots, x_M)$을 가진 M차원 공간을 K개의 영역으로 분류할 경우 먼저, 총 K개의 1차 함수를 준비한다.

$$f_k(x_1, \cdots, x_M) = w_{0k} + w_{1k}x_1 + \cdots + w_{Mk}x_M \ (k = 1, \cdots, K) \qquad \boxed{\text{식 2.25}}$$

그러고 나서 점 $(x_1, x_2, \cdots, x_M)$이 k번째 영역에 있을 확률은 소프트맥스 함수를 이용해 다음 식으로 표현된다.

$$P_k(x_1, \cdots, x_M) = \frac{e^{f_k(x_1, \cdots, x_M)}}{\sum\limits_{k'=1}^{K} e^{f_{k'}(x_1, \cdots, x_M)}} \qquad \boxed{\text{식 2.26}}$$

한편, 2차원 평면을 세 개로 분류할 경우에는 앞서 그림 2-13과 같이 분할선이 한 점에서 교차했지만, 일반적인 경우에는 반드시 이렇게 되는 것은 아니다. 예를 들면, 2차원 평면을 네 개로 분류할 때는 그림 2-16과 같은 예를 생각해 볼 수 있다. 4장의 판이 어떻게 배치되어 있을지를 '마음의 눈'으로 살펴보고 이렇게 분할된 이유를 이해해 보기 바란다.

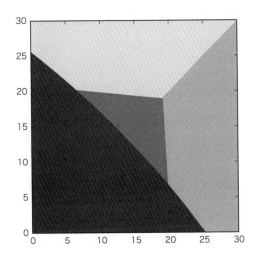

그림 2-16 **2차원 평면을 네 개의 영역으로 분할하는 예**

2.3 다항 분류기를 이용한 필기 문자 분류

이전 절에서는 다항 분류기를 이용해 주어진 데이터를 여러 영역으로 분할하거나 특정 영역에 속할 확률을 구하는 방법을 설명했다. 확률을 계산하기 위한 구체적인 식은 식 2.25, 2.26과 같다. 이는 '머신러닝 모델의 3단계'에서 ❶단계에 해당하는 부분이다. 그 다음은 식 2.25에 포함된 파라미터 $(w_{0k}, w_{1k}, w_{2k}, \cdots)$의 좋고 나쁨을 평가하는 오차 함수를 준비하고(❷단계), 최적인 파라미터값을 결정하는(❸단계) 과정이 필요하다.

이때 ❷단계 이후 부분에 대해서는 '2.1 로지스틱 회귀를 이용한 이항 분류기'에서 설명한 최우추정법을 적용할 수 있다. 여기서는 구체적인 예로 필기 문자를 분류하는 문제에 이 방법을 적용해 보겠다.

2.3.1 MNIST 데이터 세트 이용 방법

사용할 데이터 세트에 관해 먼저 설명하겠다. 여기서는 MNIST라고 하는 유명한 데이터 세트를 사용한다.[2] 앞서 본 그림 2-11의 필기 문자는 이 데이터 세트에서 추출한 샘플이며, 전체적으로 트레이닝용 데이터 5만 5,000개와 테스트용 데이터 1만 개, 그리고 검증용 데이터 5,000개가 포함되어 있다.[8] 각각의 필기 숫자는 28×28픽셀의 그레이스케일(grayscale)[9] 이미지 데이터다.

텐서플로에는 웹에서 공개하고 있는 MNIST 데이터 세트를 다운로드해서 NumPy의 array 오브젝트로 저장하는 모듈이 미리 준비되어 있다. 원본 데이터는 0~255 사이의 정숫값으로 각 픽셀의 농도가 주어져 있지만, 이를 0~1 사이의 부동 소수점 수로 변환한 것이 오브

---

8   쥐 테스트용 데이터와 검증용 데이터를 어떻게 구분해서 사용할지 궁금할 수 있는데, 이 책에서는 검증용 데이터 세트는 사용하지 않는다. 트레이닝용 데이터 세트(트레이닝 세트)로 파라미터를 최적화하고, 테스트용 데이터 세트(테스트 세트)에 대한 정답률로 그 성능을 판정한다.

9   역주 백색(white)과 흑색(black) 사이의 회색(gray) 영역을 표시하기 위해 백색과 흑색의 비율을 변화시킨 일련의 색조를 말한다. MNIST 데이터 세트는 256단계의 흑백의 명암 단계(그레이레벨, gray level)를 갖는 8bit 그레이스케일 이미지로 되어 있다.

젝트에 저장된다. 여기서는 이 모듈을 이용해서 데이터 세트의 내용을 간단히 확인해 보겠다. 이에 해당하는 노트북은 'Chapter02/MNIST dataset sample.ipynb'다.

01 먼저, 필요한 모듈을 임포트한다.

[MDS-01]

```
1: import numpy as np
2: import matplotlib.pyplot as plt
3: from tensorflow.examples.tutorials.mnist import input_data
```

3행에서 임포트하고 있는 모듈이 MNIST의 데이터 세트를 가져오기 위한 모듈이다.

02 이 모듈을 이용해 MNIST의 데이터 세트를 다운로드해서 오브젝트에 저장한다.

[MDS-02]

```
1: mnist = input_data.read_data_sets("/tmp/data/", one_hot=True)
```

03 변수 mnist에 저장된 오브젝트의 메소드를 이용해서 데이터를 추출할 수 있다. 예를 들어, 다음 코드는 트레이닝 세트로부터 10개의 데이터를 추출하는 것이다.

[MDS-03]

```
1: images, labels = mnist.train.next_batch(10)
```

04 추출한 데이터는 이미지 데이터와 라벨 데이터로 나뉘며, 여기서는 각각을 변수 images와 labels로 저장하고 있다. 이는 각각 10개의 데이터를 포함하는 리스트로 되어 있다.

추출한 이미지 데이터는 28×28=784개의 픽셀에 대해 각각의 농도를 나타내는 수치를 나열한 리스트(NumPy의 array 오브젝트)로 되어 있다. 예를 들어, 다음 명령으로 추출한 이미지 데이터 내에서 첫 번째 데이터의 내용을 출력할 수 있다.

[MDS-04]

```
1: print images[0]
```

실행 결과가 길게 출력되므로 여기서는 생략하지만, 총 784개의 숫자가 나열된 리스트로 되어 있음을 알 수 있다. 2차원 리스트가 아니라 모든 수치를 일렬로 나열한 1

차원 리스트라는 점에 주의하기 바란다.

05 마찬가지로 라벨 데이터를 출력하면 다음과 같다.

[MDS-05]

```
1: print labels[0]
----------------------------------------
[ 0. 0. 0. 0. 0. 0. 0. 1. 0. 0.]
```

이 예에서는 (첫 번째 요소의 인덱스를 0으로 해서) 앞에서부터 7번째 요소가 1로 되어
있으며, 이는 이 이미지가 숫자 '7'의 이미지라는 것을 나타낸다. 머신러닝에 사용할
데이터 세트에는 데이터를 몇 개의 그룹으로 분류할 때 'k번째 요소만 1로 되어 있는
벡터'로 k번째 그룹임을 나타내는 경우가 있다. 이는 '**1-of-K 벡터**'(K개의 요소 중 하나
만 '1'로 되어 있는 벡터)[10]를 이용한 라벨 방식이라고 한다.

06 끝으로, 앞서 추출한 10개의 데이터를 이미지로 출력해 보겠다.

[MDS-06]

```
1: fig = plt.figure(figsize=(8,4))
2: for c, (image, label) in enumerate(zip(images, labels)):
3:     subplot = fig.add_subplot(2,5,c+1)
4:     subplot.set_xticks([])
5:     subplot.set_yticks([])
6:     subplot.set_title('%d' % np.argmax(label))
7:     subplot.imshow(image.reshape((28,28)), vmin=0, vmax=1,
8:                    cmap=plt.cm.gray_r, interpolation="nearest")
```

실행 결과는 그림 2-17과 같다. 이미지 위에 있는 숫자는 라벨에서 얻은 값이며, 실
제 정답인 숫자를 나타내고 있다. 많이 흘려서 쓴 문자나 노이즈가 섞인 이미지도
포함되어 있음을 알 수 있다. 이를 라벨에 있는 숫자라고 판정하는 것이 목표인 것
이다.

---

10 역주 one-hot 벡터 또는 one-hot 인코딩(one-hot encoding)이라고도 한다.

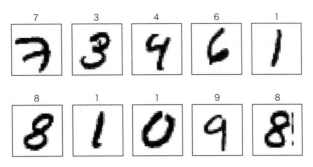

그림 2-17 MNIST 데이터 세트의 샘플

한편, 위 코드에서 7~8행에 그래프를 그리는 영역을 나타내는 오브젝트 subplot의 imshow 메소드로 이미지를 출력하고 있다. image.reshape(28,28)은 픽셀의 농도를 나열한 1차원 리스트 image를 28×28인 2차원 리스트로 변환한 것이다. 이에 따라 28×28 크기의 이미지로 출력된다. cmap=plt.cm.gray_r은 이미지를 그레이스케일로 출력하는 옵션이며, vmin과 vmax 는 농도를 나타내는 수치의 최솟값과 최댓값을 지정하는 것으로, 이미지의 농담을 적절하게 조정한다. 또한, 디폴트로는 픽셀 간 데이터를 보완함으로써 이미지를 부드럽게 수정해서 출력하도록 되어 있는데, 여기서는 interpolation="nearest"를 지정해서 이 기능을 비활성화하고 있다.

2.3.2 이미지 데이터의 분류 알고리즘

그러면 앞서 확인한 이미지 데이터에 다항 분류기를 통한 분류 방법을 적용해 보자. '2.2 소프트맥스 함수와 다항 분류기'에서는 주로 2차원 평면상의 데이터 (x_1, x_2)를 세 개의 영역으로 분류하는 예를 설명했다. 이것이 이미지 데이터 분류와 어떤 관계가 있는지를 상상해 볼 수 있겠는가? 힌트는 앞서 [MDS-04]에서 확인한 데이터 구조에 있다.

이 이미지 데이터는 원래는 28×28픽셀의 이미지인데, 각 픽셀의 농도 수치를 일렬로 나열해 보면 28×28=784개의 수치 모음에 지나지 않는다. 수학적으로 말하면 784차원 벡터, 즉 784 차원 공간의 하나의 점 $(x_1, x_2, \cdots, x_{784})$에 대응하는 것이다. MNIST의 이미지 데이터를 모아 놓은 것은 784차원 공간상에 배치된 여러 점의 집합인 것이다.

이때 동일한 숫자에 해당하는 이미지는 784차원 공간상에 서로 가까운 위치에 모여 있을 것이라 기대할 수 있지 않을까? 만일, 이 생각이 옳다면 784차원 공간을 10개의 영역으로 분할함으로써 각각의 영역에 해당하는 숫자가 결정된다. 새로운 이미지 데이터가 주어졌을 때 이 데이터가 784차원 공간상에서 어느 영역에 속하는지에 따라 어떤 숫자 이미지인지를 예측할 수 있게 된다. 784차원 공간을 그림으로 나타낼 수는 없지만, 모형으로 표현하면 그림 2-18과 같은 상황이 된다.

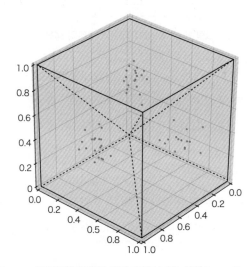

그림 2-18 **784차원 공간의 이미지 데이터를 영역으로 나눈 모형**

그러면 이를 수식으로 표현해 보자. 일반적으로 M차원 공간을 K개의 영역으로 분할하는 경우의 식은 식 2.25, 2.26으로 주어져 있는데, 텐서플로 코드로 변경하기 위해 이를 행렬 형식으로 바꿔 보겠다.

먼저, 784차원 공간의 데이터를 '0' ~ '9'의 10개 영역으로 분할하게 되므로 $M = 784$, $K = 10$으로 둔다. 그리고 나서 트레이닝 세트 데이터가 모두 N개 있다고 하고, n번째 데이터를 $\mathbf{x}_n = (x_{1n}, x_{2n}, \cdots, x_{Mn})$으로 나타낸다. 그리고 이 데이터를 나열한 행렬 $\mathbf{X}$는 다음 식으로 정의한다.

$$\mathbf{X} = \begin{pmatrix} x_{11} & x_{21} & \cdots & x_{M1} \\ x_{12} & x_{22} & \cdots & x_{M2} \\ \vdots & \vdots & \vdots & \vdots \\ x_{1N} & x_{2N} & \cdots & x_{MN} \end{pmatrix}$$

식 2.27

다음으로 식 2.25의 1차 함수의 계수를 나열할 행렬 $\mathbf{W}$ 및 상수항을 나열한 벡터 $\mathbf{w}$를 다음 식으로 정의한다.

$$\mathbf{W} = \begin{pmatrix} w_{11} & w_{12} & \cdots & w_{1K} \\ w_{21} & w_{22} & \cdots & w_{2K} \\ \vdots & \vdots & \vdots & \vdots \\ w_{M1} & w_{M2} & \cdots & w_{MK} \end{pmatrix}, \ \mathbf{w} = \begin{pmatrix} w_{01}, w_{02}, \cdots, w_{0K} \end{pmatrix} \quad \boxed{\text{식 2.28}}$$

이 식들을 이용해 식 2.25의 1차 함수는 다음과 같이 정리해서 계산된다.

$$\mathbf{F} = \mathbf{XW} \oplus \mathbf{w} \quad \boxed{\text{식 2.29}}$$

여기서 행렬 $\mathbf{F}$는 k번째 영역을 나타내는 1차 함수 f_k에 n번째 데이터 $\mathbf{x}_n$을 대입했을 때의 값 $f_k(\mathbf{x}_n)$을 다음과 같이 가로 세로로 나열한 것이다.

$$\mathbf{F} = \begin{pmatrix} f_1(\mathbf{x}_1) & f_2(\mathbf{x}_1) & \cdots & f_K(\mathbf{x}_1) \\ f_1(\mathbf{x}_2) & f_2(\mathbf{x}_2) & \cdots & f_K(\mathbf{x}_2) \\ \vdots & \vdots & \vdots & \vdots \\ f_1(\mathbf{x}_N) & f_2(\mathbf{x}_N) & \cdots & f_K(\mathbf{x}_N) \end{pmatrix} \quad \boxed{\text{식 2.30}}$$

또한, 식 2.29의 기호 $\oplus$는 '2.1.2 텐서플로를 이용한 최우추정 실행'의 그림 2-5에서 설명한 브로드캐스팅 규칙을 적용한 덧셈이라고 생각하기 바란다. 다소 복잡해졌으므로 계산의 전체적인 모습을 그림 2-19에 정리해 두었다. 좌변 행렬 $\mathbf{F}$의 요소 중 하나를 추출해서 계산하면 일반적으로 다음 관계를 얻을 수 있다. 이는 식 2.25와 정확히 일치한다.

$$f_k(\mathbf{x}_n) = w_{0k} + w_{1k}x_{1n} + w_{2k}x_{2n} + \cdots + w_{Mk}x_{Mn} \quad \boxed{\text{식 2.31}}$$

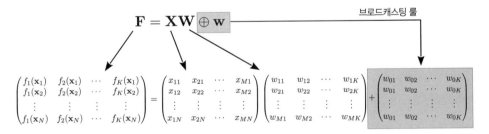

그림 2-19 다항 분류기의 1차 함수를 행렬로 정리한 모습

이어서 식 2.26의 소프트맥스 함수를 이용해 이를 확률값으로 변환한다. 지금의 경우 n번째 데이터 $\mathbf{x}_n$에 대해 $k = 1, \cdots, K$의 각 영역에 속할 확률 $P_k(\mathbf{x}_n)$을 다음 식으로 계산해야 한다.

$$P_k(\mathbf{x}_n) = \frac{e^{f_k(\mathbf{x}_n)}}{\sum_{k'=1}^{K} e^{f_{k'}(\mathbf{x}_n)}}$$

식 2.32

이 계산에 필요한 요소는 모두 식 2.30의 행렬 $\mathbf{F}$에 포함되어 있는데, 이를 행렬 $\mathbf{F}$로부터 행렬 계산 형태로 표현하는 것은 매우 어려운 작업이다. 따라서 텐서플로에서는 식 2.30에서 식 2.32를 직접 계산하기 위한 특별한 함수 tf.nn.softmax를 제공한다. 이 함수에 $\mathbf{F}$를 대입하면 자동적으로 확률 $\mathbf{P}$를 계산해 준다.

$$\mathbf{P} = \text{tf.nn.softmax}(\mathbf{F})$$

식 2.33

여기서 $\mathbf{P}$는 다음 식으로 정의되는 행렬이 된다.

$$\mathbf{P} = \begin{pmatrix} P_1(\mathbf{x}_1) & P_2(\mathbf{x}_1) & \cdots & P_K(\mathbf{x}_1) \\ P_1(\mathbf{x}_2) & P_2(\mathbf{x}_2) & \cdots & P_K(\mathbf{x}_2) \\ \vdots & \vdots & \vdots & \vdots \\ P_1(\mathbf{x}_N) & P_2(\mathbf{x}_N) & \cdots & P_K(\mathbf{x}_N) \end{pmatrix}$$

식 2.34

이렇게 해서 주어진 이미지 데이터가 속하는 영역, 즉 '0' ~ '9' 사이의 각각의 문자일 확률을 계산하기 위한 수식이 준비되었다. 지금까지의 계산에서는 트레이닝 세트 데이터에 대한 확률을 계산해 왔는데, 새로운 데이터 $\mathbf{x} = (x_1, x_2, \cdots, x_M)$에 대한 확률을 계산할 때는 식 2.27의 $\mathbf{X}$를 다음 $1 \times M$ 행렬로 준비한다.

$$\mathbf{X} = \begin{pmatrix} x_1 & x_2 & \cdots & x_M \end{pmatrix}$$

식 2.35

이를 이용해 식 2.29와 식 2.33을 계산하면 $\mathbf{P}$는 다음 $1 \times K$ 행렬이 된다는 것을 알 수 있다.

$$\mathbf{P} = \begin{pmatrix} P_1(\mathbf{x}) & P_2(\mathbf{x}) & \cdots P_K(\mathbf{x}) \end{pmatrix}$$

식 2.36

텐서플로 코드로 말하면 $\mathbf{X}$는 Placeholder에 해당하므로 결국 Placeholder에 저장할 데이터를 변경함에 따라 다양한 데이터에 대한 확률을 계산할 수 있게 된다. 이렇게 해서 '머신러닝 모델의 3단계'에서 ❶단계가 완료됐다.

여기서 식 2.36의 첨자 $k(k = 1, 2, \cdots, K)$의 범위에 대해 주의할 점을 언급해 두겠다. 지금까지의 계산에서는 일반적으로 K개의 영역으로 분류해 왔는데, 지금 여기서 생각하는 것은 '0' ~ '9'의 10가지 숫자로 분류하는 것이다. 따라서 $k = 1$이 '0', $k = 2$가 '1'···, $k = 10$이 '9'와 같은 대응 관계가 된다. 첨자와 대응하는 숫자가 1씩 차이가 나는 점에 주의하기 바란다.

그러면 다음은 ❷단계로 오차 함수를 준비한다. 여기에는 '2.1.1 확률을 이용한 오차 평가'에서 설명한 최우추정법을 이용한다. 트레이닝 세트 데이터에 대해 식 2.34로 계산되는 확률을 이용해서 무작위로 예측했다고 간주하고, 정답을 얻을 수 있는 확률을 최대화하는 방법이다.

예를 들어, n번째 데이터 $\mathbf{x}_n$의 정답이 k인 경우 정답을 예측할 확률은 $P_k(\mathbf{x}_n)$이 된다. 단, 이 경우에 정답을 나타내는 라벨은 다음과 같은 '1-of-K 벡터'로 주어진다.

$$\mathbf{t}_n = (0, \cdots, 0, 1, 0, \cdots, 0) \qquad \boxed{식 2.37}$$

그런데 일반적으로 $\mathbf{t}_n = (t_{1n}, t_{2n}, \cdots, t_{Kn})$으로 나타내면 n번째 데이터에 대해 정답을 예측할 확률 P_n은 다음과 같이 나타낼 수 있다.

$$P_n = \prod_{k'=1}^{K} \{P_{k'}(\mathbf{x}_n)\}^{t_{k'n}} \qquad \boxed{식 2.38}$$

다소 어려운 표현식이지만, 임의의 x에 대해 $x^0 = 1$, $x^1 = x$가 성립하는 성질을 이용하고 있다. 모든 k'에 대해 곱했을 때 k번째 요소만 추출된다는 것을 알 수 있다. 그리고 모든 데이터에 대해 정답일 확률 P는 각 데이터에 대해 정답일 확률의 곱셈으로 결정된다.

$$P = \prod_{n=1}^{N} P_n = \prod_{n=1}^{N} \prod_{k'=1}^{K} \{P_{k'}(\mathbf{x}_n)\}^{t_{k'n}} \qquad \boxed{식 2.39}$$

그 다음은 식 2.7과 마찬가지로 다음 오차 함수 E를 최소화하면 확률 P를 최대화하는 것과 같아진다.

$$E = -\log P \qquad \boxed{식 2.40}$$

이는 식 2.8에 나타낸 로그함수 공식을 이용해 다음과 같이 바꿔 쓸 수 있다.

$$E = -\sum_{n=1}^{N} \sum_{k'=1}^{K} t_{k'n} \log P_{k'}(\mathbf{x}_n)$$

식 2.41

이 오차 함수 E를 행렬 형식으로 나타낼 때는 '2.1.2 텐서플로를 이용한 최우추정 실행'에서 설명한, 그림 2-5의 브로드캐스팅 규칙과 텐서플로의 **tf.reduce_sum** 함수가 주된 역할을 한다.

먼저, 각 데이터의 라벨을 나열한 행렬 $\mathbf{T}$를 다음 식으로 정의한다.

$$\mathbf{T} = \begin{pmatrix} t_{11} & t_{21} & \cdots & t_{K1} \\ t_{12} & t_{22} & \cdots & t_{K2} \\ \vdots & \vdots & \vdots & \vdots \\ t_{1N} & t_{2N} & \cdots & t_{KN} \end{pmatrix}$$

식 2.42

식 2.34, 2.42와 식 2.41을 비교해서 살펴보면 $\log \mathbf{P}$(함수의 브로드캐스팅 규칙에 따라 $\mathbf{P}$의 각 성분에 log를 적용한 것)와 $\mathbf{T}$의 각 성분을 곱하고 나서 모든 성분을 합산한 것이 식 2.41(부호 다름)과 정확히 일치한다는 것을 알 수 있다. 같은 크기의 행렬을 '*'으로 곱하면 각 성분의 곱셈이 된다는 것을 떠올리면 결국 오차 함수 E는 다음 계산으로 나타낼 수 있다.

$$E = -\text{tf.reduce\_sum}(\mathbf{T} * \log \mathbf{P})$$

식 2.43

여기서는 행렬에 **tf.reduce_sum**을 적용하면 행렬의 모든 요소의 합을 얻을 수 있는 성질을 이용하고 있다.

이렇게 해서 ❷단계 준비도 마쳤다. 그 다음은 ❶단계의 식 2.29, 2.33과 ❷단계의 식 2.43을 텐서플로 코드로 변환해서 트레이닝 세트를 이용한 파라미터 최적화를 실시한다.

2.3.3 텐서플로를 이용한 트레이닝 실행

그러면 지금까지 준비한 내용을 텐서플로 코드로 작성해 보겠다. 이에 해당하는 노트북은 'Chapter02/MNIST softmax estimation.ipynb'다.

01 먼저, 앞에서도 그랬듯이 필요한 모듈을 임포트하고, 난수의 시드(seed)를 설정한다. 4 행에서는 MNIST 데이터 세트를 가져오는 모듈을 임포트하고 있다.

[MSE-01]

```
1: import tensorflow as tf
2: import numpy as np
3: import matplotlib.pyplot as plt
4: from tensorflow.examples.tutorials.mnist import input_data
5:
6: np.random.seed(20160604)
```

02 MNIST 데이터 세트를 다운로드한다. 변수 mnist를 통해 데이터 세트를 이용할 수 있다.

[MSE-02]

```
1: mnist = input_data.read_data_sets("/tmp/data/", one_hot=True)
```

03 트레이닝 세트 데이터에 대해 특정 영역에 속할 확률 $P_k(\mathbf{x}_n)$을 계산하는 수식을 코드로 표현한다.

[MSE-03]

```
1: x = tf.placeholder(tf.float32, [None, 784])
2: w = tf.Variable(tf.zeros([784, 10]))
3: w0 = tf.Variable(tf.zeros([10]))
4: f = tf.matmul(x, w) + w0
5: p = tf.nn.softmax(f)
```

변수 x, w, w0, f, p는 각각 식 2.27의 $\mathbf{X}$, 식 2.28의 $\mathbf{W}$와 w, 식 2.30의 $\mathbf{F}$, 식 2.34 의 $\mathbf{P}$에 해당한다. x는 트레이닝 세트 데이터를 저장할 Placeholder로, 데이터 개수에 None을 지정해서 임의의 개수의 데이터를 저장할 수 있도록 한다는 것은 이전과 같다. 데이터 하나의 요소 개수 M은 이미지의 픽셀 개수와 일치하므로 28×28=784가 된다. w와 w0은 앞으로 값을 최적화할 Variable이며, 초깃값은 모두 0으로 지정하고 있다. 식 2.28에서 $\mathbf{W}$는 $M \times K$ 행렬로 되어 있는데, 이것도 실제로는 784×10 행렬이 된다. 마찬가지로 w는 요소 10개인 가로 벡터가 된다. 4행과 5행의 f와 p의 계산은 식 2.29와 2.33에 해당한다. 앞서 설명했듯이 브로드캐스팅 규칙이 적용된다는 점에 주의하기 바란다.

한편, 변수 w0은 원래 1×10 행렬로 [1,10]의 크기로 정의해야 하지만, 1차원 리스트로 [10]의 크기로 정의하더라도 브로드캐스팅 규칙에 의해 이후 계산은 올바르게 실행된다. 1차 함수의 상수항을 일반적으로 바이어스(bias)항이라고 하는데, 이후 코드에서도 바이어스항을 나열한 가로 벡터에 대해서도 1차원 리스트의 크기로 정의하도록 하겠다.

04 계속해서 오차 함수 E를 정의하고, 이를 최소화하는 트레이닝 알고리즘을 준비한다.

[MSE-04]

```
1: t = tf.placeholder(tf.float32, [None, 10])
2: loss = -tf.reduce_sum(t * tf.log(p))
3: train_step = tf.train.AdamOptimizer().minimize(loss)
```

1행의 t는 트레이닝 세트의 라벨을 저장하는 Placeholder이며, 식 2.42의 $\mathbf{T}$에 해당한다. x와 마찬가지로 저장할 데이터 개수는 None을 지정한다. 2행의 loss는 식 2.43으로 계산되는 E에 해당한다. 3행의 train_step은 트레이닝 알고리즘 tf.train.AdamOptimizer로 loss를 최소화하라고 지정한 것이다.

05 여기서 또 한 가지, 트레이닝 결과를 이용해서 테스트 세트에 대한 정답률을 계산하기 위해 정답률을 나타내는 관계식을 정의한다.

[MSE-05]

```
1: correct_prediction = tf.equal(tf.argmax(p, 1), tf.argmax(t, 1))
2: accuracy = tf.reduce_mean(tf.cast(correct_prediction, tf.float32))
```

1행의 tf.argmax는 복수의 요소가 나열된 리스트에서 최댓값을 갖는 요소의 인덱스를 추출하는 함수다. p와 t는 식 2.34와 2.42처럼 각 데이터에 대응하는 가로 벡터를 세로로 나열한 배열로 되어 있으며, tf.argmax에 의해 각각의 행의 최댓값을 갖는 인덱스의 리스트를 반환한다. 두 번째 인수인 1은 배열을 가로 방향으로 검색해서 각 행의 최대 요소의 인덱스를 찾으라는 옵션이다. 0을 지정하면 세로 방향을 검색해서 각 열의 최대 요소의 인덱스를 찾는다. 그림 2-20의 예도 참고하기 바란다.

$$\mathbf{M} = \begin{pmatrix} 0 & 20 & 40 & 60 \\ 60 & 0 & 20 & 40 \\ 40 & 60 & 0 & 20 \end{pmatrix}$$

가로 방향으로 검색 : $\mathrm{np.argmax}(\mathbf{M}, 1) = (3, 0, 1)$

세로 방향으로 검색 : $\mathrm{np.argmax}(\mathbf{M}, 0) = (1, 2, 0, 0)$ ⎫ 최대 요소의 인덱스

그림 2-20 **np.argmax 함수의 활용 예**

여기서는 각각의 문자일 확률 $P_k(\mathbf{x}_n)$ 중에서도 최대 확률인 문자가 라벨에 지정된 정답 문자와 일치하는지를 확인하고 있다(그림 2-21). p와 t에 포함된 각각의 데이터에 대해 확인한 결과를 나열한 Bool값 리스트가 correct_prediction이다. 2행에서는 **tf.cast** 함수로 Bool값을 1, 0으로 변환해서 전체의 평균값을 계산함으로써 정답률을 계산하고 있다.

$$\mathbf{P} = \begin{pmatrix} P_1(\mathbf{x}_1) & P_2(\mathbf{x}_1) & \cdots & P_K(\mathbf{x}_1) \\ P_1(\mathbf{x}_2) & P_2(\mathbf{x}_2) & \cdots & P_K(\mathbf{x}_2) \\ \vdots & \vdots & \vdots & \vdots \\ P_1(\mathbf{x}_N) & P_2(\mathbf{x}_N) & \cdots & P_K(\mathbf{x}_N) \end{pmatrix}$$ → 이 값들 중 최댓값으로 x₁이 나타내는 문자를 예측

이들이 일치하면 정답

$$\mathbf{T} = \begin{pmatrix} t_{11} & t_{21} & \cdots & t_{K1} \\ t_{12} & t_{22} & \cdots & t_{K2} \\ \vdots & \vdots & \vdots & \vdots \\ t_{1N} & t_{2N} & \cdots & t_{KN} \end{pmatrix}$$ → $t_{k1} = 1$이 되는 k가 x₁이 나타내는 숫자의 문자를 가리킨다

그림 2-21 **확률이 최대가 되는 문자로 예측을 실행**

06 이렇게 해서 준비를 마쳤다. 다음은 트레이닝 세트 데이터를 이용해 파라미터를 최적화한다. 먼저, 세션을 준비하고 Variable을 초기화한다.

[MSE-06]

```
1: sess = tf.InteractiveSession()
2: sess.run(tf.initialize_all_variables())
```

07 이어서 경사 하강법에 의한 파라미터 최적화를 2,000회 반복한다. 100회 실행할 때마다 그 시점의 파라미터를 이용해서 테스트 세트에 대한 오차 함수와 정답률 값을 계산해서 화면에 표시하고 있다.

[MSE-07]

```
 1: i = 0
 2: for _ in range(2000):
 3:     i += 1
 4:     batch_xs, batch_ts = mnist.train.next_batch(100)
 5:     sess.run(train_step, feed_dict={x: batch_xs, t: batch_ts})
 6:     if i % 100 == 0:
 7:         loss_val, acc_val = sess.run([loss, accuracy],
 8:             feed_dict={x:mnist.test.images, t: mnist.test.labels})
 9:         print ('Step: %d, Loss: %f, Accuracy: %f'
10:                % (i, loss_val, acc_val))
--------------------------------------------------
Step: 100, Loss: 7747.078613, Accuracy: 0.848400
Step: 200, Loss: 5439.366211, Accuracy: 0.879900
Step: 300, Loss: 4556.463379, Accuracy: 0.890900
Step: 400, Loss: 4132.035156, Accuracy: 0.896100
...... 중략 ......
Step: 1800, Loss: 2902.119141, Accuracy: 0.919000
Step: 1900, Loss: 2870.736328, Accuracy: 0.920000
Step: 2000, Loss: 2857.827393, Accuracy: 0.921100
```

여기서 4~5행의 처리에 주의해야 한다. 4행에서는 트레이닝 세트에서 100개의 데이터를 추출하고, 5행에서는 이 데이터를 이용해 경사 하강법으로 파라미터를 수정하고 있다. 지금까지의 예에서는 모든 트레이닝 세트 데이터를 이용해 파라미터를 반복해서 수정했으나, 여기서는 그림 2-22와 같이 일부 데이터만으로 파라미터를 반복해서 수정하고 있다.

mnist.train.next_batch는 데이터를 어디까지 추출했는지를 기억해 두고 호출할 때마다 다음 데이터를 추출하는 역할을 한다. 데이터를 마지막까지 추출하고 나면 다시처음으로 돌아가서 동일한 데이터를 반환한다. 이를 미니 배치 혹은 확률적 경사 하강법이라고 한다. 이 방법의 역할에 대해서는 이후에 '2.3.4 미니 배치와 확률적 경사하강법'에서 자세히 설명하겠다.

7~8행에서는 테스트 세트 데이터를 이용해 오차 함수 loss와 정답률 accuracy 값을계산하고 있다. mnist.test.images와 mnist.test.labels는 각각 테스트 세트가 가진 모든 이미지 데이터와 라벨을 포함하는 리스트(NumPy의 array 오브젝트)로 되어 있다. 2,000회 반복 처리를 통해 테스트 세트에 대해 약 92%의 정답률을 달성하고 있음을알 수 있다.

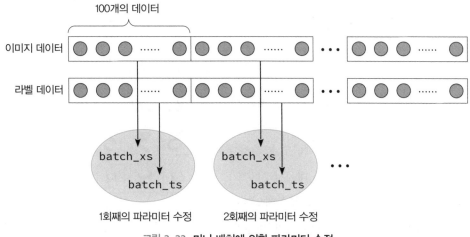

그림 2-22 **미니 배치에 의한 파라미터 수정**

08 얻어진 결과를 실제 이미지로 확인해 보자. 다음은 '0' ~ '9'의 각 문자에 대해 테스트 세트 데이터에서 정답이었던 문자와 오답이었던 문자를 세 개씩 추출해서 출력한다.

[MSE-08]

```
 1: images, labels = mnist.test.images, mnist.test.labels
 2: p_val = sess.run(p, feed_dict={x:images, t: labels})
 3:
 4: fig = plt.figure(figsize=(8,15))
 5: for i in range(10):
 6:     c = 1
 7:     for (image, label, pred) in zip(images, labels, p_val):
 8:         prediction, actual = np.argmax(pred), np.argmax(label)
 9:         if prediction != i:
10:             continue
11:         if (c < 4 and i == actual) or (c >= 4 and i != actual):
12:             subplot = fig.add_subplot(10,6,i*6+c)
13:             subplot.set_xticks([])
14:             subplot.set_yticks([])
15:             subplot.set_title('%d / %d' % (prediction, actual))
16:             subplot.imshow(image.reshape((28,28)), vmin=0, vmax=1,
17:                       cmap=plt.cm.gray_r, interpolation="nearest")
18:             c += 1
19:         if c > 6:
20:             break
```

이를 실행하면 그림 2-23과 같은 결과가 얻어진다. 각 행에서 왼쪽 세 개가 정답이었던 문자이고, 오른쪽 세 개가 오답이었던 문자다. 각 이미지 위의 라벨은 '예측/정답' 숫자를 나타낸다. 정답 문자를 살펴보면 결과가 꽤 우수하다는 생각이 들지만, 오답 문자를 보면 다소 이해가 되지 않는 면도 있다. 왜 이런 오답이 발생했는지 그 이유를 잘 알 수 없는 것도 있을 것이다.

이는 애초의 분류 원리를 생각하면 이해할 수 있다. 여기서는 주어진 이미지를 각 픽셀의 농담 수치를 나열한 784차원의 벡터로 간주하고 있다. 이 벡터가 784차원 공간 내에서 서로 가까운 곳에 있는지 여부로 동일한 문자인지를 판정하고 있다. '2.3.2 이미지 데이터의 분류 알고리즘'에서 나타낸 그림 2-18을 다시 한 번 확인해 보기 바란다.

따라서 물리적으로 픽셀이 나열된 방식이 비슷한지 아닌지에 따라 판정이 이루어지게 된다. 문자를 약간 회전하거나 상하좌우로 이동했을 때 사람의 눈으로 보면 동일한 문자라고 알 수 있지만, 물리적인 픽셀의 나열 방식이 달라지므

그림 2-23 **소프트맥스 함수에 의한 분류 결과**

로 다른 문자라고 판정하게 된다. 반대로, 잘못된 판정을 하고 있는 문자를 잘 살펴보면 정답 문자와 동일한 위치에 픽셀이 모여 있다는 특징이 있을 것이다.

이와 같은 문제를 극복해서 정답률을 보다 높이기 위해서는 물리적인 픽셀의 위치와는 다른, 보다 본질적인 문자의 특징을 추출하는 처리가 필요하다. 이를 실현하는 것이 바로 CNN의 본질이라고 할 수 있다. 이 점에 관해서는 다음 장 이후에 단계적으로 계속 설명하겠다.

2.3.4 미니 배치와 확률적 경사 하강법

여기서는 앞서 그림 2-22에 나타낸 미니 배치에 의한 파라미터 수정에 관해 보충해서 설명하겠다. 먼저, 준비 작업으로 경사 하강법의 의미를 다시 떠올려 보자. 이는 파라미터 $(w_0, w_1, \cdots)$의 함수로 오차 함수 $E(w_0, w_1, \cdots)$가 주어졌을 때 E값이 감소하는 방향으로

파라미터를 수정해 가는 개념이었다. 이때 E값이 감소하는 방향은 다음 기울기 벡터(부호 다름)로 결정된다.

$$\nabla E = \begin{pmatrix} \dfrac{\partial E}{\partial w_0} \\ \dfrac{\partial E}{\partial w_1} \\ \vdots \end{pmatrix}$$

식 2.44

'1.1.4 텐서플로를 이용한 파라미터 최적화'의 그림 1.14에 나타냈듯이 $-\nabla E$는 오차 함수가 그리는 절구 모양의 벽면을 따라 곧바로 내려가는 방법과 일치한다.

여기서 앞서 예에서 이용한 오차 함수 E인 식 2.41을 살펴보면 이 식은 트레이닝 세트 내 각각의 데이터를 더하는 형태로 되어 있다. 즉, 다음과 같이 n번째 데이터에 대한 오차 E_n의 합의 형태로 분해할 수 있다.

$$E = \sum_{n=1}^{N} E_n$$

식 2.45

여기서 E_n은 다음 식으로 주어진다.

$$E_n = -\sum_{k'=1}^{K} t_{k'n} \log P_{k'}(\mathbf{x}_n)$$

식 2.46

이때 앞서 본 코드 [MSE-03]과 [MSE-04]에 대해 Placeholder x에 트레이닝 세트 일부 데이터만을 저장했다고 하면 대응하는 오차 함수 loss는 어떤 식으로 계산될까? 이는 식 2.45에서 x에 저장된 일부 데이터만 E_n을 더하는 형태가 된다. 이 상태로 트레이닝 알고리즘을 적용하는 것은 오차 함수 E에 대해 일부 데이터만 기여하게 된다고 볼 수 있으며, 이 일부 데이터에 의한 오차를 최소화하기 위해 파라미터를 수정하게 되는 것이다. 원래의 모든 E값을 최소화하는 것은 아니므로 그림 1.14에서 오차 함수가 그리는 절구 모양의 벽면을 일직선으로 내려오는 것이 아니라 약간 옆으로 틀어진 방향으로 내려오게 된다.

다만 다음 번에 파라미터를 수정할 때는 또 다른 데이터가 기여하게 될 것을 고려한다. 이를 여러 번 반복했을 때 그림 2-24와 같이 오차 함수 E의 골을 지그재그로 내려오면서 최종적으로는 본래의 최솟값에 가까워질 것이라 기대할 수 있다. 이것이 미니 배치(mini-batch)

의 개념이다. 일직선으로 최솟값으로 향하는 것이 아니라 랜덤하게(확률적으로) 최솟값으로
향하게 되므로 **확률적 경사 하강법**이라고도 한다.

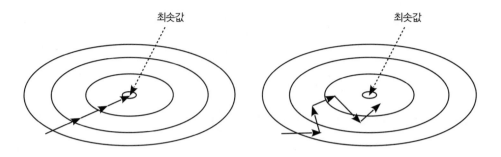

모든 데이터를 사용한 경사 하강법   미니 배치에 의한 확률적 경사 하강법

그림 2-24 확률적 경사 하강법으로 최솟값으로 향하는 모습

그렇다면 미니 배치 혹은 확률적 경사 하강법을 이용하는 이유는 무엇일까? 여기에는 크게
두 가지 이유가 있다. 첫 번째 이유는 트레이닝 세트 데이터가 대량으로 있을 경우에 1회당
계산량을 줄일 수 있다는 점이다. 일반적으로 특정 함수의 기울기 벡터를 구할 때는 계산
처리량이 많아진다. 텐서플로에서는 기울기 벡터 계산이 자동화되어 있어서 이용자가 계산
내용을 의식하지는 않지만, 그렇더라도 계산 처리량에는 주의가 필요하다. 트레이닝 세트에
서 대량의 데이터를 투입하면 트레이닝 알고리즘의 계산이 상당히 느려지거나 대량의 메모
리를 소비하므로 실용성이 떨어지게 된다.

미니 배치에서는 1회당 데이터 양을 줄이고, 그 대신에 최적화 처리를 여러 번 반복함으로
써 전체 계산 시간을 줄이는 접근 방식을 취한다. 단, 1회에 투입하는 데이터 양이 너무 적
으면 최솟값으로 향하는 방향이 올바르게 정해지지 않아서 최솟값에 도달할 때까지의 반
복 횟수가 너무 많아지게 된다. 1회 처리에 사용할 데이터 개수에 대해서는 해결해야 할 문
제에 따라 시행착오를 거쳐 최적의 값을 찾아내야 한다.

두 번째 이유는 극솟값을 피해 진짜 최솟값에 도달하게 하는 것이다. 그림 2-25와 같이 오
차 함수 E가 최솟값 외에 극솟값을 갖는 경우를 생각해 보자. 트레이닝 세트의 모든 데이터
를 이용해서 경사 하강법을 엄밀하게 적용한 경우 최초 파라미터값에 따라서는 일직선으로
극솟값을 향하고, 거기서 파라미터가 수렴할 가능성이 있다. 극솟값에 해당하는 점에서는
기울기 벡터가 분명 0이므로 파라미터 수정 처리를 반복하더라도 거기에서 이동하지 않게
된다.

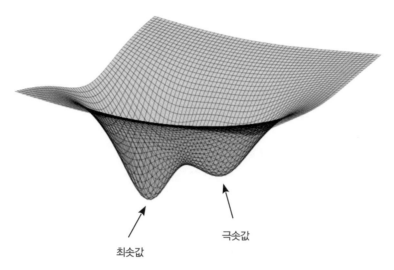

최솟값   극솟값

그림 2-25 최솟값과 극솟값을 갖는 오차 함수의 예

그러나 확률적 경사 하강법의 경우 트레이닝 세트의 모든 데이터를 사용하지 않으므로 기울기 벡터는 정확하게 계산되지 않고, 지그재그로(랜덤하게) 이동해 간다. 따라서 극솟값 부근에 도달했을 때에도 파라미터 수정 처리를 여러 번 반복하면 우연히 극솟값의 골에서 빠져나와 본래의 최솟값 방향으로 향할 가능성도 있게 된다. 일단 최솟값의 깊은 골로 들어서면 무작위로 이동하더라도 거기에서 빠져나올 가능성은 적어진다.

이와 같이 일부러 정확한 계산을 하지 않음으로써 극솟값을 피할 수 있다는 점도 확률적 경사 하강법의 장점이다. 이후에 MNIST 데이터 세트를 이용하는 코드에서는 따로 언급하지 않고 미니 배치에 의한 최적화 처리를 적용하도록 하겠다.

## 제 3 장

신경망을 이용한 분류

이전 장에서는 소프트맥스 함수를 이용한 다항 분류기를 통해 필기 문자를 분류했다. 텐서플로 코드로 테스트한 결과, 테스트 세트에 대한 정답률은 약 92%였다. 이는 1장 맨 앞에서 나타낸 그림 1-2에서 가장 오른쪽 노드만을 이용한 형태에 해당한다. 이번 장에서는 앞 단에 '전 결합층(fully-connected layer)'이라고 하는 노드군을 추가한다(그림 3-1). 2차원 평면의 데이터를 분류하는 간단한 예를 통해 전 결합층의 역할을 확인한 후에 이를 필기 문자 분류에도 적용해 보겠다.

또한, 텐서플로의 시각화 도구인 텐서보드(TensorBoard)를 이용해 신경망 구조나 파라미터 변화를 그림으로 표시하는 방법도 함께 설명한다.

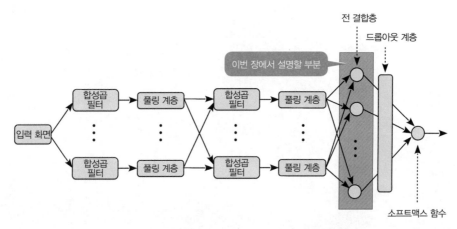

그림 3-1 CNN의 전체 모습과 이번 장에서 설명할 부분

3.1 단층 신경망의 구조

여기서는 전 결합층을 한 계층만 추가한 '단층 신경망'에 관해 그 구조를 설명한다. 2차원 평면의 데이터를 분류하는 이항 분류기의 예를 이용해 구체적인 동작을 확인해 보자. 사용할 예는 '1.1.2 신경망의 필요성'에서 소개했듯이 1차 조사 결과인 (x_1, x_2)로부터 바이러스에 감염되어 있을 확률 $P(x_1, x_2)$를 계산하는 문제다.

3.1.1 단층 신경망을 이용한 이항 분류기

바이러스 감염 확률을 계산하는 문제에서 입력 데이터는 평면상의 좌표 (x_1, x_2)에 대응하므로 이를 이용해 바이러스에 감염되어 있을 확률 $z = P(x_1, x_2)$를 계산할 필요가 있다. 따라서 이를 단층 신경망으로 모델화하면 그림 3-2와 같은 신경망을 사용하는 형태가 된다. 이 신경망은 '입력 계층(input layer)', '은닉 계층(hidden layer)', '출력 계층(output layer)'이라는 세 가지 부분이 조합된 구조로 되어 있으며, 은닉 계층 각각의 노드에서는 입력 데이터를 1차 함수에 대입한 것을 다시 '활성화 함수(activation function)'로 변환한 값이 출력된다.

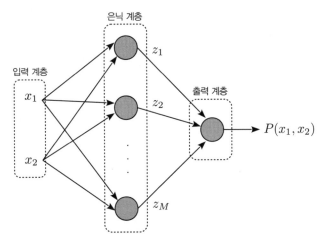

그림 3-2 **단층 신경망을 이용한 이항 분류기**

구체적으로 말하면 은닉 계층에는 모두 M개의 노드가 있다고 하고, 각각의 출력은 다음 계산식으로 주어진다. 활성화 함수 $h(x)$의 내부에 관해서는 뒤에서 곧 설명한다.

$$\begin{cases} z_1 = h(w_{11}x_1 + w_{21}x_2 + b_1) \\ z_2 = h(w_{12}x_1 + w_{22}x_2 + b_2) \\ \quad\vdots \\ z_M = h(w_{1M}x_1 + w_{2M}x_2 + b_M) \end{cases}$$

식 3.1

또한, 마지막의 출력 계층에서는 이 값들을 1차 함수에 대입한 것을 시그모이드 함수로 0~1 사이의 확률값으로 변환한다.

$$z = \sigma(w_1 z_1 + w_2 z_2 + \cdots + w_M z_M + b)$$

식 3.2

1차 함수의 파라미터(계수 및 상수항)에 사용할 문자가 약간 다르지만, 본질적으로 식 3.2는 '2.1.1 확률을 이용한 오차 평가'의 식 2.1, 2.3과 같은 계산이다. 두 개의 값으로 된 데이터 (x_1, x_2)가 은닉 계층을 지나면서 M개의 값으로 된 데이터 $(z_1, \cdots, z_M)$으로 확장된다고 생각할 수 있을 것이다.

아울러 '1.1.2 신경망의 필요성'의 그림 1.9에서는 마지막의 출력 계층을 포함해서 이와 같은 신경망을 '2계층 노드로 된 신경망'이라고 표현했다. 그러나 입력 계층과 출력 계층은 항상 필요하므로 여기서는 은닉 계층의 개수에 주목해서 그림 3-2의 신경망을 '**단층 신경망**'이라고 표현한다. '3.3 다층 신경망으로의 확장'에서는 은닉 계층을 2단으로 쌓은 예를 소개하는데, 이때는 '**2계층 신경망**'이 되는 것이다.[1]

그리고 그림 1.9에서는 은닉 계층의 활성화 함수로서 출력 계층과 동일한 시그모이드 함수를 사용했다. 지금까지 살펴봤듯이 시그모이드 함수 $\sigma(x)$는 $x = 0$을 경계로 해서 0부터 1로 값이 변화하는 함수다. 이는 사람의 뇌를 구성하는 신경 세포인 '뉴런'의 반응을 모형화한 것이라 생각할 수 있다. 은닉 계층의 출력에 시그모이드 함수를 사용한다는 것은 입력

---

1 🔑 신경망의 계층 수를 표현하는 방법은 몇 가지 방식이 있는데, 문헌에 따라 표현이 다른 경우가 있다. 이 책에서는 이후부터 은닉 계층의 개수에 주목한 표현을 이용하기로 한다.

신호의 변화에 따라 뉴런이 활성화돼 출력 신호가 0부터 1로 변화하는 모습을 시뮬레이션한 것이다.

그러나 머신러닝의 모델을 만들 때 현실에서의 뉴런의 동작을 충실하게 시뮬레이션할 필요는 없다. 입력값에 따라 어떤 형태로든 출력값이 변화하면 되므로 실제 활성화 함수로서는 시그모이드 함수 외에 **하이퍼볼릭 탄젠트(Hyperbolic Tangent)** $\tanh x$나 **정규화 선형 함수(ReLU, Rectified Linear Unit)**와 같은 함수가 이용된다. 이들은 그림 3-3과 같은 형태로 값이 변화한다. 각각의 그래프는 세로축 값의 범위가 다르므로 주의하기 바란다.

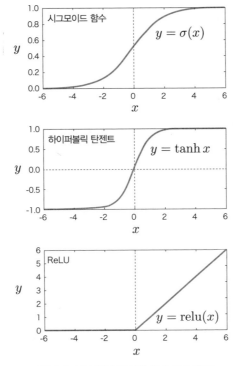

그림 3-3 **대표적인 활성화 함수의 그래프**

이후 계산에서 구체적으로 필요한 것은 아니지만 각각의 정의를 수식으로 나타내면 다음과 같다.

$$\sigma(x) = \frac{1}{1 + e^{-x}}$$

식 3.3

$$\tanh x = \frac{e^x - e^{-x}}{e^x + e^{-x}}$$

식 3.4

$$\text{relu}(x) = \max(0, x)$$

식 3.5

어떤 활성화 함수를 이용할지는 신경망에 대한 연구 역사의 흐름에 따라 변화해 왔다. 초기에는 실제 뉴런의 동작에 대응한다는 소박한 이유로 시그모이드 함수가 이용되었다. 그 후 활성화 함수는 원점을 지나는 편이 계산 효율이 좋아진다는 주장에 따라 하이퍼볼릭 탄젠트가 이용되었다.

최근에는 딥러닝에 이용되는 다층 신경망에서 ReLU가 파라미터 최적화를 보다 빠르게 수행한다고 알려졌다. 시그모이드 함수나 하이퍼볼릭 탄젠트는 x가 커지면 출력값이 일정한 값에 가까워져 그래프 기울기가 거의 0이 된다. 오차 함수의 기울기 벡터를 계산할 때 활성화 함수의 기울기가 작아지면 기울기 벡터의 크기가 작아져 파라미터를 최적화하기가 어려워지는 상황이 있다고 한다.

이번 절에서는 이론적인 분석을 하기 쉽다는 이유로 주로 하이퍼볼릭 탄젠트를 이용한 예를 설명한다. 그 다음에 ReLU로 변경했을 때의 효과에 관해 보충 설명하도록 한다. 그리고 나서 '3.2 단층 신경망을 이용한 필기 문자 분류'에서 필기 문자를 분류할 때 딥러닝 방식을 따라 ReLU를 사용하기로 한다.

3.1.2 은닉 계층의 역할

여기서는 은닉 계층을 도입함에 따라 지금까지와 달라지는 점을 살펴보자. 먼저, 가장 단순한 예로 그림 3-4와 같이 은닉 계층에 두 개의 노드를 갖는 경우를 생각해 보자. 이때 은닉 계층의 두 개의 출력 z_1과 z_2는 다음과 같이 정의된다.

$$\begin{cases} z_1 = \tanh(w_{11}x_1 + w_{21}x_2 + b_1) \\ z_2 = \tanh(w_{12}x_1 + w_{22}x_2 + b_2) \end{cases}$$

식 3.6

이들 관계식은 '2.1.1 확률을 이용한 오차 평가'의 그림 2.3에 나타낸, 시그모이드 함수에 의한 확률 계산과 비슷한 부분이 있다. 식 2.6에서 활성화 함수(하이퍼볼릭 탄젠트)의 인수 부분은 (x_1, x_2)의 1차 함수이므로 이는 (x_1, x_2) 평면을 직선으로 분할하는 작업에 해당한다. 그리고 분할선의 양측에서 활성화 함수의 값은 그림 3-3의 $y = \tanh x$ 그래프에 따라 -1부터 1로 변화해 간다.

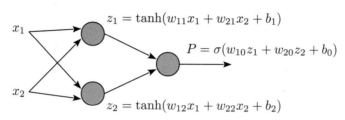

그림 3-4 은닉 계층에 두 개의 노드를 갖는 예

이때 그림 3-3의 그래프 모양에서도 알 수 있듯이 $\tanh x$의 값은 $x = 0$을 기준으로 양측에서 급격하게 변화한다. 여기서 설명을 간단히 하기 위해 z_1과 z_2의 값은 분할선을 기준으로 -1부터 1로 갑자기 변화한다고 생각해 보자. 이 경우 (x_1, x_2) 평면상의 각 점에서 z_1과 z_2의 값은 그림 3-5처럼 표현할 수 있다. 이는 (x_1, x_2) 평면을 두 개의 직선에 의해 네 개의 영역으로 분할하는 것이며, ①~④의 각 영역은 표 3-1과 같이 z_1과 z_2의 값 쌍으로 특징지어진다.

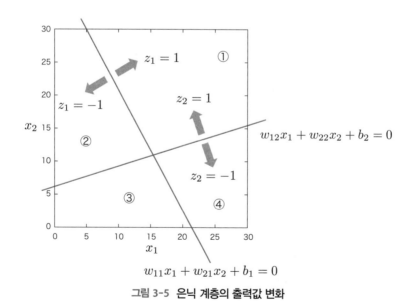

그림 3-5 은닉 계층의 출력값 변화

표 3.1 (x_1, x_2) 평면의 영역과 (z_1, z_2) 값의 대응 관계

영역	(z_1, z_2)
①	$(1, 1)$
②	$(-1, 1)$
③	$(-1, -1)$
④	$(1, -1)$

이렇게 해서 정해진 (z_1, z_2) 값을 출력 계층의 시그모이드 함수에 대입해서 최종적인 확률 P값이 결정된다. 구체적으로는 다음 관계식이 된다.

$$P = \sigma(w_{10}z_1 + w_{20}z_2 + b_0)$$

식 3.7

여기서 (z_1, z_2)는 그림 3-5에 나타낸 네 개의 영역에서 각기 정해진 값을 취하므로 결국 네 개의 영역 각각에서 서로 다른 확률 $P(z_1, z_2)$가 할당된다. 은닉 계층을 갖지 않고 출력 계층만 이용한 로지스틱 회귀의 경우는 '2.1.2 텐서플로를 이용한 최우추정 실행'의 그림 2.9에서 살펴봤듯이 (x_1, x_2) 평면을 직선에 의해 두 개의 영역으로 분할하는 결과가 나왔다. 이것이 네 개의 영역으로 확장된 듯한 결과가 된 것이다.

그렇다면 정말 이런 결과가 되는지를 텐서플로 코드를 이용해 실제로 확인해 보겠다. 이에 해당하는 노트북은 'chapter03/Single layer network example.ipynb'다. 이는 그림 3-5의 상황을 재현하기 위해 준비한 것으로서 최적화 방법에 대해서는 다소 작위적인 부분도 있지만, 그림 3-4의 단층 신경망을 텐서플로 코드로 표현하는 방법에 대해서는 일반적인 방법으로서 참고할 만하다.

01 먼저, 필요한 모듈을 임포트하고 난수의 시드를 설정한다.

[SNE-01]

```
1: import tensorflow as tf
2: import numpy as np
3: import matplotlib.pyplot as plt
4: from numpy.random import multivariate_normal, permutation
5: import pandas as pd
6: from pandas import DataFrame, Series
7:
8: np.random.seed(20160614)
9: tf.set_random_seed(20160614)
```

8~9행이 난수의 시드를 설정하는 부분이다. 여기서 8행은 NumPy 모듈이 발생하는 난수에 대한 시드를 설정하는 데 반해, 9행은 텐서플로 모듈이 발생하는 난수의 시드를 설정하고 있다. 트레이닝 세트 데이터를 생성하는 부분에 대해서는 지금까지와 마찬가지로 NumPy가 제공하는 난수 기능을 사용한다. 그러나 이후 신경망의 파라미터(1차 함수의 계수) 초깃값을 결정할 때는 텐서플로의 난수 기능을 사용한다.

02 이어서 트레이닝 세트 데이터를 난수로 생성한다.

[SNE-02]

```
 1: def generate_datablock(n, mu, var, t):
 2:     data = multivariate_normal(mu, np.eye(2)*var, n)
 3:     df = DataFrame(data, columns=['x1','x2'])
 4:     df['t'] = t
 5:     return df
 6:
 7: df0 = generate_datablock(15, [7,7], 22, 0)
 8: df1 = generate_datablock(15, [22,7], 22, 0)
 9: df2 = generate_datablock(10, [7,22], 22, 0)
10: df3 = generate_datablock(25, [20,20], 22, 1)
11:
12: df = pd.concat([df0, df1, df2, df3], ignore_index=True)
13: train_set = df.reindex(permutation(df.index)).reset_index(drop=True)
```

여기서는 (x_1, x_2) 평면을 그림 3-5와 같은 네 개의 영역으로 나누어 각 영역에 데이터를 배치하고 있다. 오른쪽 위 영역에 $t = 1$인 데이터를 배치하고, 이외의 부분에는 $t = 0$인 데이터를 배치한다. 코드의 내용은 '2.1.2 텐서플로를 이용한 최우추정 실행'의 [MLE-02]와 본질적으로 동일하다.

03 여기서 생성한 데이터는 pandas의 데이터 프레임에 저장하고 있다. 이로부터 (x_1, x_2)와 t의 모든 데이터를 세로로 나열한 행렬을 추출한다.

[SNE-03]

```
 1: train_x = train_set[['x1','x2']].as_matrix()
 2: train_t = train_set['t'].as_matrix().reshape([len(train_set), 1])
```

변수 train_x와 train_t는 각각 다음 행렬 **X**와 **t**에 해당한다.

$$\mathbf{X} = \begin{pmatrix} x_{11} & x_{21} \\ x_{12} & x_{22} \\ x_{13} & x_{23} \\ \vdots & \vdots \end{pmatrix}, \quad \mathbf{t} = \begin{pmatrix} t_1 \\ t_2 \\ t_3 \\ \vdots \end{pmatrix} \qquad \boxed{\text{식 3.8}}$$

04 다음으로 그림 3-4의 신경망을 텐서플로 코드로 표현한다. 먼저, 은닉 계층의 값 (z_1, z_2)을 행렬 형식으로 계산하면 다음과 같이 된다.

$$\mathbf{Z} = \tanh(\mathbf{XW}_1 \oplus \mathbf{b}_1) \qquad \boxed{\text{식 3.9}}$$

여기서 $\mathbf{Z}$는 트레이닝 세트의 n번째 데이터 (x_{1n}, x_{2n})에 해당하는 값 (z_{1n}, z_{2n})을 나열한 행렬이고, $\mathbf{W}_1$과 $\mathbf{b}_1$은 1차 함수의 계수 및 상수항을 나열한 행렬이다.

$$\mathbf{Z} = \begin{pmatrix} z_{11} & z_{21} \\ z_{12} & z_{22} \\ z_{13} & z_{23} \\ \vdots & \vdots \end{pmatrix}, \quad \mathbf{W}_1 = \begin{pmatrix} w_{11} & w_{12} \\ w_{21} & w_{22} \end{pmatrix}, \quad \mathbf{b}_1 = (b_1, b_2) \qquad \boxed{\text{식 3.10}}$$

식 3.9의 $\oplus$는 '2.3.2 이미지 데이터 분류 알고리즘'의 식 2.29와 마찬가지로 브로드캐스팅 규칙을 적용한 덧셈으로, 함수 tnah에 대해서도 함수의 적용에 관한 브로드캐스팅 규칙을 이용하고 있다고 생각하기 바란다.

05 계속해서 은닉 계층의 값을 이용해 출력 계층의 값을 계산하는 부분은 다음과 같다.

$$\mathbf{P} = \sigma(\mathbf{ZW}_0 \oplus b_0) \qquad \boxed{\text{식 3.11}}$$

여기서 $\mathbf{P}$는 n번째 데이터에 대한 출력값($t = 1$인 확률) P_n을 나열한 행렬이고, $\mathbf{W}_0$은 1차 함수의 계수를 나열한 행렬이다.

$$\mathbf{P} = \begin{pmatrix} P_1 \\ P_2 \\ P_3 \\ \vdots \end{pmatrix}, \quad \mathbf{W}_0 = \begin{pmatrix} w_{10} \\ w_{20} \end{pmatrix} \qquad \boxed{\text{식 3.12}}$$

b_0은 1차 함수의 상수항 값으로 식 3.11을 계산할 때는 앞에서와 마찬가지로 브로드

캐스팅 규칙을 적용하고 있다. 식 3.8 ~ 3.12의 관계를 모아서 텐서플로 코드로 작성한 것이 다음과 같다.

[SNE-04]

```
 1: num_units = 2
 2: mult = train_x.flatten().mean()
 3:
 4: x = tf.placeholder(tf.float32, [None, 2])
 5:
 6: w1 = tf.Variable(tf.truncated_normal([2, num_units]))
 7: b1 = tf.Variable(tf.zeros([num_units]))
 8: hidden1 = tf.nn.tanh(tf.matmul(x, w1) + b1*mult)
 9:
10: w0 = tf.Variable(tf.zeros([num_units, 1]))
11: b0 = tf.Variable(tf.zeros([1]))
12: p = tf.nn.sigmoid(tf.matmul(hidden1, w0) + b0*mult)
```

이 코드는 약간 보충 설명이 필요하다. 먼저, 1행의 변수 num_units는 은닉 계층의 노드 개수를 지정하는 것이다. 여기서는 2를 지정하고 있는데, 노드 개수를 변경해서 결과가 어떻게 달라지는지 확인할 수 있게 되어 있다. 2행은 트레이닝 세트 데이터에 포함되는 모든 x_1과 x_2 값의 평균값을 계산하고 있다. 이는 이후에 파라미터 최적화를 고속화하는 테크닉에 사용된다.

4행의 x는 식 3.8의 X에 해당하는 Placeholder다. 늘 그랬듯이 저장할 데이터를 임의의 개수만큼 받아들일 수 있도록 [None, 2]라는 크기로 지정하고 있다. 또한, 6행과 7행의 w1과 b1은 식 3.10의 $\mathbf{W}_1$과 $\mathbf{b}_1$에 해당하는 Variable이다.

여기서 w1은 난수를 이용해 초깃값을 결정하고 있다는 점에 주의하기 바란다. tf.truncated_normal은 지정된 크기의 다차원 리스트에 해당하는 Variable을 준비해서 각각의 요소를 평균 0, 표준편차 1인 정규분포를 따르는 난수로 초기화한다. 0을 중심으로 해서 대략 ±1의 범위에 있는 난수라고 생각하면 된다.[2] 지금까지 Variable의 초깃값은 모두 0으로 설정해 왔는데, 은닉 계층의 계수에 대해서는 이와 같이 난수로 초기화할 필요가 있다. 이들 계수를 0으로 초기화하면 최초의 상태가 오차 함

2 　엄밀히 말하면 tf.truncated_normal은 표준편차의 두 배를 넘는 값은 생성하지 않게 되어 있다. 통상의 정규분포가 필요한 경우에는 tf.random_normal을 사용한다.

수의 정류점과 일치해서 경사 하강법에 의한 최적화가 진행되지 않는 경우가 있기 때문이다.

8행은 식 3.9에 해당하는 계산식이다. `tf.nn.tanh`는 하이퍼볼릭 탄젠트에 해당하는 함수이고, 변수 `hidden1`은 식 3.10의 $\mathbf{Z}$에 해당한다. 여기서 8행의 마지막 부분에는 상수항 b1에, 2행에서 계산한 변수 `mult`(모든 x_1과 x_2의 평균값)를 곱하고 있다. 이것이 앞서 이야기한, 파라미터 최적화를 고속화하는 테크닉이다. 식 3.9를 충실하게 코드화하면 변수 `mult`를 곱하는 부분은 불필요하지만, 그렇게 하면 파라미터 최적화가 극단적으로 느려진다.[3]

마찬가지로 10~12행은 식 3.11의 계산식에 해당한다. `w0`은 식 3.12의 $\mathbf{W}_0$에 해당하는 Variable이고, `b0`은 상수항 b_0에 해당하는 Variable이다. 또한, `p`는 식 3.12의 $\mathbf{P}$에 해당하는 계산식이다. 앞에서와 마찬가지 이유로 상수항 `b0`에는 변수 `mult`를 곱하고 있다.

06 이어서 오차 함수, 트레이닝 알고리즘, 정답률 계산식을 각각 정의한다.

[SNE-05]

```
1: t = tf.placeholder(tf.float32, [None, 1])
2: loss = -tf.reduce_sum(t*tf.log(p) + (1-t)*tf.log(1-p))
3: train_step = tf.train.GradientDescentOptimizer(0.001).minimize(loss)
4: correct_prediction = tf.equal(tf.sign(p-0.5), tf.sign(t-0.5))
5: accuracy = tf.reduce_mean(tf.cast(correct_prediction, tf.float32))
```

이는 본질적으로는 '2.1.2 텐서플로를 이용한 최우추정 실행'의 [MLE-06], [MLE-07]과 동일한 내용이다. 신경망을 이용하고는 있지만 주어진 데이터 (x_1, x_2)가 $t = 1$일 확률 $P(x_1, x_2)$가 정해지면 앞으로 해야 할 처리는 출력 계층만 존재하는 단순한 모델과 별다르지 않다.

단, 3행에서 지정한 트레이닝 알고리즘은 지금까지와는 다르다. 지금까지 이용했던 `tf.train.AdamOptimizer` 대신에 여기서는 `tf.train.GradientDescentOptimizer`를 사용하

---

3   **주** 이는 이 문제에서의 특수한 상황에 따른 것이지만, 논리적인 설명이 궁금한 사람은 참고 문헌 [1]의 제4장에 있는 '4.2 퍼셉트론의 기하학적 해석'을 참고하기 바란다.

고 있다. 이는 '1.1.4 텐서플로를 이용한 파라미터 최적화'의 식 1.19에서 나타낸, 경사
하강법 알고리즘을 우직하게 적용한 간단한 트레이닝 알고리즘으로, 학습률 ϵ의 값
을 명시적으로 지정할 필요가 있다. 이번 예에서는 인수인 0.001이 학습률에 해당한
다. 이것도 파라미터 최적화를 고속화하기 위한 것으로, 이 문제의 한정된 테크닉이
다.[4]

07 이렇게 해서 필요한 준비는 마쳤다. 그 다음은 세션을 준비하고 Variable을 초기화한
후에 파라미터 최적화를 실시한다.

[SNE-06]

```
1: sess = tf.InteractiveSession()
2: sess.run(tf.initialize_all_variables())
```

[SNE-07]

```
1: i = 0
2: for _ in range(1000):
3:     i += 1
4:     sess.run(train_step, feed_dict={x:train_x, t:train_t})
5:     if i % 100 == 0:
6:         loss_val, acc_val = sess.run(
7:             [loss, accuracy], feed_dict={x:train_x, t:train_t})
8:         print ('Step: %d, Loss: %f, Accuracy: %f'
9:             % (i, loss_val, acc_val))

Step: 100, Loss: 44.921848, Accuracy: 0.430769
Step: 200, Loss: 39.270321, Accuracy: 0.676923
Step: 300, Loss: 51.999702, Accuracy: 0.584615
Step: 400, Loss: 21.701561, Accuracy: 0.907692
Step: 500, Loss: 12.708739, Accuracy: 0.953846
Step: 600, Loss: 11.935550, Accuracy: 0.953846
Step: 700, Loss: 11.454470, Accuracy: 0.953846
Step: 800, Loss: 10.915851, Accuracy: 0.953846
Step: 900, Loss: 10.570508, Accuracy: 0.953846
Step: 1000, Loss: 11.822164, Accuracy: 0.953846
```

'2.1.2 텐서플로를 이용한 최우추정 실행'의 [MLE-09]에서는 파라미터가 최적값에 수렴

4 　**㈜** 구해질 답을 처음부터 알고 있는 문제이므로 학습률을 동적으로 조정하는 알고리즘보다는 최적인 학습률을 명
시적으로 지정하는 편이 최적화 처리가 더 빠르기 때문이다. 여기서 이용한 학습률 값인 0.001은 시행착오에 의해
결정된 것이다.

하기까지 경사 하강법에 의한 파라미터 수정을 2만 회 반복해야 했다. 여기서는 그보다 훨씬 적은 횟수(1,000회)로 최적값에 수렴하고 있다. 이는 앞서 언급했듯이 1차 함수의 상수항을 1차 함수의 상수항에 mult를 곱해서 학습률을 고정한 트레이닝 알고리즘을 적용하는 테크닉에 따른 효과다. 이 예에서 보듯이 머신러닝, 특히 딥러닝에서 문제별로 개별 튜닝이 중요한 이유를 이해할 수 있을 것이다.

08 이렇게 해서 답을 구했으므로 끝으로, 얻어진 결과를 그래프로 출력해서 확인해 보겠다.

[SNE-08]

```
 1: train_set1 = train_set[train_set['t']==1]
 2: train_set2 = train_set[train_set['t']==0]
 3:
 4: fig = plt.figure(figsize=(6,6))
 5: subplot = fig.add_subplot(1,1,1)
 6: subplot.set_ylim([0,30])
 7: subplot.set_xlim([0,30])
 8: subplot.scatter(train_set1.x1, train_set1.x2, marker='x')
 9: subplot.scatter(train_set2.x1, train_set2.x2, marker='o')
10:
11: locations = []
12: for x2 in np.linspace(0,30,100):
13:     for x1 in np.linspace(0,30,100):
14:         locations.append((x1,x2))
15: p_vals = sess.run(p, feed_dict={x:locations})
16: p_vals = p_vals.reshape((100,100))
17: subplot.imshow(p_vals, origin='lower', extent=(0,30,0,30),
18:                cmap=plt.cm.gray_r, alpha=0.5)
```

이를 실행하면 그림 3-6과 같은 결과가 나온다. 이는 $t = 1$인 확률 $P(x_1, x_2)$의 값을 색의 농담으로 나타낸 것으로, 두 개의 직선에 의해 네 개의 영역으로 분할되어 있음을 알 수 있다. 이 예에서는 오른쪽 위의 영역은 $P(x_1, x_2) > 0.5$로 되어 있고, 그 밖에 세 개의 영역은 $P(x_1, x_2) < 0.5$로 되어 있다고 생각할 수 있다.

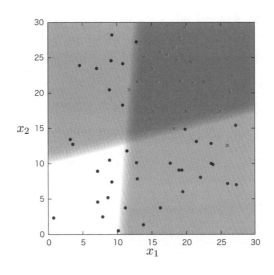

그림 3-6 은닉 계층에 의해 네 가지 영역으로 분류된 결과

한편, [SNE-08]에서는 11~16행에서 (x_1, x_2) 평면상의 각 점에 대해 $P(x_1, x_2)$ 값을 합산하고 있는데, 계산상에서 알아둘 점이 있어 여기서 보충 설명을 한다. 먼저, 11~14행에서는 (x_1, x_2) 평면($0 \leq x_1 \leq 30, 0 \leq x_2 \leq 30$)을 100×100의 영역으로 분할하고, 각 대표 점의 좌표를 1차원 리스트 locations에 저장하고 있다. 그 다음, 15행에서는 이 리스트를 Placeholder x에 저장한 상태로 계산값 p를 평가함으로써 각 점에 대한 $P(x_1, x_2)$ 값을 저장한 리스트(NumPy의 array 오브젝트)를 구하고 있다. 이를 16행에서 100×100의 2차원 리스트로 변환해서 그래프 출력이 가능한 데이터로 만들고 있다.

'2.1.2 텐서플로를 이용한 최우추정 실행'의 [MLE-10]과 [MLE-11]에서는 최적화 처리가 끝난 시점에서 파라미터값을 추출하고, 구체적인 계산식을 이용해 확률 $P(x_1, x_2)$ 값을 계산하고 있다. 이번 예에서 이와 동일한 방법을 이용할 경우 다시 한 번 [SNE-04]와 동일한 계산식을 코드로 기술할 필요가 있다. 여기서는 세션 내에서 계산함으로써 중복되는 코드 작성을 피하고 있다.

이렇게 해서 은닉 계층의 효과를 구체적으로 확인할 수 있었다. 그림 3-5에는 경계선 양측에 $z_1, z_2 = \pm 1$인 값이 명확하게 나뉘고 있다는 전제로 설명했으나, 실제로는 그림 3-3의 $y = \tanh x$의 그래프와 같이 값이 변화한다. 그 결과, 그림 3-6에서는 경계선 부분에서 완만하게 색이 변화하고 있음을 알 수 있다.

3.1.3 노드 개수와 활성화 함수 변경에 따른 효과

여기서는 단층 신경망에서 은닉 계층의 노드 개수를 늘렸을 때의 효과와 활성화 함수를 변경했을 때의 효과에 관해 설명한다. 먼저, 은닉 계층의 노드 개수를 늘리는 것은 그림 3-5에서 영역이 분할되는 개수를 늘리는 것과 같다. 보다 정확하게 말하면 노드의 개수만큼 분할선을 얻을 수 있게 되어 각 영역을 특징짓는 변수가 늘어난다. 예를 들면, M개의 노드를 이용한 경우, 각 영역은 $z_m = \pm 1 (m = 1, \cdots, M)$이라는 값 조합으로 특징지어진다.

01 구체적인 예로, 앞서 이용한 코드를 다음과 같이 변경해 보겠다.

[SNE-04]

```
1: num_units = 4
```

[SNE-05]

```
3: train_step = tf.train.GradientDescentOptimizer(0.0005).minimize(loss)
```

[SNE-06]

```
2: for _ in range(4000):
```

여기서는 변경한 부분만 기재하고 있다. 은닉 계층의 노드 개수를 네 개로 늘리고 학습률을 0.0005로 변경한 다음, 파라미터의 최적화 처리 횟수를 4,000회로 늘리고 있다. 파라미터의 수가 증가했으므로 오차 함수의 형상은 보다 복잡해졌을 것으로 생각된다. 따라서 오차 함수의 최솟값을 찾아내려면 파라미터를 보다 미세하게, 여러 번 수정해 갈 필요가 있을 것이다. 이렇게 수정한 코드를 실행하면 그림 3-7과 같은 결과가 얻어진다.[5]

---

5 📖 실행을 마친 노트북의 내용을 수정해서 재실행할 때는 '1.2.2 주피터 사용법'에서 설명한 과정에 따라 일단 커널을 재시작한 후 다시 첫 셀부터 실행하기 바란다.

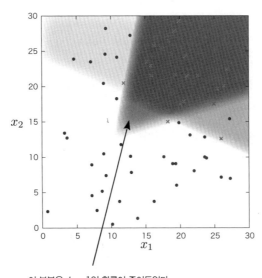

이 부분은 $t = 1$인 확률이 줄어들었다

그림 3-7 은닉 계층의 노드 개수를 늘린 효과

이 결과를 보면 $t = 1$인 확률이 높고 색이 짙은 부분의 모양이 변화했음을 알 수 있다. 'x'로 표시된 $t = 1$인 데이터를 보다 정확하게 감싸고 있으며, 데이터가 존재하지 않는 중앙 부분은 $t = 1$인 확률이 줄어들었다. 이는 세 개의 직선으로 영역을 분할해서 얻어진 것으로 이해할 수 있다. 은닉 계층에는 네 개의 노드가 있으므로 원칙적으로는 네 개의 직선으로 분할할 수 있지만, 나머지 한 개는 이 그림의 범위 밖에 존재해서 데이터를 분류하는 데에는 기여하지 못하고 있다.

이와 같이 은닉 계층의 노드를 증가시킴으로써 보다 복잡한 데이터 배치에 대응할 수 있게 된다. MNIST 데이터 세트를 이용한 필기 문자 분류의 경우 784차원 공간을 '0' ~ '9' 사이의 숫자에 대응하는 10개의 영역으로 분류해야 했다. 트레이닝 세트 데이터군이 784차원 공간에 어떻게 배치되어 있는지 상상하기는 쉽지 않지만, 어쨌든 은닉 계층을 추가하면 복잡한 데이터 배치에 적합한, 보다 정확한 분류를 할 수 있으리라 기대한다.

02 끝으로, 활성화 함수를 변경할 때의 효과를 살펴보자. 앞서 다루었듯이 다수의 파라미터를 갖는 신경망에서는 하이퍼볼릭 탄젠트보다 ReLU를 이용하는 것이 파라미터 최적화가 더 잘 이루어진다고 했다. 앞서 은닉 계층의 노드를 네 개로 늘린 예를 시도했는데, 여기서는 활성화 함수를 ReLU로 변경해 보겠다.

```
8: hidden1 = tf.nn.relu(tf.matmul(x, w1) + b1*mult)
```

tf.nn.relu는 ReLU에 해당하는 함수다. 이를 실행하면 그림 3-8과 같은 결과를 얻을 수 있다. 그림 3-3에서 알 수 있듯이 ReLU는 $x = 0$을 넘어선 후에도 값이 계속 변화한다. 이에 따라 그림 3-8에서는 경계가 완만하게 변화하고 있다. 경계의 모양을 바꾸는 것이 ReLU를 이용하는 본질적인 이유는 아니지만, 이와 같은 간단한 예를 통해 신경망을 구성하는 요소를 변경했을 때의 효과를 직감적으로 이해할 수 있다. 여기서 소개한 것 외에도 다양하게 변경해 가며 테스트해 보기 바란다.

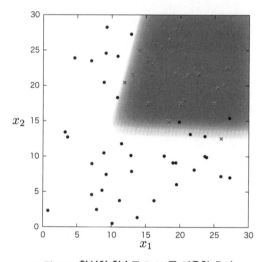

그림 3-8 활성화 함수로 ReLU를 이용한 효과

3.2 단층 신경망을 이용한 필기 문자 분류

이전 절에서는 2차원 평면의 데이터를 분류하는 이항 분류기를 예로 들어 단층 신경망의 구조를 이해했다. 또한, 단층 신경망을 텐서플로 코드로도 표현했었다. 여기서는 이와 같은 방법을 MNIST의 필기 문자 데이터 세트 분류 문제에 적용해 보도록 한다.

3.2.1 단층 신경망을 이용한 다항 분류기

먼저, 사용할 신경망의 전체 모습을 그림 3-9에 나타냈다. 입력 계층의 데이터 개수와 은닉 계층의 노드 개수를 증가시키고, 출력 계층에 소프트맥스 함수를 이용한다는 점이 앞서와는 다른 점이다. 이후 계산에서 은닉 계층의 노드 개수를 1,024로 설정하는데, 여기서는 일반적으로 M개의 노드가 있다고 가정하고 계산하겠다.

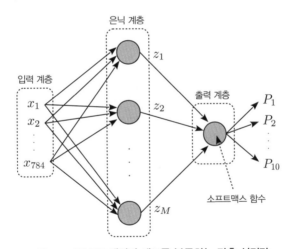

그림 3-9 MNIST 데이터 세트를 분류하는 단층 신경망

소프트맥스 함수는 '2.2.2 소프트맥스 함수를 이용한 확률로의 변환'의 식 2.25, 2.26과 같다. 입력 계층에 주어진 데이터로부터 1차 함수와 활성화 함수 조합을 거쳐 은닉 계층의 출력($z_1, z_2, \cdots, z_M$)을 얻기까지는 앞에서와 동일하게 계산한다. 그 다음에 여기서 얻은 출력을 기반으로 다음 계산식으로 '0' ~ '9' 사이의 각각의 문자일 확률을 개별로 계산한다.

$$f_k(z_1, \cdots, z_M) = w_{1k}^{(0)} z_1 + \cdots + w_{Mk}^{(0)} z_M + b_k^{(0)} \ (k = 1, \cdots, 10)$$

식 3.13

$$P_k = \frac{e^{f_k}}{\sum_{k'=1}^{10} e^{f_{k'}}} \ (k = 1, \cdots, 10)$$

식 3.14

식 3.13에 포함된 파라미터에 오른쪽 위에 있는 첨자(0)는 출력 계층의 파라미터임을 나타내는 것이다. 이는 은닉 계층의 파라미터와 구별하기 위해 붙인 것이다. 식 3.13에 따라 확률 P_k를 계산할 수 있으면 이후 처리는 지금까지와 동일하다. '2.3.2 이미지 데이터 분류 알고리즘'의 식 2.37 ~ 2.43과 동일한 방법으로 오차 함수를 정의하고 이를 최소화하도록 파라미터를 최적화한다.

그러면 지금까지의 내용을 텐서플로 코드로 표현하고 실제로 실행해 보자. 이에 해당하는 노트북은 'Chapter03/MNIST single layer network.ipynb'다.

01 먼저, 모듈을 임포트하고 난수의 시드를 설정한다. 은닉 계층의 파라미터를 난수로 초기화하기 위해 7행에서 텐서플로 모듈에 대한 시드도 설정하고 있다.

[MSL-01]
```
1: import tensorflow as tf
2: import numpy as np
3: import matplotlib.pyplot as plt
4: from tensorflow.examples.tutorials.mnist import input_data
5:
6: np.random.seed(20160612)
7: tf.set_random_seed(20160612)
```

02 이어서 MNIST 데이터 세트를 다운로드한다.

[MSL-02]
```
1: mnist = input_data.read_data_sets("/tmp/data/", one_hot=True)
```

03 여기서 그림 3-9에 나타낸 단층 신경망에 해당하는 계산식을 정의한다.

[MSL-03]
```
1: num_units = 1024
2:
3: x = tf.placeholder(tf.float32, [None, 784])
```

```
 4:
 5: w1 = tf.Variable(tf.truncated_normal([784, num_units]))
 6: b1 = tf.Variable(tf.zeros([num_units]))
 7: hidden1 = tf.nn.relu(tf.matmul(x, w1) + b1)
 8:
 9: w0 = tf.Variable(tf.zeros([num_units, 10]))
10: b0 = tf.Variable(tf.zeros([10]))
11: p = tf.nn.softmax(tf.matmul(hidden1, w0) + b0)
```

1행은 은닉 계층의 노드 개수를 변수 num_units에 설정하고 있다. 3행의 x는 입력 계층의 데이터에 해당하는 Placeholder이고, 5~7행은 은닉 계층의 출력 hidden1을 계산하고 있다. 이 부분은 입력 계층의 데이터 개수만 두 개에서 784개로 변경된 것으로, '3.1.2 은닉 계층의 역할'의 [SNE-04]에서 정의한 내용과 본질적으로 같다. 그리고 9~11행은 은닉 계층의 출력 결과로 소프트맥스 함수를 이용해 확률을 계산하는 부분이다. 여기는 입력 계층이 x에서 hidden1로 바뀐 것 외에는 '2.3.3 텐서플로를 이용한 트레이닝 실행'의 [MSE-03]과 본질적으로 같다.

04 이어서 오차 함수 loss, 트레이닝 알고리즘 train_step, 정답률 accuracy를 정의한다. 이 부분은 [MSE-04], [MSE-05]와 같은 내용이다.

[MSL-04]

```
 1: t = tf.placeholder(tf.float32, [None, 10])
 2: loss = -tf.reduce_sum(t * tf.log(p))
 3: train_step = tf.train.AdamOptimizer().minimize(loss)
 4: correct_prediction = tf.equal(tf.argmax(p, 1), tf.argmax(t, 1))
 5: accuracy = tf.reduce_mean(tf.cast(correct_prediction, tf.float32))
```

05 끝으로, 세션을 준비하고 파라미터를 최적화한 다음, 분류 결과를 출력한다. 이 부분의 코드는 [MSE-06] ~ [MSE-08]과 정확히 일치하므로 여기에는 코드를 기재하지 않고, 파라미터를 최적화했을 때의 출력 결과는 다음과 같다.

```
Step: 100, Loss: 3136.286377, Accuracy: 0.906700
Step: 200, Loss: 2440.697021, Accuracy: 0.928000
Step: 300, Loss: 1919.005249, Accuracy: 0.941900
Step: 400, Loss: 1982.860718, Accuracy: 0.939400
Step: 500, Loss: 1734.469971, Accuracy: 0.945500
…… 중략 ……
Step: 1600, Loss: 1112.656494, Accuracy: 0.966600
Step: 1700, Loss: 953.149780, Accuracy: 0.972200
Step: 1800, Loss: 960.959900, Accuracy: 0.970900
```

```
Step: 1900, Loss: 1035.524414, Accuracy: 0.967900
Step: 2000, Loss: 990.451965, Accuracy: 0.970600
```

테스트 세트에 대해 최종적으로 약 97%의 정답률을 달성하고 있다. 출력 계층의 소
프트맥스 함수만을 이용했을 때의 정답률은 [MSE-07]에서 확인했듯이 92%였으므로
크게 개선되었다고 할 수 있다. 참고로 분류 결과의 샘플은 그림 3-10과 같다. '2.3.3
텐서플로를 이용한 트레이닝 실행'의 그림 2.23과 마찬가지로 각각의 문자에 대해 정
답과 오답 예를 세 개씩 표시하고 있다. 출력 계층만을 이용한 그림 2.23과 비교해
어떻게 달라졌는지 관찰해 보기 바란다.

그림 3-10 단층 신경망에 의한 분류 결과

3.2.2 텐서보드를 이용한 네트워크 그래프 확인

지금까지 단층 신경망을 텐서플로 코드로 표현해서 파라미터를 최적화하는 데 성공했다.
그러나 이후 더 복잡한 신경망을 다루게 되면 의도했던 신경망을 제대로 구성했는지 의

심이 들기도 한다. 이럴 경우에 이용할 수 있는 것이 텐서플로의 시각화 도구인 **텐서보드** (TensorBoard)다.

텐서보드를 이용하면 코드 내에 정의한 신경망의 구조(네트워크 그래프)를 그래픽으로 표시하고, 노드 간 연결 관계를 눈으로 보면서 확인할 수 있다. 그 밖에 최적화를 진행하면서 각종 파라미터(Variable)나 오차 함수의 값이 어떻게 변화하는지를 그래프로 출력할 수도 있다. 단, 텐서보드를 사용할 경우에는 다음과 같은 점을 고려해서 코드를 작성해야 한다.

- **with 구문**을 이용해 그래프 컨텍스트(graph context) 내에 Placeholder, Variable, 계산식을 기재한다.
- with 구문에 의한 네임 스코프(name scope, 이름 범위)를 이용해 입력 계층, 은닉 계층, 출력 계층에서 구성 요소를 그룹화한다.
- 네트워크 그래프에 부여할 라벨명을 코드 내에 지정한다.
- 그래프에 표시할 파라미터를 선언하고, SummaryWriter 오브젝트로 데이터를 쓴다.

여기서는 앞서 필기 문자 분류에 사용한 코드를 위와 같은 사항을 고려해서 재작성한 예를 소개한다. 이에 해당하는 노트북은 'Chapter03/MNIST single layer network with TensorBoard.ipynb'다. 단, with 구문을 이용해 코드를 기재하기 위해 각종 정의를 하나의 블록에 정리할 필요가 있으며, 이를 주피터 노트북상에서 복수의 셀에 나누어 코드를 기재하기가 어려워진다. 여기서는 신경망의 구성 요소를 하나의 클래스로 모아서 정의하는 형태로 코드를 작성하고 있다.

01 먼저, 필요한 모듈을 임포트하고 MNIST 데이터 세트를 준비한다. 이 부분은 앞서와 같다.

[MST-01]

```
1: import tensorflow as tf
2: import numpy as np
3: import matplotlib.pyplot as plt
4: from tensorflow.examples.tutorials.mnist import input_data
5:
6: np.random.seed(20160612)
7: tf.set_random_seed(20160612)
```

```
1: mnist = input_data.read_data_sets("/tmp/data/", one_hot=True)
```

02 이어서 신경망의 구성 요소를 하나로 모은 클래스 SingleLayerNetwork를 준비한다.

[MST-03]

```
 1: class SingleLayerNetwork:
 2:     def __init__(self, num_units):
 3:         with tf.Graph().as_default():
 4:             self.prepare_model(num_units)
 5:             self.prepare_session()
 6:
 7: def prepare_model(self, num_units):
 8:     with tf.name_scope('input'):
 9:         x = tf.placeholder(tf.float32, [None, 784], name='input')
10:
11:     with tf.name_scope('hidden'):
12:         w1 = tf.Variable(tf.truncated_normal([784, num_units]),
13:                          name='weights')
14:         b1 = tf.Variable(tf.zeros([num_units]), name='biases')
15:         hidden1 = tf.nn.relu(tf.matmul(x, w1) + b1, name='hidden1')
16:
17:     with tf.name_scope('output'):
18:         w0 = tf.Variable(tf.zeros([num_units, 10]), name='weights')
19:         b0 = tf.Variable(tf.zeros([10]), name='biases')
20:         p = tf.nn.softmax(tf.matmul(hidden1, w0) + b0, name='softmax')
21:
22:     with tf.name_scope('optimizer'):
23:         t = tf.placeholder(tf.float32, [None, 10], name='labels')
24:         loss = -tf.reduce_sum(t * tf.log(p), name='loss')
25:         train_step = tf.train.AdamOptimizer().minimize(loss)
26:
27:     with tf.name_scope('evaluator'):
28:         correct_prediction = tf.equal(tf.argmax(p, 1), tf.argmax(t, 1))
29:         accuracy = tf.reduce_mean(tf.cast(correct_prediction,
30:                                           tf.float32), name='accuracy')
31:
32:     tf.scalar_summary("loss", loss)
33:     tf.scalar_summary("accuracy", accuracy)
34:     tf.histogram_summary("weights_hidden", w1)
35:     tf.histogram_summary("biases_hidden", b1)
36:     tf.histogram_summary("weights_output", w0)
37:     tf.histogram_summary("biases_output", b0)
38:
39:     self.x, self.t, self.p = x, t, p
40:     self.train_step = train_step
41:     self.loss = loss
42:     self.accuracy = accuracy
```

```
43:
44: def prepare_session(self):
45:     sess = tf.InteractiveSession()
46:     sess.run(tf.initialize_all_variables())
47:     summary = tf.merge_all_summaries()
48:     writer = tf.train.SummaryWriter("/tmp/mnist_sl_logs", sess.graph)
49:
50:     self.sess = sess
51:     self.summary = summary
52:     self.writer = writer
```

2~5행은 이 클래스의 인스턴스를 생성할 때 최초에 호출되는 생성자(constructor)다. 은닉 계층의 노드 개수를 인수로 받아들인 후 3행의 with 구문으로 '그래프 컨텍스트' 를 시작하고 있다. 이 컨텍스트 내에 prepare_model(각종 구성 요소 정의)과 prepare_ session(세션 준비)을 호출함으로써 여기서 정의된 내용이 네트워크 그래프로 출력 된다.

7~42행의 prepare_model 정의를 보면 8~30행은 [MSL-03], [MSL-04]와 거의 동일 한 내용임을 알 수 있다. 여기서는 입력 계층, 은닉 계층, 출력 계층 각각에 포함된 Placeholder, Variable, 계산식을 비롯해 오차 함수, 트레이닝 알고리즘, 정답률 등을 정의하고 있다. 이때 8, 11, 17, 22, 27행에는 with 구문으로 개별 '네임 스코프'의 컨텍 스트를 설정하고 있다. 이는 각각의 구성 요소를 그룹화하는 것으로, 네트워크 그래 프를 출력할 때 동일한 그룹의 요소가 하나의 틀 안에 모여서 출력된다. with 구문으 로 네임 스코프를 설정할 때는 인수로 그룹 이름을 지정한다. 또한, 각각의 요소에 대해 name 옵션으로 네트워크 그래프상에 표시될 이름을 지정하고 있다.

32~37행은 값의 변화를 그래프에 출력할 요소를 선언하고 있다. tf.scalar_summary는 오차 함수나 정답률과 같이 단일 값을 취하는 요소에 대해 그 변화를 꺾은선 그래프 로 출력한다. tf.histogram_summary는 복수의 요소를 포함하는 다차원 리스트에 대 해 각 값의 분포를 히스토그램에 표시한다. 일반적으로 오차 함수나 정답률 값의 변 화를 꺾은선 그래프로 보면서 파라미터(Variable) 값에 대해서는 분포의 변화를 히스 토그램으로 확인하는 형태가 된다. 마지막에 39~42행에서는 클래스 외부에서 참조 할 필요가 있는 변수를 인스턴스 변수로 공개하고 있다.

그 다음, 44~52행의 prepare_session에서는 세션을 준비하고 Variable을 초기화하고, 텐서보드가 참조할 데이터의 출력을 준비한다. 47행은 32~37행에서 선언한 요소를 모아서 summary 오브젝트를 생성해서 변수 summary에 저장한다. 48행은 데이터를 출력할 디렉터리(이 예에서는 /tmp/mnist_sl_logs)를 지정하고, 데이터 출력용 SummaryWriter 오브젝트를 생성한 다음, 변수 writer에 저장하고 있다.

50~52행에서는 세션 오브젝트인 sess와 함께 이들 오브젝트를 인스턴스 변수로 공개하고 있다. 이후 파라미터를 최적화하면서 이들 오브젝트를 이용해 텐서보드가 참조하는 데이터를 출력한다.

03 데이터를 출력할 디렉터리에 이전에 실행했을 때의 데이터가 남아 있으면 텐서보드 출력이 뒤섞이므로 여기서 데이터 출력용 디렉터리를 삭제해서 초기화한다.

[MST-04]

```
1: !rm -rf /tmp/mnist_sl_logs
```

04 이어서 파라미터를 최적화한다.

[MST-05]

```
 1: nn = SingleLayerNetwork(1024)
 2:
 3: i = 0
 4: for _ in range(2000):
 5:     i += 1
 6:     batch_xs, batch_ts = mnist.train.next_batch(100)
 7:     nn.sess.run(nn.train_step, feed_dict={nn.x: batch_xs, nn.t: batch_ts})
 8:     if i % 100 == 0:
 9:         summary, loss_val, acc_val = nn.sess.run(
10:             [nn.summary, nn.loss, nn.accuracy],
11:             feed_dict={nn.x:mnist.test.images, nn.t: mnist.test.labels})
12:         print ('Step: %d, Loss: %f, Accuracy: %f'
13:                % (i, loss_val, acc_val))
14:         nn.writer.add_summary(summary, i)
```

이 코드는 본질적으로는 텐서보드를 사용하지 않았던 앞서의 예([MSL-05] ~ [MSL-06] 또는 [MSE-06] ~ [MSE-08])와 동일한 내용이다. 이전 예와 다른 점은 1행에서 [MST-03] 에서 정의한 SingleLayerNetwork 클래스의 인스턴스를 생성하고, 신경망에 관련된 변수는 인스턴스 변수를 통해 참조하고 있다는 점이다. 또한, 9~11행에서는 오차 함수와 정답률을 비롯해 미리 준비한 summary 오브젝트의 내용을 변수 summary에 할당하고 있다. 그러고 나서 14행에서는 미리 준비한 SummaryWriter 오브젝트를 이용해 변수 summary의 내용을 텐서보드가 참조할 데이터 출력용 디렉터리에 쓴다. 이때 텐서보드가 그래프를 생성할 때 필요한 정보인 최적화 실행 횟수 i를 인수에 추가하고 있다.

05 이렇게 해서 텐서보드에 전달할 데이터 준비를 마쳤다. 텐서보드를 실행하고 결과를 확인해 보자. 주피터에서 텐서보드를 실행할 때는 그림 3-11의 풀다운 메뉴에서 'New' → 'Terminal'을 선택해서 명령 터미널을 연다. 그러고 나서 명령 터미널 내에서 다음 명령을 실행한다. --logdir 옵션에는 앞서 데이터를 출력한 디렉터리를 지정한다.

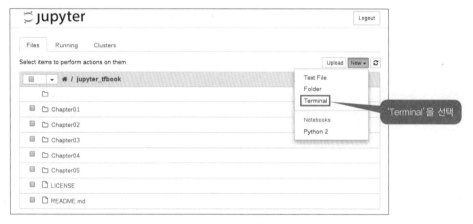

그림 3-11 **명령 터미널을 여는 메뉴**

```
# tensorboard --logdir=/tmp/mnist_sl_logs
```

06 그러고 나서 웹 브라우저를 열고 URL 'http://<서버 IP 주소>:6006'에 접속하면 그림 3-12, 3.13과 같은 화면이 표시된다. 그림 3-12 위쪽은 'EVENTS' 메뉴에서 정답률과 오차 함수의 값을 그래프 출력한 것이고, 아래쪽은 'HISTOGRAMS' 메뉴에서 파라미터(Variable)의 변화를 히스토그램으로 출력한 것이다. 이 히스토그램은 다수의 파라미터값이 어떻게 분포하고 있는지를 나타낸 것이다.

그림 3-12 텐서보드로 파라미터의 변화를 그래프로 출력한 모습

또한, 그림 3-13은 신경망에 포함된 요소 간 연결 관계를 나타낸다. [MST-03]에서 각각의 요소를 정의할 때 with 구문에 의한 네임 스코프를 이용해 요소를 그룹화했는데, 그림 3-13의 위쪽은 각각의 그룹을 큰 영역에 모아서 표시하고 있다. 각각의 영역을 열면 내부 구성을 확인할 수 있으며, 그림 3-13의 아래쪽에는 은닉 계층에 해당하는 'hidden'의 내부를 열었을 때를 나타냈다.

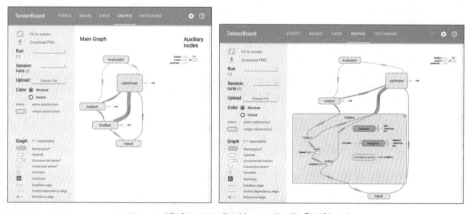

그림 3-13 텐서보드로 네트워크 그래프를 출력한 모습

07 끝으로, 명령 터미널 내에서 [Ctrl] + [C]를 눌러서 앞서 실행한 텐서보드를 정지한 다음, exit 명령으로 터미널 프로세스를 종료한다.

```
# exit ⏎
```

칼럼 프로세스를 종료하지 않고 터미널 화면을 닫은 경우

⑦단계를 수행하지 않고 명령 터미널 화면을 닫은 경우 터미널 프로세스는 그대로 계속 실행 중인 상태로 남아 있다. 이런 경우에는 파일 목록 화면에서 'Running' 탭을 선택하면 그림 3-14와 같이 가동 중인 프로세스를 확인할 수 있다. 여기서 'Shutdown'을 클릭해서 실행 중인 터미널 프로세스를 정지한다.

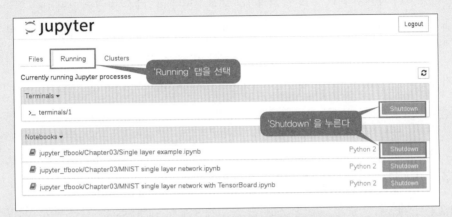

그림 3-14 **터미널 및 커널 프로세스를 정지하는 방법**

또한, 이 화면에는 노트북을 실행 중인 커널 프로세스도 목록에 표시된다. 커널 프로세스는 노트북을 닫아도 그대로 계속 실행되고 있으므로 불필요한 커널은 이 화면에서 정지하도록 한다. 특히, 이후에는 메모리 용량을 많이 필요로 하는 예제 코드가 많다. 이 시점에서 일단 실행 중인 커널을 모두 정지해서 여유 메모리를 확보하도록 하자.

다층 신경망으로의 확장

지금까지 은닉 계층이 하나인 단층 신경망에 관해 설명했다. 다음 단계로 은닉 계층을 증가시킨 신경망을 생각해 볼 수 있다. 하지만 딥러닝의 구조를 이해하는 측면에서는 무작정 은닉 계층을 추가하기보다는 새로 추가한 은닉 계층이 갖는 '역할'을 이해하는 것이 중요하다. 여기서는 2차원 평면의 데이터를 이용한 예로 돌아가서 은닉 계층을 추가하는 의미를 파악해 보고자 한다.

3.3.1 다층 신경망의 효과

'3.1.2 은닉 계층의 역할'의 그림 3-5에서는 은닉 계층에 두 개의 노드를 갖는 단층 신경망으로 평면을 네 개의 영역으로 분할할 수 있음을 나타냈다. 그 결과, 그림 3-6과 같이 배치된 데이터를 제대로 분류할 수 있었다. 그렇다면 동일한 단층 신경망을 이용해 그림 3-15처럼 배치된 데이터를 분류할 수 있을까?

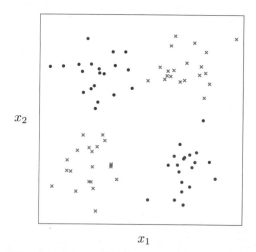

그림 3-15 교차하는 위치에 다른 타입의 데이터가 배치된 패턴

정답을 말하자면 안타깝게도 이는 불가능하다. 그 이유는 다음과 같이 설명할 수 있다. 앞서 그림 3-5에서 봤듯이 은닉 계층에 있는 두 개의 노드에 의해 (x_1, x_2) 평면은 $(z_1, z_2) = (-1, -1), (-1, 1), (1, -1), (1, 1)$이라는 네 개의 영역으로 분할되었다. 그리고 이 값들을 전달받은 출력 계층은 다음 함수에 의해 $t = 1$일 확률을 계산한다.

$$P = \sigma(w_{10}z_1 + w_{20}z_2 + b_0)$$

식 3.15

여기서 시그모이드 함수 내에 있는 1차 함수를 $g(z_1, z_2)$라고 하겠다.

$$g(z_1, z_2) = w_{10}z_1 + w_{20}z_2 + b_0$$

식 3.16

이때 $g(z_1, z_2) = 0$은 (z_1, z_2) 평면상의 직선을 나타내며 식 3.15는 이 직선을 기준으로 $t = 1$인 영역과 $t = 0$인 영역을 분할하는 것을 뜻한다. 그림 3-16을 보면 알 수 있듯이 서로 교차하는 위치에 서로 다른 타입의 데이터가 있을 경우 이를 직선으로는 분류할 수 없다. 그림 3-5를 보면서 (x_1, x_2) 평면과 (z_1, z_2) 값 사이의 관계를 다시 생각해 보면 그림 3-5와 같은 배치를 갖는 데이터는 제대로 분류할 수 있는 반면, 그림 3-15와 같은 배치에는 적용할 수 없음을 알 수 있다.

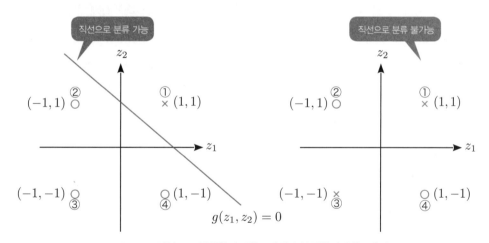

그림 3-16 직선으로 분류할 수 있는 배치와 분류할 수 없는 배치

이는 출력 계층이 (z_1, z_2) 평면을 단순하게 직선으로 분할하려는 데 문제가 있다. 출력 계층의 기능을 확장해서 더 복잡하게 분할할 수 있게 된다면 이런 문제를 해결할 가능성이 높아질 것이다. 그렇다면 '출력 계층을 확장'하려면 어떤 방법이 있을까?

사실 이는 출력 계층을 신경망으로 구성하는 방법을 통해 해결할 수 있다. "신경망의 출력 계층을 신경망으로 구성한다는 게 무슨 뜻이지?"라고 의문을 가질 수 있을 텐데, 요컨대 그림 3-17에 나타냈듯이 은닉 계층이 두 개의 계층으로 된 신경망을 구성하는 것을 말한다. 첫 번째 은닉 계층이 출력하는 (z_1, z_2) 값을 두 번째 은닉 계층 이후 부분에서 처리함으로써 그림 3-15와 같은 데이터 배치를 제대로 분류할 수 있게 된다.

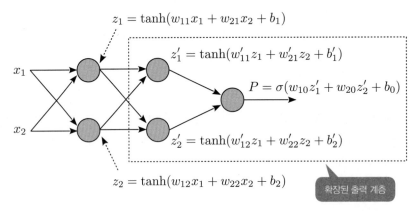

$$z_1 = \tanh(w_{11}x_1 + w_{21}x_2 + b_1)$$

$$z'_1 = \tanh(w'_{11}z_1 + w'_{21}z_2 + b'_1)$$

$$P = \sigma(w_{10}z'_1 + w_{20}z'_2 + b_0)$$

$$z'_2 = \tanh(w'_{12}z_1 + w'_{22}z_2 + b'_2)$$

$$z_2 = \tanh(w_{12}x_1 + w_{22}x_2 + b_2)$$

확장된 출력 계층

그림 3-17 출력 계층을 확장한 신경망

01 이유는 나중에 설명하기로 하고, 먼저 텐서플로 코드를 이용해 실제 결과를 확인해 보자. 이에 해당하는 노트북은 'Chapter03/Double layer network example.ipynb'다. 이는 '3.1.2 은닉 계층의 역할'에서 설명한 'Chapter03/Single layer network example. ipynb'에서 신경망 구성을 변경한 것 외에는 본질적인 차이가 없다. 신경망을 구성하는 부분의 코드는 다음과 같다.

[DNE-04]

```
 1: num_units1 = 2
 2: num_units2 = 2
 3:
 4: x = tf.placeholder(tf.float32, [None, 2])
 5:
 6: w1 = tf.Variable(tf.truncated_normal([2, num_units1]))
 7: b1 = tf.Variable(tf.zeros([num_units1]))
 8: hidden1 = tf.nn.tanh(tf.matmul(x, w1) + b1)
 9:
10: w2 = tf.Variable(tf.truncated_normal([num_units1, num_units2]))
11: b2 = tf.Variable(tf.zeros([num_units2]))
12: hidden2 = tf.nn.tanh(tf.matmul(hidden1, w2) + b2)
13:
14: w0 = tf.Variable(tf.zeros([num_units2, 1]))
```

```
15: b0 = tf.Variable(tf.zeros([1]))
16: p = tf.nn.sigmoid(tf.matmul(hidden2, w0) + b0)
```

1행과 2행에서는 각각 첫 번째와 두 번째 은닉 계층의 노드 개수를 지정하고 있다. 그 다음에 입력 계층 x, 첫 번째 은닉 계층 hidden1, 두 번째 은닉 계층 hidden2, 출력 계층 p를 차례로 정의하고 있다. 관심이 있다면 식 3.8 ~ 3.12를 참고하여 이들의 관계를 행렬 형식으로 표현하고, 그림 3-17에 나타낸 입출력 관계가 분명하게 성립한다는 것을 확인해 보면 좋을 것이다. 규칙적인 코드로 되어 있으므로 여기서 은닉 계층을 더 추가하더라도 어렵지는 않을 것이다.

02 한편, 이 코드에서는 [SNE-04]와 달리 상수 mult를 곱해서 고속화하는 테크닉은 사용하지 않고 있다. 처음에 준비한 트레이닝 세트 데이터를 잘 조정해서 이러한 테크닉이 불필요한 상태로 되어 있기 때문이다. 구체적으로는 다음 코드로 트레이닝 세트 데이터를 생성하고 있다.

[DNE-02]
```
 1: def generate_datablock(n, mu, var, t):
 2:     data = multivariate_normal(mu, np.eye(2)*var, n)
 3:     df = DataFrame(data, columns=['x1','x2'])
 4:     df['t'] = t
 5:     return df
 6:
 7: df0 = generate_datablock(30, [-7,-7], 18, 1)
 8: df1 = generate_datablock(30, [-7,7], 18, 0)
 9: df2 = generate_datablock(30, [7,-7], 18, 0)
10: df3 = generate_datablock(30, [7,7], 18, 1)
11:
12: df = pd.concat([df0, df1, df2, df3], ignore_index=True)
13: train_set = df.reindex(permutation(df.index)).reset_index(drop=True)
```

7~10행을 보면 알 수 있듯이 원점을 둘러싸고 $(-7, -7), (-7, 7), (7, -7), (7, 7)$을 중심으로 하는 네 개의 영역에 데이터를 배치하고 있다. 이는 데이터 전체 값의 평균이 거의 0이 되는 것을 의미하며, 이에 따라 앞서 말한 테크닉이 불필요해진다.[6] 물론 현실에서의 데이터는 이와 같은 조건을 만족하지 않겠지만, 그런 경우에는 데이터 전체에 일정한 값을 더해서

---

6 🔧 데이터의 평균값이 0에 가까워지면 앞서 말한 테크닉이 불필요해지는 이유에 대해서는 '3.1.2 은닉 계층의 역할' 에서 소개한 [1]에서 설명하고 있다.

평균을 0으로 수정한 다음에 분류하는 방법도 있다. 이는 이른바 '데이터 전처리(data pre-processing)[7]'에 해당하는 과정 중 하나다. 그 밖에는 데이터 전체에 상수를 곱해 데이터의 분산을 1로 조정하는 방식도 자주 사용된다.

그러고 나서 시그모이드 함수에 의한 출력 계층의 값 p를 정의할 수 있다면 이후 처리는 지금까지와 비슷하다. 오차 함수, 트레이닝 알고리즘, 정답률을 정의한 후에 트레이닝 알고리즘을 이용해 파라미터를 최적화하면 최종적으로 그림 3-18과 같은 결과가 얻어진다. 이를 보면 데이터의 특징을 포착해 적절하게 분류되었음을 알 수 있다. 작위적으로 준비한 데이터이기는 하지만, 놀랄 정도로 분류가 잘된 것을 볼 수 있다. 다음은 이와 같은 분류가 가능한 이유에 대해 생각해 보겠다.

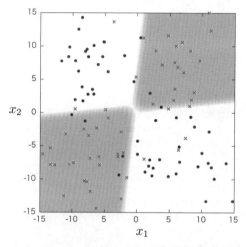

그림 3-18 2계층 신경망에 의한 분류 결과

3.3.2 특징 변수에 기반한 분류 로직

여기서는 은닉 계층을 추가함으로써 그림 3-15와 같은 데이터 배치에 대응할 수 있게 된 이유를 다소 독특한 '논리 회로' 관점에서 파악해 보자. 먼저, 첫 번째 은닉 계층의 출력은 그림 3-19와 같이 (z_1, z_2) 평면의 네 개의 점에 해당한다. 엄밀하게는 경계선 부근의 데이터에

---

7 역주 데이터를 분석할 때 데이터가 원하는 형태가 아니거나 값이 없거나 내용을 수정해야 할 필요가 생기는데, 이때 수행하는 데이터 정제, 통합, 축소, 변환 등의 작업을 '데이터 전처리'라고 한다.

대해서는 이외의 값도 나타나는데, 활성화 함수로 이용한 하이퍼볼릭 탄젠트는 -1부터 1로 급격하게 값이 변하므로 대부분의 데이터에 대해서는 (z_1, z_2)의 값은 이 네 개의 점 주위에 집약된다.

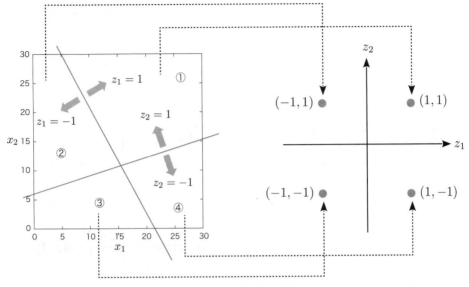

그림 3-19 **첫 번째 은닉 계층에 의한 값 변환**

그러고 나서 이 네 개의 점을 직선으로 분류했을 때 어떻게 분류되는지를 논리 연산으로 표현해 보겠다. 예를 들면, 그림 3-20의 왼쪽 위 그림은 z_1과 z_2 둘 다 1인 경우와 그렇지 않은 경우를 분류하고 있다. 이는 z_1과 z_2 값에 대한 'AND 연산'으로 볼 수 있다. 일반적인 논리 연산에서는 0과 1 값을 사용하지만, 여기서는 0 대신에 -1을 사용하고 있다고 생각하기 바란다. 또한, 그림 내의 윗줄은 '부정(NOT)'을 나타내는 기호다. 같은 방식으로 그림 3-20의 오른쪽 위 그림은 z_1과 z_2 둘 중 적어도 하나가 1인 경우와 그렇지 않은 경우를 분류하고 있으며, 이는 z_1과 z_2 값에 대한 'OR 연산'에 해당한다.

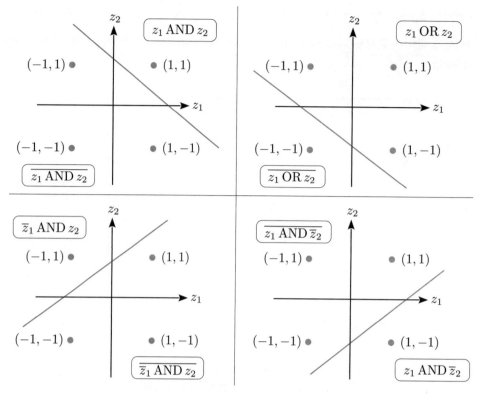

그림 3-20 (z_1, z_2) **평면의 분류와 논리 연산 간 대응 관계**

1차 함수에 활성화 함수를 결합한 노드는 일반적으로 입력 데이터를 직선으로 분류하는 성질을 갖게 되는데, 입력 데이터가 ±1인 바이너리 값인 경우에는 이와 같이 논리 연산 회로로 간주할 수 있다. 그림 3-20의 아래 두 그림의 논리 연산은 그리 간단하지는 않은데, 하나의 노드는 적어도 AND 회로(z_1 AND z_2 또는 $\overline{z_1\ \mathrm{AND}\ z_2}$) 혹은 OR 회로($z_1$ OR z_2 또는 $\overline{z_1\ \mathrm{OR}\ z_2}$)의 기능을 내포하고 있음을 알 수 있다.

좀 더 정확히 표현하면, 그림 3-20의 왼쪽 위 그림의 경우는 경계선의 오른쪽 위에서 활성화 함수가 1이 될 경우는 z_1 AND z_2를 계산하는 회로, 왼쪽 아래에서 활성화 함수가 1이 될 경우는 $\overline{z_1\ \mathrm{AND}\ z_2}$를 계산하는 회로가 된다. 그림 3-20의 오른쪽 위 그림의 OR 회로에 대해서도 마찬가지다.

반면에 그림 3-16의 오른쪽에 나타낸 패턴, 즉 직선으로는 분류할 수 없는 패턴은 어떤 논리 연산으로 나타낼 수 있을까? 이는 z_1과 z_2가 일치하는 경우와 그렇지 않은 경우로 나눠볼 수 있으며, 논리 연산으로 보면 XOR 연산에 해당한다. 표 3.2에 나타낸 논리 연산 규칙을 참고하기 바란다.

표 3.2 논리 연산 규칙

AND 연산

1 AND 1	1	$\overline{1\,AND\,1}$	0
1 AND 0	0	$\overline{1\,AND\,0}$	1
0 AND 1	0	$\overline{0\,AND\,1}$	1
0 AND 0	0	$\overline{0\,AND\,0}$	1

OR 연산

1 OR 1	1	$\overline{1\,OR\,1}$	0
1 OR 0	1	$\overline{1\,OR\,0}$	0
0 OR 1	1	$\overline{0\,OR\,1}$	0
0 OR 0	0	$\overline{0\,OR\,0}$	1

XOR 연산

1 XOR 1	0
1 XOR 0	1
0 XOR 1	1
0 XOR 0	0

이제 어디선가 한 번쯤 배웠을(?) 논리 회로 조합 법칙을 상기해 보기 바란다. AND 회로와 OR 회로가 있을 때 이를 세 가지로 조합하면 XOR 회로를 만들 수 있다. 이것이 바로 그림 3-17의 '확장된 출력 계층'에 해당한다. 여기에 포함된 세 개 노드의 파라미터를 조정해서 그림 3-21의 논리 회로를 구성하면 그림 3-16의 오른쪽에 있는 패턴을 분류할 수 있게 되는 것이다. 표 3.2의 규칙을 이용하면 그림 3-21과 같은 조합으로 분명히 XOR 회로를 합성할 수 있음을 알 수 있다.

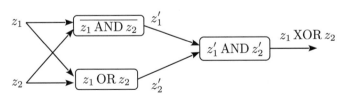

그림 3-21 **AND 회로와 OR 회로로 XOR 회로를 구성하는 방법**

이런 관점으로 2계층 신경망의 기능을 다시 한 번 정리하면 그림 3-22와 같이 이해할 수 있다. 특히 첫 번째 은닉 계층은 (x_1, x_2) 평면을 4분할하고, 각각에 $(z_1, z_2) = (-1, -1)$, $(-1, 1), (1, -1), (1, 1)$이라는 네 종류의 값을 할당한다.

원래의 데이터는 (x_1, x_2)라는 두 개의 실수로 표현되는데, $t = 0, 1$이라는 특징을 판정할 때는 ±1 값을 갖는 두 개의 바이너리 변수 (z_1, z_2)로 충분했다.

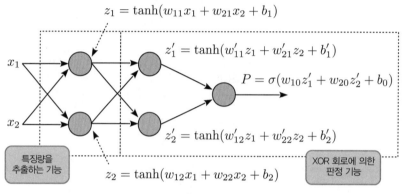

그림 3-22 **2계층 신경망의 기능 분해**

이와 같이 데이터를 분류하기 위해 필요한 '특징량'을 추출하는 것이 첫 번째 은닉 계층의 역할이다. 원본 데이터에서 분류에 필요한 특징량을 추출한 변수 (z_1, z_2)를 '특징 변수'라고 한다. 그리고 두 번째 은닉 계층은 추출된 특징량을 기반으로 $t = 0, 1$을 판정한다. 이와 같은 '**특징량 추출**' + '**특징량에 기반한 분류**'가 다층 신경망의 본질이라고 할 수 있다.

여기서 다시 한 번 1장의 그림 1.2를 다시 살펴보도록 하자. 이 신경망의 경우 '특징량에 기반한 분류'를 실행하는 것은 마지막 전 결합층과 소프트맥스 함수를 조합한 부분이다. 앞서의 예에서는 '확장된 출력 계층'에 해당하는 부분이다. 이렇게 생각하면 그 앞부분에 있는 합성곱 필터와 풀링 계층의 역할을 자연스럽게 이해할 수 있다. 입력 계층에 주어진 이미지 데이터로부터 그 특징량을 추출해서 전 결합층에 특징 변수 값을 입력하는 것이 바로 그 역할인 것이다(그림 3-23).

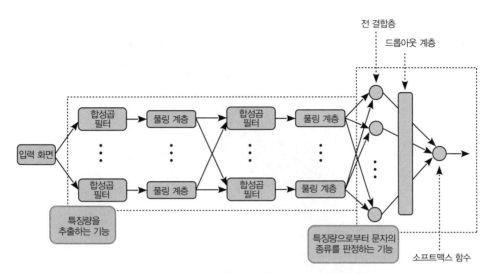

그림 3-23 **필기 문자를 분류하는 CNN의 기능 분해**

앞서 그림 3-18은 설명을 위해 준비한 간단한 예이므로 두 개의 노드로 된 은닉 계층에서 특징을 추출할 수 있었으나, MNIST 데이터 세트로 주어진 필기 문자 데이터의 경우에는 이것만으로는 충분치 않다. 필기 문자를 분류하기 위해 최적의 '특징'을 추출하려면 이미지 데이터에 특화된 전용 처리를 할 필요가 있으며, 이를 실현하는 것이 합성곱 필터와 풀링 계층인 것이다. 앞으로 제4장부터는 이에 대한 구조를 이해하고 어떻게 해서 필기 문자 이미지의 특징이 추출되는지를 알아보도록 하겠다.

3.3.3 보충: 파라미터가 극솟값으로 수렴하는 예

제4장으로 나아가기 전에 오차 함수의 극솟값에 관해 좀 더 보충 설명을 하겠다. '2.3.4 미니 배치와 확률적 경사 하강법'의 그림 2.25에서는 오차 함수가 최솟값과 극솟값을 갖는 예를 소개했다. 그림 3-18의 문제는 실제로 이런 예에 해당한다.

사실 노트북 'Chapter03/Double layer network example.ipynb'에서 본 코드에서는 최적인 분류, 즉 오차 함수가 최소가 되는 상태를 달성하도록 학습률을 제대로 설정해 두었다. 이때 학습률을 더 작게 설정해서 실행하면 오차 함수의 극솟값에 파라미터가 수렴해서 거기에서 변화하지 않게 되는 경우가 있다. 구체적인 예로 그림 3-24와 같은 결과가 얻어지는 경우가 있다.

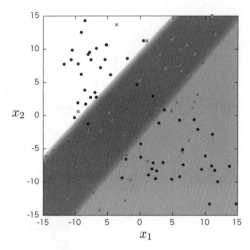

그림 3-24 오차 함수의 극솟값으로 파라미터가 수렴한 예

그림 3-18의 결과와 비교하면 정답률은 더 낮고 오차 함수의 값도 크지만, 파라미터를 아무리 반복 수정하더라도 더 이상 상태가 변하지는 않는다. 이는 그림 3-24의 상태에서 그림 3-18의 상태로 변화시키려고 하면 일단 정답률이 더 낮은 상태, 바꿔 말하면 오차 함수가 더 높아지는 상태를 지날 필요가 있기 때문이다. 학습률이 어느 정도 크다면 그러한 상태를 뛰어넘어 오차 함수가 더 작은 상태, 즉 최솟값 지점으로 나아갈 가능성도 있지만, 이 예에서는 학습률이 작기 때문에 극솟값의 골짜기 바닥에서 벗어나지 못하는 것이다.

또한, 이 예에서는 모든 데이터를 이용해 파라미터를 수정하고 있다는 점에도 주의해야 한다. 구체적인 코드는 다음 부분에 해당한다.

[DNE-07]

```
1: i = 0
2: for _ in range(2000):
3:     i += 1
4:     sess.run(train_step, feed_dict={x:train_x, t:train_t})
5:     if i % 100 == 0:
6:         loss_val, acc_val = sess.run(
7:             [loss, accuracy], feed_dict={x:train_x, t:train_t})
8:         print ('Step: %d, Loss: %f, Accuracy: %f'
9:                % (i, loss_val, acc_val))
```

4행에서 트레이닝 알고리즘 train_step에 의해 파라미터를 수정할 때 feed_dict 옵션에 트레이닝 세트의 모든 데이터를 전달하고 있다.

'2.3.4 미니 배치와 확률적 경사 하강법'에서 설명했듯이 트레이닝 세트의 일부 데이터를 이용해 파라미터를 수정하는 확률적 경사 하강법을 이용하면 극솟값의 골짜기를 벗어날 가능성도 있다. 단, 어디까지나 '확률적'인 움직임에 의존하므로 당분간은 극솟값 부근을 돌아다닌 후에 갑자기 최솟값 방향으로 향하는 움직임을 보인다.

특히, 복잡한 신경망을 이용할 경우 텐서보드로 오차 함수의 변화를 살펴보면 그림 3-25와 같이 오차 함수의 값이 계단 모양으로 변화하는 경우가 있다. 이것이 바로 극솟값 주위를 얼마간 돌아다닌 후에 갑자기 최솟값 방향으로 향하는 움직임에 해당한다. 극솟값을 갖는 위치가 여러 개 있을 경우에는 몇 단계에 걸쳐 오차 함수의 값이 변화하는 경우도 있다.

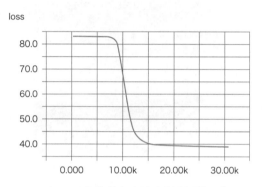

그림 3-25 오차 함수가 갑자기 감소하는 예

특히, 본격적인 딥러닝의 세계에서는 최적화 처리를 몇 시간(때에 따라서는 며칠간) 지속하면 갑자기 오차 함수의 값이 크게 감소하는 경우가 있다. 이를 보면 최적화 처리를 중단할 타이밍을 얼마나 찾기 어려운지 상상할 수 있을 것이다.

 텐서플로를 지탱하는 하드웨어

이번 장에서는 '논리 회로' 관점에서 신경망의 구조를 파악해 보았다. 이에 대한 설명에서도 알 수 있듯이 신경망을 구성하는 개개의 노드의 구조는 결코 복잡하지 않다. 1차 함수와 활성화 함수를 조합한 매우 간단한 구조다. 텐서플로를 비롯한 머신러닝 라이브러리에서 계산 처리를 고속화하기 위해 GPU(Graphics Processing Unit)가 이용되는 것은 바로 이런 이유에서다.

GPU는 그 이름 그대로 디지털 이미지 처리를 위해 개발된 연산 장치로, 이미지를 구성하는 다수의 픽셀에 대해 비교적 단순한 계산 처리를 병렬로 고속 실행할 수 있다. GPU를 이용해서 이미지 데이터 대신에 신경망을 구성하는 다수 노드의 계산 처리를 고속 실행하려는 것이 기본적인 아이디어다.

그래서 2016년 5월에 구글은 일반적인 GPU가 아닌 독자적인 연산 장치를 설계, 개발해서 사내에서 이용하고 있음을 공표했다.[2] 이는 텐서플로 전용으로 개발된 것으로, TPU(Tensor Processing Unit)라고 이름 지어졌다. 사진은 바둑 세계 챔피언인 이세돌에게 도전했을 때 사용된 TPU를 탑재한 랙으로, 옆면에 부착된 기보 일러스트가 인상적이다.

---

[2] Google supercharges machine learning tasks with TPU custom chip
https://cloudplatform.googleblog.com/2016/05/Google-superchargesmachinelearning-tasks-with-custom-chip.html

제 **4** 장

합성곱 필터를 통한
이미지 특징 추출

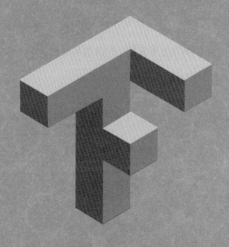

이전 장에서는 다층 신경망을 이용해서 '특징량 추출' + '특징량에 기반한 분류'가 가능하다는 것을 설명했다. 그중에서도 이 책의 주된 주제인 합성곱 신경망(CNN)에서는 그림 4-1에 있는 합성곱 필터와 풀링 계층을 조합해서 필기 문자의 특징량을 추출하게 된다.

이번 장에서는 'ㅣ', 'ㅡ', 'ㅓ'와 같은 세 가지 기호로 제한된 간단한 예로 합성곱 필터 및 풀링 계층의 역할을 구체적으로 확인한다. 또한, 이를 이용해 추출한 특징을 '특징 변수'로 변환하고 이미지를 분류하는 코드를 구현하도록 한다.

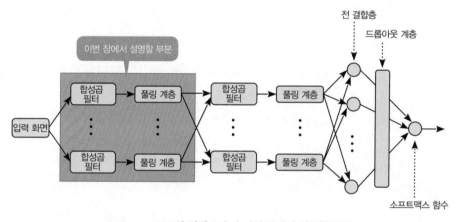

그림 4-1 **CNN의 전체 모습과 이번 장에서 설명할 부분**

4.1 합성곱 필터의 기능

'1.1.3 딥러닝의 특징'에서 다루었듯이 **합성곱 필터**(Convolution Filter)는 포토샵과 같은 이미지 처리 소프트웨어에서도 이용되는 기능이며, 딥러닝 전용으로 개발된 것은 결코 아니다. 여기서는 이미지에 그러데이션(gradation) 효과를 주는 필터와 이미지의 에지(edge)를 추출하는 필터를 예로 들어 그 기능을 구체적으로 확인한다.

4.1.1 합성곱 필터의 예

먼저, 간단한 예로 이미지를 그러데이션 처리하는 필터를 생각해 보자. 이는 이미지의 각 픽셀에 대해 그 부분의 색을 주변 픽셀의 색과 섞어서 평균화한 색으로 치환해서 구현할 수 있다.

그레이스케일의 이미지 데이터를 가정하고 3×3픽셀 단위로 나누어서 생각할 때 각 픽셀의 값(해당 점의 농도)에 그림 4-2와 같은 가중치를 곱해서 합산한 값을 중앙 픽셀의 값으로 바꾼다. 그림 4-2의 왼쪽 예는 중앙과 주위 픽셀에 거의 동일한 가중치를 두고 있으며, 오른쪽 예는 중앙 픽셀의 가중치를 크게 두고 있다. 이런 경우에는 왼쪽의 '그러데이션 효과'가 더 강하게 나타난다. 참고로 둘 다 모든 가중치의 합계가 1이 된다는 점에 유의하도록 한다. 가중치의 합계가 1보다 클 경우에는 이미지의 색을 진하게 하는 효과가 있다.

0.11	0.11	0.11
0.11	0.12	0.12
0.11	0.11	0.11

0.05	0.05	0.05
0.05	0.60	0.05
0.05	0.05	0.05

그림 4-2 **이미지 그러데이션 효과를 주는 필터의 예**

그림 4-3은 샘플 이미지에 왼쪽 필터를 적용한 예다. 농도가 '140'인 픽셀에 대해 그 주위의 각 픽셀에 해당 필터의 가중치를 적용해서 농도를 구하는 예를 나타내고 있다. 계산 결과는 반올림해서 정수로 변환한다. 이 예에서는 그러데이션 효과가 그리 크지 않지만, 필터 크기를 크게 해서 더 넓은 범위에 있는 픽셀의 값을 섞으면 더 강한 그러데이션 효과를 얻을 수 있다.

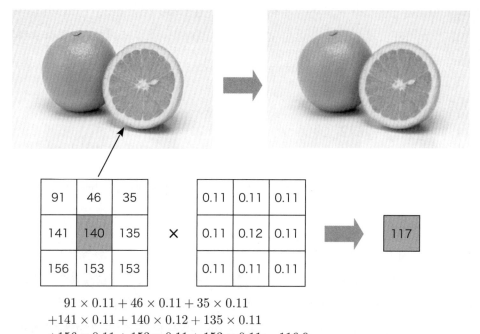

$$91 \times 0.11 + 46 \times 0.11 + 35 \times 0.11$$
$$+141 \times 0.11 + 140 \times 0.12 + 135 \times 0.11$$
$$+156 \times 0.11 + 153 \times 0.11 + 153 \times 0.11 = 116.9$$

그림 4-3 합성곱 필터의 적용 예

본질적으로는 이것이 합성곱 필터의 전부다. 예상외로 단순해서 놀랐을 수도 있는데, 필터의 가중치를 변경하면 다양하고 재미있게 이미지를 제어할 수 있다. 예를 들어, 그림 4-4의 필터를 생각해 보자. 이 필터에는 가중치에 음수가 포함되어 있는데, 각 픽셀에 곱해서 더한 값이 음수일 경우에는 그 절댓값을 취하도록 한다.

차분히 생각하면 알 수 있듯이 이 필터는 가로로 늘어난 선을 제거하는 효과가 있다. 가로로 같은 색이 계속 이어지는 부분은 좌우의 플러스와 마이너스가 상쇄되어 0이 되기 때문이다. 반면, 세로 에지 부분에는 좌우의 값이 상쇄되지 않고 그대로 남는다. 바꿔 말하면 이 필터는 세로로 늘어나는 에지를 추출하는 효과가 있다.

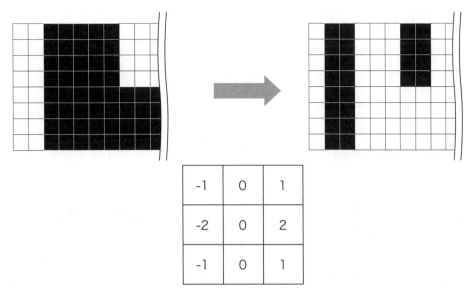

그림 4-4 세로 에지를 추출하는 필터

그림 4-5는 필터 크기를 5×5로 더 넓힌 것인데, 이는 에지 부분을 더 두꺼운 폭으로 남기는 효과가 있다. 실제로 사용할 때는 양의 부분 혹은 음의 부분만의 합계(절댓값)가 1이 되도록 전체를 23.0으로 나눈 값을 적용한다. 필터를 90도 회전시켜 세로선을 제거하여 가로로 늘어나는 에지를 추출할 수도 있다.

2	1	0	-1	-2
3	2	0	-2	-3
4	3	0	-3	-4
3	2	0	-2	-3
2	1	0	-1	-2

2	3	4	3	2
1	2	3	2	1
0	0	0	0	0
-1	-2	-3	-2	-1
-2	-3	-4	-3	-2

※실제로는 각 성분을 23.0으로 나눈 값을 사용한다

그림 4-5 세로와 가로 에지를 보다 두꺼운 폭으로 추출하는 필터

그리고 텐서플로에는 이와 같은 필터를 준비하고 이미지 데이터에 적용하는 함수가 미리 준비되어 있다. 이 책에서는 주로 그레이스케일 이미지를 다루지만, RGB의 세 가지 레이어로 된 컬러 이미지에 적용할 수도 있다.

4.1.2 텐서플로를 이용한 합성곱 필터 적용

그러면 텐서플로 코드를 이용해 실제 이미지 데이터에 그림 4-5의 필터를 적용해 보자. 여기서는 가로/세로 에지를 추출하는 효과를 잘 볼 수 있도록 필자가 사전에 준비한 그림 4-6의 이미지 데이터군을 사용한다. 데이터 포맷은 MNIST 필기 문자 이미지와 동일하게 28×28픽셀의 그레이스케일 이미지다. '나의 MNIST'라는 의미로 ORENIST 데이터 세트라고 이름 지었다. 각 픽셀은 해당 점의 농도를 나타내는 0~1 사이의 부동 소수점 수를 갖는다.

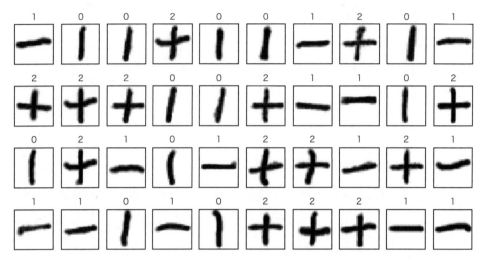

그림 4-6 ORENIST 데이터 세트의 이미지 데이터(일부)

01 노트북 'Chapter04/ORENIST filter example.ipynb'를 이용해 데이터의 내용을 확인한 다음에 필터를 적용하겠다. 먼저, 필요한 모듈을 임포트한다. 이미지 데이터를 읽어 들이기 위해 cPickle 모듈을 사용한다.

[OFE-01]

```
1: import tensorflow as tf
2: import numpy as np
3: import matplotlib.pyplot as plt
4: import cPickle as pickle
```

02 노트북 파일과 동일하게 디렉터리에 이미지 데이터 파일 'ORENIST.data'가 준비되어 있다. cPickle 모듈을 이용해서 이를 읽어들인다.

[OFE-02]

```
1: with open('ORENIST.data', 'rb') as file:
2:     images, labels = pickle.load(file)
```

변수 images와 변수 labels에는 각각 이미지 데이터와 이미지의 종류를 나타내는 라벨 데이터 리스트가 저장된다. 이미지 데이터는 28×28=784개의 각 픽셀의 농도를 나타내는 수치가 나열된 1차원 리스트(NumPy의 array 오브젝트)다. 대응하는 라벨 데이터는 1-of-K 벡터 형식(여기서는 세 개의 요소 중 하나만 '1'로 되어 있는 벡터)으로 '|', '—', '+'와 같은 세 가지 기호를 나타내며, 총 90장의 이미지 데이터가 있다.

03 다음은 저장된 데이터 중 일부를 샘플로 출력한다.

[OFE-03]

```
1: fig = plt.figure(figsize=(10,5))
2: for i in range(40):
3:     subplot = fig.add_subplot(4, 10, i+1)
4:     subplot.set_xticks([])
5:     subplot.set_yticks([])
6:     subplot.set_title('%d' % np.argmax(labels[i]))
7:     subplot.imshow(images[i].reshape(28,28), vmin=0, vmax=1,
8:                 cmap=plt.cm.gray_r, interpolation='nearest')
```

이를 실행하면 앞서 그림 4-6의 이미지가 출력된다. 여기서는 앞에 40장의 이미지를 출력하며, 각각의 타이틀 부분에 라벨값이 붙어 있다.

04 계속해서 이 이미지 데이터에 가로/세로 에지를 추출하는 필터를 적용한다. 텐서플로에는 이미지 데이터에 대해 합성곱 필터를 적용하는 함수 **tf.nn.conv2d**가 준비되어 있으므로 이를 이용한다. 이때 필터의 정보를 다차원 리스트에 저장해 두어야 하며, 여기서 사용할 리스트의 크기에 대해 먼저 정리하겠다.

일반 컬러 이미지의 경우 한 장의 이미지 데이터는 RGB의 세 가지 레이어로 나뉜다. 각각의 레이어에 대해 서로 다른 필터를 적용할 수 있는데, 예를 들어 하나의 이미지에 두 종류의 필터를 적용할 경우 전체적으로 3×2=6가지 필터를 준비하게 된다. 또한, 필터 하나의 크기가 5×5인 경우 필터 정보는 전체적으로 5×5×3×2라는 크기의 다차원 리스트에 저장된다.

이는 일반적으로 말하면 '필터 크기(세로×가로)×입력 레이어 개수×출력 레이어 개수'와 같은 형태가 된다. 마지막 부분에 '필터의 가짓수'가 아니라 '출력 레이어 개수'라고 표현한 것은 다음과 같은 이유에서다. 예를 들면, 컬러 이미지에 두 가지 합성곱 필터(필터 A와 필터 B)를 적용할 경우 그림 4-7과 같이 처리된다. 필터 A와 필터 B는 각각 세 가지 레이어에 대응하는 세 가지 필터가 포함되어 있는데, 이를 적용한 결과를 합성한 것이 최종적인 출력 이미지가 된다. 여기서 말하는 합성은 각 픽셀의 농도를 단순하게 더한 것이다. 각각의 필터를 통한 출력 이미지는 RGB 세 가지 레이어로 나뉘는 것은 아니다.

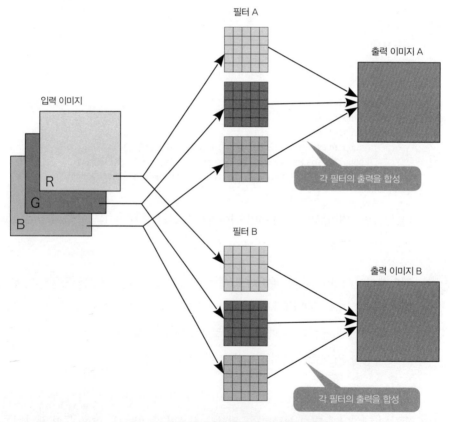

그림 4-7 **컬러 이미지에 대한 합성곱 필터 적용**

일반적인 이미지 처리에서는 컬러 이미지에 필터를 적용한 결과가 다시 컬러 이미지가 될 것이라고 기대할 것이다. 이러한 결과가 필요한 경우에는 세 가지 필터를 준비해서 각각의 출력 결과가 변환 후 이미지의 RGB의 세 가지 레이어에 해당한다고 생각하면 된다. 다만, CNN의 경우는 이미지의 '특징'을 추출하는 것이 목적이므로 출력 결과가 반드시 컬러 이미지일 필요는 없다.

특히, 이번 예는 하나의 레이어로 된 그레이스케일 이미지 데이터를 이용하므로 그렇게 복잡하게 생각할 필요는 없다. 그림 4-8과 같이 입력 레이어 개수는 1이고 출력 레이어 개수는 2가 되므로 5×5×1×2 크기의 다차원 리스트를 준비해서 여기에 필터 정보를 저장하게 된다.

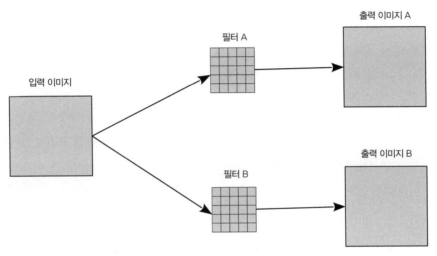

그림 4-8 **그레이스케일 이미지에 대한 합성곱 필터 적용**

05 실제로 그림 4-5의 필터 정보를 저장하는 함수를 준비하면 다음과 같다.

[OFE-04]

```
 1: def edge_filter():
 2:     filter0 = np.array(
 3:             [[ 2, 1, 0,-1,-2],
 4:              [ 3, 2, 0,-2,-3],
 5:              [ 4, 3, 0,-3,-4],
 6:              [ 3, 2, 0,-2,-3],
 7:              [ 2, 1, 0,-1,-2]]) / 23.0
 8:     filter1 = np.array(
 9:             [[ 2, 3, 4, 3, 2],
10:              [ 1, 2, 3, 2, 1],
11:              [ 0, 0, 0, 0, 0],
12:              [-1,-2,-3,-2,-1],
13:              [-2,-3,-4,-3,-2]]) / 23.0
14:
15:     filter_array = np.zeros([5,5,1,2])
```

```
16:     filter_array[:,:,0,0] = filter0
17:     filter_array[:,:,0,1] = filter1
18:
19:     return tf.constant(filter_array, dtype=tf.float32)
```

2~13행에서는 먼저 5×5 크기의 리스트(NumPy의 array 오브젝트)를 두 개 준비해서 그림 4-5의 필터 정보를 저장하고 있다. 전체를 23.0으로 나누는 부분은 브로드캐스팅 규칙에 따라 각 요소에 대해 나눗셈이 이루어진다. 그 다음에 15~17행에서 5×5×1×2 크기의 다차원 리스트를 준비해서 이들 필터 정보를 저장하고 있다. np.zeros는 지정된 크기로 모든 요소가 0인 array 오브젝트를 준비하는 함수다. 또한, filter_array[:,:,0,0]과 filter_array[:,:,0,1]이라는 코드는 뒤에 1×2 부분의 인덱스를 지정해서 이에 해당하는 앞에 5×5 부분에 데이터를 저장하라는 뜻이다.

마지막 19행에서는 이렇게 준비한 다차원 리스트를 텐서플로의 상숫값 오브젝트로 변환한 것을 반환하고 있다. '1.3.3 세션을 이용한 트레이닝 실행'의 그림 1.25에서 봤듯이 텐서플로에서는 개별 세션 내에서 Placeholder에 저장한 데이터를 이용해 계산이 이루어진다. 이때 세션 내에서 사용하는 값은 모두 'tf.'로 시작하는 텐서플로 오브젝트로 준비하고 상숫값에 대해서는 이 예와 같이 상숫값 오브젝트로 준비한다.

06 계속해서 앞서 소개한 함수 tf.nn.conv2d를 이용해 필터를 적용하는 처리를 정의한다. 트레이닝 알고리즘을 이용해 파라미터를 최적화하는 것은 아니지만, 필터를 적용하는 계산은 세션 내에서 해야 한다. 따라서 지금까지와 마찬가지로 입력 데이터를 저장할 Placeholder부터 차례로 정의하도록 한다.

[OFE-05]

```
 1: x = tf.placeholder(tf.float32, [None, 784])
 2: x_image = tf.reshape(x, [-1,28,28,1])
 3:
 4: W_conv = edge_filter()
 5: h_conv = tf.abs(tf.nn.conv2d(x_image, W_conv,
 6:                 strides=[1,1,1,1], padding='SAME'))
 7: h_conv_cutoff = tf.nn.relu(h_conv-0.2)
 8:
 9: h_pool =tf.nn.max_pool(h_conv_cutoff, ksize=[1,2,2,1],
10:                   strides=[1,2,2,1], padding='SAME')
```

1~2행은 28×28=784개의 픽셀로 된 이미지 데이터를 저장할 Placeholder를 준비하고,

이를 tf.nn.conv2d에 입력 가능한 형식으로 변환하고 있다. tf.nn.conv2d는 복수의 이미지 데이터를 동시에 입력할 수 있게 되어 있으며, 일반적으로 '이미지 개수×이미지 크기(가로×세로)×레이어 개수' 크기의 다차원 리스트로 데이터를 지정한다. 이 예에서는 5행의 첫 번째 인수인 x_image가 입력 데이터에 해당한다. 이 경우 이미지 크기는 28×28이고 레이어 개수는 1이다. 또한, 이미지 개수는 Placeholder에 저장된 데이터 개수에 따라 결정된다. 2행의 함수 tf.reshape의 인수로는 변환 후의 다차원 리스트의 크기로 [-1,28,28,1]이 지정되어 있는데, 첫 번째 -1은 Placeholder에 저장되어 있는 데이터 개수에 따라 적절한 크기로 조정한다는 뜻이다.

4~6행에서는 앞서 준비한 함수 edge_filter를 이용해 필터 정보를 저장한 상수 오브젝트를 가져와서 tf.nn.conv2d를 이용해 입력 데이터 x-image에 대해 필터 W_conv를 적용하고 있다. 또한, 에지를 추출하는 필터에서는 결과가 음수일 경우에 절댓값을 취한다는 규칙이 있으므로 함수 tf.abs로 절댓값으로 변환하고 있다.

여기서 tf.nn.conv2d의 옵션에 관해 보충 설명하겠다. 먼저, strides는 입력 이미지의 크기가 클 경우에 일정 간격으로 픽셀을 추출해서 계산하는 것이며, 이미지 크기를 작게 하기 위한 옵션이다. 이 예와 같이 [1,1,1,1]을 지정하면 모든 픽셀에 대해 계산을 한다. 일반적으로는 [1,dy,dx,1]과 같이 지정해서 세로 방향에 대해 dy 픽셀마다, 가로 방향에 대해 dx 픽셀마다 추출하게 된다.[1]

또한, padding은 이미지 끝부분에 필터를 적용하는 방법을 지정한다. 합성곱 필터를 적용할 때는 대상 픽셀을 중심으로 해서 그 주변 픽셀의 값을 살펴볼 필요가 있는데, 이미지 끝 부분에는 필터가 이미지에서 벗어나 주위 픽셀이 존재하지 않는 경우가 있다. 이번 예와 같이 SAME을 지정한 경우 존재하지 않는 부분의 픽셀에 대해서는 해당 값을 0으로 해서 계산한다. 혹은 VALID를 지정하면 필터가 벗어난 부분에 대해서는 계산을 하지 않는다. 즉, 출력된 이미지는 끝 부분이 잘려서 크기가 작아진다.

그 다음 7행은 필터의 효과를 강조해서 알기 쉽게 하기 위해 추가한 것이다. '3.1.1 단

---

1 📖 앞서 다루었듯이 입력 데이터는 '이미지 개수×이미지 크기(세로×가로)×레이어 개수' 크기의 다차원 리스트 구조를 갖는다. strides 옵션은 이 다차원 리스트로부터 처리 대상 픽셀을 차례로 추출할 때 각 차원의 방향에 대해 '건너뛰는 폭'을 지정한다. 따라서 처음과 마지막 값은 반드시 1을 지정해야 한다.

층 신경망을 이용한 이항 분류기'의 그림 3.3에서 봤듯이 tf.nn.relu(ReLU)는 음의 값을 0으로 치환한다. 여기서는 0.2를 빼고 ReLU에 대입함으로써 0.2보다 작은 값을 강제로 0으로 만들고 있다. 합성곱 필터로 농도가 0.2보다 작아진 곳은 강제로 농도를 0으로 변경하려는 것이 목적이다.

9~10행은 합성곱 필터를 적용한 결과에 대해 다시 풀링 계층에 해당하는 처리를 적용하는 부분이다. 풀링 계층에 대해서는 '4.1.3 풀링 계층을 이용한 이미지 축소'에서 새로 설명하므로 여기서는 일단 무시하기 바란다.

07 다음으로 세션을 준비하고, [OFE-02]에서 준비한 이미지 데이터에 대해 실제로 합성곱 필터를 적용한다. 세션을 준비하고 Variable을 초기화하는 부분은 지금까지와 같다.

[OFE-06]

```
1: sess = tf.InteractiveSession()
2: sess.run(tf.initialize_all_variables())
```

08 이어서 세션 내에서 계산값을 평가함으로써 합성곱 필터를 적용한 결과를 얻는다.

[OFE-07]

```
1: filter_vals, conv_vals = sess.run([W_conv, h_conv_cutoff],
2:                          feed_dict={x:images[:9]})
```

여기서는 변수 images에 준비해 둔 이미지 데이터 중에 첫 9개를 Placeholder에 저장하고, 앞서 정의한 W_conv와 h_conv_cutoff를 평가하고 있다. W_conv는 필터 정보를 저장한 상수 오브젝트이므로 [OFE-04]에서 준비한 array 오브젝트의 내용이 그대로 반환된다. h_conv_cutoff는 [OFE-05]의 7행에서 정의한 것으로 합성곱 필터를 적용한 후에 0.2 이하의 픽셀값을 0으로 만든 것이다.[2]

09 끝으로, 얻은 결과를 이미지로 출력한다.

[OFE-08]

```
1: fig = plt.figure(figsize=(10,3))
2:
```

---

2 역 엄밀하게는 이미지 전체의 픽셀 값을 0.2만큼 줄인 다음에 값이 음수가 되는 부분을 0으로 변경한다.

```
 3: for i in range(2):
 4:     subplot = fig.add_subplot(3, 10, 10*(i+1)+1)
 5:     subplot.set_xticks([])
 6:     subplot.set_yticks([])
 7:     subplot.imshow(filter_vals[:,:,0,i],
 8:                    cmap=plt.cm.gray_r, interpolation='nearest')
 9:
10: v_max = np.max(conv_vals)
11:
12: for i in range(9):
13:     subplot = fig.add_subplot(3, 10, i+2)
14:     subplot.set_xticks([])
15:     subplot.set_yticks([])
16:     subplot.set_title('%d' % np.argmax(labels[i]))
17:     subplot.imshow(images[i].reshape((28,28)), vmin=0, vmax=1,
18:                    cmap=plt.cm.gray_r, interpolation='nearest')
19:
20:     subplot = fig.add_subplot(3, 10, 10+i+2)
21:     subplot.set_xticks([])
22:     subplot.set_yticks([])
23:     subplot.imshow(conv_vals[i,:,:,0], vmin=0, vmax=v_max,
24:                    cmap=plt.cm.gray_r, interpolation='nearest')
25:
26:     subplot = fig.add_subplot(3, 10, 20+i+2)
27:     subplot.set_xticks([])
28:     subplot.set_yticks([])
29:     subplot.imshow(conv_vals[i,:,:,1], vmin=0, vmax=v_max,
30:                    cmap=plt.cm.gray_r, interpolation='nearest')
```

비슷한 처리가 반복되는 다소 장난스런 코드처럼 보이지만, 기본적으로는 이미지 데이터를 표시하는 과정만을 나타낸 것이다. 먼저, 3~8행은 두 가지 필터를 이미지 표시한다. 7행에서는 [OFE-04]의 16~17행과 같은 형식으로 필터 부분의 데이터를 추출하고 있다는 점에 주의하기 바란다. 12~30행은 원본 이미지와 두 가지 필터를 적용한 각각의 결과를 출력하고 있다. h_conv_cutoff를 평가한 결과가 변수 conv_vals에 저장되어 있는데, 이는 '이미지 개수 ×이미지 크기(세로×가로)×출력 레이어 개수'라는 형식의 array 오브젝트다. 따라서 23행과 29행에서처럼 conv_vals[i,:,:,0] 혹은 conv_vals[i,:,:,1]와 같이 지정해서 i번째 이미지에 대한 두 가지 필터를 적용한 결과를 얻을 수 있다.

한편, 필터 적용 후의 이미지 파일은 각 픽셀값이 1보다 커질 가능성이 있다. 따라서 10행에서는 모든 이미지 파일에서 픽셀값의 최댓값 v_max를 구하고 있다. 23행과 29행에서는 이 값을 vmax 옵션에 지정해서 출력할 이미지의 농담을 조정하고 있다.

이렇게 해서 얻은 실제 출력 결과가 그림 4-9다. 왼쪽 끝이 두 가지 필터를 이미지화한 것이고, 그 오른쪽에 9가지 이미지 데이터에 각각의 필터를 적용한 결과가 출력되고 있다. 위쪽 필터로는 가로 방향의 직선이 제거되고, 세로 방향의 직선에 대해서는 양쪽 에지 부분이 추출되고 있음을 알 수 있다. 가로 방향의 직선에 대해서도 양쪽 끝에 있는 에지 부분은 사라지지 않고 남아 있다. 아래쪽 필터에 대해서는 세로와 가로를 바꿨을 때와 똑같은 효과가 나타나고 있다.

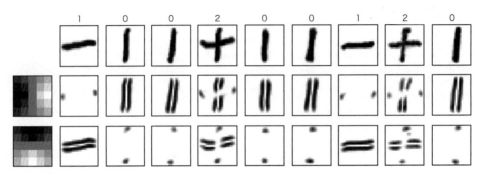

그림 4-9 합성곱 필터를 적용한 결과

여기서 이용한 ORENIST 데이터 세트는 세로 막대 혹은 가로 막대라는 특징으로 분류되는 것으로 손쉽게 생각할 수 있는데, 이는 두 가지 합성곱 필터를 이용해서 각각의 특징을 분류할 수 있다. 예를 들면, 위쪽 필터의 출력만 남고 아래쪽 필터의 출력이 거의 백지 상태가 된다면 그 이미지는 'l'로 분류된다는 것을 알 수 있다. 혹은 양쪽 필터에 의한 출력이 모두 남는다면 '+'로 분류되는 형태다.

4.1.3 풀링 계층을 이용한 이미지 축소

앞에서 한 설명에서도 알 수 있듯이 이번 데이터 세트에서 이미지의 종류를 판별할 때 중요한 것은 필터를 거친 출력 결과가 백지에 가까운지 여부이며, 출력 결과의 상세한 내용은 관계가 없다. 그래서 이 출력 결과를 그대로 분류에 사용하는 것이 아니라 일부러 이미지의 해상도를 낮춰서 상세 정보는 제거하게 되는데, 이와 같은 처리를 하는 것이 '풀링 계층'의 역할이다.

앞서 [OFE-05]에서는 9~10행에 있는 함수 `tf.nn.max_pool`에 대한 설명은 생략했는데, 이는

그림 4-10과 같이 복수의 픽셀을 하나로 모아서 처리한다. 구체적으로는 필터에서 출력된 28×28픽셀의 이미지를 2×2픽셀 블록으로 분해해서 각각의 블록을 하나의 픽셀로 치환한다. 이렇게 하면 각각의 이미지는 14×14픽셀의 이미지로 변환된다. 픽셀을 치환할 때는 픽셀 내에 있는 네 개의 픽셀 중 최댓값을 채택한다.

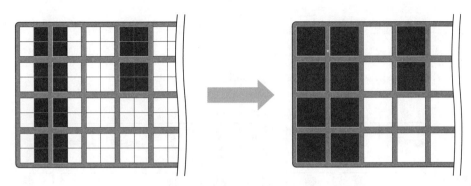

그림 4-10 **풀링 계층을 이용한 이미지 축소 처리**

일반적으로 설명하면 tf.nn.max_pool에서는 ksize 옵션으로 지정된 크기의 블록을 strides 옵션으로 지정된 간격으로 이동시켜 가며, 블록 내에 있는 픽셀의 최댓값으로 치환해 간다. 각각의 옵션은 [1,dy,dx,1]과 같은 형식이며, 세로 방향(dy)과 가로 방향(dx)의 값을 지정한다. tf.nn.max_pool은 블록 내의 픽셀의 최댓값을 이용하는데, 그 밖에 평균값으로 치환하는 tf.nn.avg_pool 등도 마련되어 있다.

01 그러면 앞서 준비한 세션을 이용해 풀링 계층 처리를 적용한 결과를 구한다.

[OFE-09]
```
1: pool_vals = sess.run(h_pool, feed_dict={x:images[:9]})
```

변수 pool_vals에는 '이미지의 개수×이미지 크기(세로×가로)×출력 레이어 개수'와 같은 형식의 array 오브젝트가 저장된다. 이미지 크기가 14×14로 축소되었다는 점을 제외하면 앞서 conv_vals와 같은 구조이므로 [OFE-08]과 거의 같은 코드로 이미지를 출력할 수 있다. 10행 및 23행, 29행의 conv_vals를 pool_vals로 변경하기만 하면 되므로 변경 부분만 기재하면 다음과 같다.

```
10: v_max = np.max(pool_vals)
23:     subplot.imshow(pool_vals[i,:,:,0], vmin=0, vmax=v_max,
24:                    cmap=plt.cm.gray_r, interpolation='nearest')
29:     subplot.imshow(pool_vals[i,:,:,1], vmin=0, vmax=v_max,
30:                    cmap=plt.cm.gray_r, interpolation='nearest')
```

02 이를 실행하면 그림 4-11과 같은 결과가 나온다. 앞서 그림 4-9와 비교하면 이미지의 해상도가 낮아져 더 단순화된 결과가 나왔음을 알 수 있다. 다음 단계는 이 결과를 기반으로 이미지를 분류하는 과정을 구현해 가는 것이다.

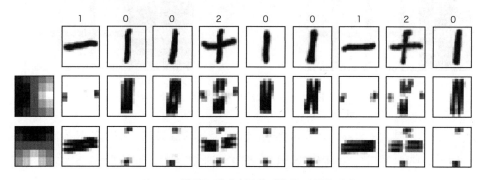

그림 4-11 합성곱 필터와 풀링 계층을 적용한 결과

4.2 합성곱 필터를 이용한 이미지 분류

여기서는 합성곱 필터와 풀링 계층을 이용한 이미지 분류 처리를 텐서플로 코드를 이용해 구현한다. 앞서 본 예에서는 '세로 막대'와 '가로 막대'를 추출하는 필터를 미리 준비해서 이미지 데이터에 적용했다. 먼저, 처음에는 이와 같은 정적인 필터를 이용한 분류가 잘 동작하는지를 확인한다. 그 다음에 필터의 구조 그 자체를 동적으로 학습하도록 코드를 수정한다.

4.2.1 특징 변수를 이용한 이미지 분류

그림 4-11의 이미지 데이터를 한 번 더 살펴보자. 이는 미리 준비한 합성곱 필터를 이용해 원래의 이미지 데이터로부터 '세로 막대'와 '가로 막대'를 추출한 것이다. 풀링 계층을 추가해서 해상도를 낮춤으로써 각각의 특징이 더 명확해졌다.

이 출력 결과를 이용해 원래의 이미지를 분류하려면 어떤 방법을 생각해 볼 수 있을까? 여기에는 '3.3.2 특징 변수에 기반한 분류 로직'의 그림 3.19가 힌트가 된다. 이 그림은 실수 쌍으로 된 값을 지닌 변수 (x_1, x_2)가 은닉 계층의 노드를 거쳐 데이터의 특징을 나타내는 바이너리 변수 (z_1, z_2)로 변환될 수 있음을 나타낸다.

이 경우에는 '세로 막대'와 '가로 막대'라는 두 가지 특징을 파악만 할 수 있으면 되므로 두 개의 노드로 된 은닉 계층을 통해 '세로 막대'와 '가로 막대'의 존재를 나타내는 두 개의 바이너리 변수 (z_1, z_2)로 변환할 수 있지 않을까? 일단 바이너리 변수로 변환할 수 있다면 이를 소프트맥스 함수를 이용해 두 가지로 분류하는 것은 그리 어렵지 않을 것이다.

이 아이디어를 신경망으로 표현하면 그림 4-12와 같다. 풀링 계층에서는 두 개의 14×14픽셀 이미지가 출력되는데, 이를 14×14×2=392개의 실숫값으로 전 결합층의 각 노드로 입력한다. 모든 픽셀 데이터를 하나의 노드로 결합한다는 의미로 **전 결합층(fully-connected layer)**이라고 한다.

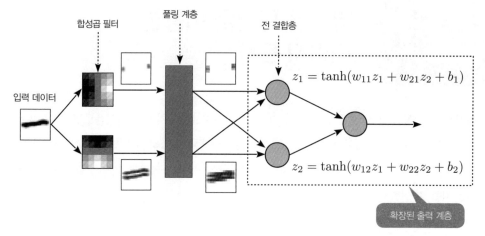

그림 4-12 이미지 데이터를 특징 변수로 변환하는 신경망

또한, 이 그림을 '3.3.1 다층 신경망의 효과'의 그림 3.17과 비교하면 전 결합층 이후 부분이 '확장된 출력 계층'에 해당하는 것을 알 수 있다. 그림 3.17의 경우는 앞단 부분의 출력이 이미 바이너리 변수 (z_1, z_2)로 되어 있지만, 여기서는 이 부분이 원본 이미지로부터 '특징 부분을 추출한 이미지 데이터'로 되어 있다는 차이가 있다. 이를 전 결합층에서 '세로 막대'와 '가로 막대'라는 두 가지 특징을 나타내는 바이너리 변수로 변환한다. 이 아이디어가 잘 맞는다면 z_1과 z_2는 각각 세로 막대 혹은 가로 막대의 존재를 바이너리 값으로 나타낼 것으로 기대할 수 있다. 이런 의미로 여기서는 z_1과 z_2를 '특징 변수'라고 한다.

01 그러면 그림 4-12의 신경망을 텐서플로 코드로 표현해서 기대한 대로 처리할 수 있는지 확인해 보자. 이에 해당하는 노트북은 'Chapter04/ORENIST classification example.ipynb'다. 먼저, 필요한 모듈을 임포트하고 난수의 시드를 설정한다.

[OCE-01]

```
1: import tensorflow as tf
2: import numpy as np
3: import matplotlib.pyplot as plt
4: import cPickle as pickle
5:
6: np.random.seed(20160703)
7: tf.set_random_seed(20160703)
```

02 이어서 이미지 데이터 파일을 읽어들인다.

```
1: with open('ORENIST.data', 'rb') as file:
2:     images, labels = pickle.load(file)
```

03 필터 정보를 준비하는 함수 edge_filter를 정의한다. 이 함수는 앞서 [OFE-04]와 동일하다.

```
1: def edge_filter():
… 이하 생략 …
```

04 그림 4-12의 전반부에 해당하는 신경망을 정의한다. 이 부분은 [OFE-05]와 동일하다. Placeholder x에 저장된 입력 데이터에 합성곱 필터와 풀링 계층을 적용한 결과가 변수 h_pool에 저장된다.

```
 1: x = tf.placeholder(tf.float32, [None, 784])
 2: x_image = tf.reshape(x, [-1,28,28,1])
 3:
 4: W_conv = edge_filter()
 5: h_conv = tf.abs(tf.nn.conv2d(x_image, W_conv,
 6:                 strides=[1,1,1,1], padding='SAME'))
 7: h_conv_cutoff = tf.nn.relu(h_conv-0.2)
 8:
 9: h_pool =tf.nn.max_pool(h_conv_cutoff, ksize=[1,2,2,1],
10:                 strides=[1,2,2,1], padding='SAME')
```

05 그러고 나서 풀링 계층의 출력을 두 개의 노드로 된 전 결합층에 입력하고, 다시 소프트맥스 함수를 통해 세 가지 데이터로 분류한다.

```
 1: h_pool_flat = tf.reshape(h_pool, [-1, 392])
 2:
 3: num_units1 = 392
 4: num_units2 = 2
 5:
 6: w2 = tf.Variable(tf.truncated_normal([num_units1, num_units2]))
 7: b2 = tf.Variable(tf.zeros([num_units2]))
 8: hidden2 = tf.nn.tanh(tf.matmul(h_pool_flat, w2) + b2)
 9:
10: w0 = tf.Variable(tf.zeros([num_units2, 3]))
```

```
11: b0 = tf.Variable(tf.zeros([3]))
12: p = tf.nn.softmax(tf.matmul(hidden2, w0) + b0)
```

앞서 다뤘듯이 풀링 계층에서 출력된 두 개의 14×14픽셀 이미지 데이터는 14×14×
2=392개의 실숫값으로 해서 전 결합층의 노드로 입력한다. 따라서 1행에서는 392개
의 픽셀값을 1열로 나열한 1차원 리스트로 h_pool을 변환하고 있다. 또한, 6~8행은
'3.3 다층 신경망으로의 확장'에서 설명한 [DNE-04]의 10~12행과 동일한 구조다. [DNE-
04]의 해당 부분은 앞서 그림 3.17과 같이 두 개의 값 (z_1, z_2)를 두 개의 노드에 입력
하며, num_units1과 num_units2는 둘다 2로 되어 있다. 여기서는 392개의 값을 입력하
므로 3행에서 num_units1을 392로 설정하고 있다.

그리고 10~12행에서는 두 개의 노드에서 나온 출력을 소프트맥스 함수에 입력해 세
가지 데이터 각각의 확률을 계산한다. 이 부분은 '3.2.1 단층 신경망을 이용한 다항
분류기'에서 본 [MSL-03]의 9~11행과 동일한 구조다. [MSL-03]에서는 '0'~'9'와 같이 10
가지로 분류하고 있는데, 여기서는 세 가지로 분류하는 점이 다르다.

이러한 예에서도 알 수 있듯이 신경망을 구성할 때는 전형적인 노드 조합 패턴이 자
주 발생한다. 지금까지 텐서플로 코드를 작성할 때는 '행렬을 이용해 계산식을 표현하
고 이를 코드로 바꾸는' 작업을 해왔는데, 전형적인 조합에 해당하는 코드를 모아 두
면 이러한 작업을 반복하는 수고를 덜고 원하는 코드를 작성할 수 있게 된다.

06 이후 처리는 소프트맥스 함수를 이용한 분류의 전형적인 패턴이다. 오차 함수 loss,
트레이닝 알고리즘 train_step, 정답률 accuracy 정의는 [MSL-04]에서 분류 개수가 10
에서 3으로 변경된 점만 다르다.

[OCE-06]
```
1: t = tf.placeholder(tf.float32, [None, 3])
2: loss = -tf.reduce_sum(t * tf.log(p))
3: train_step = tf.train.AdamOptimizer().minimize(loss)
4: correct_prediction = tf.equal(tf.argmax(p, 1), tf.argmax(t, 1))
5: accuracy = tf.reduce_mean(tf.cast(correct_prediction, tf.float32))
```

07 그 다음은 세션을 준비하고 Variable을 초기화한 후 트레이닝 알고리즘을 이용해 파
라미터를 최적화하는 것이다. 이 부분도 [MSL-05] 및 [MSL-06]과 거의 같은 내용이다.

[OCE-07]

```
1: sess = tf.InteractiveSession()
2: sess.run(tf.initialize_all_variables())
```

[OCE-08]

```
1: i = 0
2: for _ in range(200):
3:     i += 1
4:     sess.run(train_step, feed_dict={x:images, t:labels})
5:     if i % 10 == 0:
6:         loss_val, acc_val = sess.run(
7:             [loss, accuracy], feed_dict={x:images, t:labels})
8:         print ('Step: %d, Loss: %f, Accuracy: %f'
9:                % (i, loss_val, acc_val))

Step: 10, Loss: 97.706993, Accuracy: 0.788889
Step: 20, Loss: 96.378815, Accuracy: 0.822222
Step: 30, Loss: 94.918198, Accuracy: 0.833333
Step: 40, Loss: 93.346489, Accuracy: 0.911111
Step: 50, Loss: 91.696594, Accuracy: 0.922222
Step: 60, Loss: 89.997681, Accuracy: 0.933333
Step: 70, Loss: 88.272461, Accuracy: 0.966667
Step: 80, Loss: 86.562065, Accuracy: 0.988889
Step: 90, Loss: 84.892662, Accuracy: 1.000000
Step: 100, Loss: 83.274239, Accuracy: 1.000000
Step: 110, Loss: 81.711754, Accuracy: 1.000000
Step: 120, Loss: 80.205574, Accuracy: 1.000000
Step: 130, Loss: 78.751511, Accuracy: 1.000000
Step: 140, Loss: 77.344208, Accuracy: 1.000000
Step: 150, Loss: 75.978905, Accuracy: 1.000000
Step: 160, Loss: 74.651871, Accuracy: 1.000000
Step: 170, Loss: 73.360237, Accuracy: 1.000000
Step: 180, Loss: 72.101730, Accuracy: 1.000000
Step: 190, Loss: 70.874496, Accuracy: 1.000000
Step: 200, Loss: 69.676971, Accuracy: 1.000000
```

이번 예에서는 다루는 데이터가 단순하므로 경사 하강법을 이용한 파라미터 최적화
를 약 100회 실행했을 때 정답률이 100%에 도달했다. 합성곱 필터와 풀링 계층으로
추출한 특징을 전 결합층에서 특징 변수 (z_1, z_2)로 변환하는 전략이 제대로 작동한
것으로 보인다.

08 그러면 이 사실을 확인하기 위해 각각의 이미지 데이터에 대한 (z_1, z_2) 값을 추출해
서 그래프로 출력해 보겠다. 이번 코드에서는 [OCE-05]의 변수 hidden2가 (z_1, z_2)에

해당하며, 이는 Placeholder x에 저장된 데이터군에 대한 (z_1, z_2) 값을 세로로 나열한 행렬에 해당한다. '3.1.2 은닉 계층이 하는 역할'의 식 3.10에 있는 Z와 같은 구조다. 다음은 이미지 데이터의 종류(라벨값)별로 (z_1, z_2) 값을 추출하고, 대응하는 기호 '|', '—', '+'를 이용해 산포도를 나타낸다.

[OCE-09]

```
 1: hidden2_vals = sess.run(hidden2, feed_dict={x:images})
 2:
 3: z1_vals = [[],[],[]]
 4: z2_vals = [[],[],[]]
 5:
 6: for hidden2_val, label in zip(hidden2_vals, labels):
 7:     label_num = np.argmax(label)
 8:     z1_vals[label_num].append(hidden2_val[0])
 9:     z2_vals[label_num].append(hidden2_val[1])
10:
11: fig = plt.figure(figsize=(5,5))
12: subplot = fig.add_subplot(1,1,1)
13: subplot.scatter(z1_vals[0], z2_vals[0], s=200, marker='|')
14: subplot.scatter(z1_vals[1], z2_vals[1], s=200, marker='_')
15: subplot.scatter(z1_vals[2], z2_vals[2], s=200, marker='+')
```

1행은 파라미터를 최적화한 후 세션 내에서 hidden2를 평가한 것으로 현시점에서의 (z_1, z_2) 값을 추출하고 있으며, 6~9행의 루프에서 라벨값별로 각각의 리스트에 저장하고 있다. 13~15행이 문자의 종류에 해당하는 기호 '|', '—', '+'로 산포도를 그리는 부분이다.

09 이를 실행하면 그림 4-13과 같은 결과가 나온다. 모든 데이터가 ±1 부근에 분포하고 있으며, (z_1, z_2)가 이미지의 특징을 나타내는 바이너리 변수로 작동하고 있음을 알 수 있다. 구체적으로는 세로 막대의 유무가 $z_1(z_1 = -1$이 세로 막대 있음, $z_1 = 1$이 세로 막대 없음), 가로 막대 유무가 $z_2(z_2 = 1$이 가로 막대 있음, $z_2 = -1$이 가로 막대 없음)에 해당하는 것을 알아낼 수 있다.

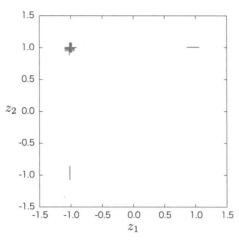

그림 4-13 **특징 변수 (z_1, z_2)의 분포**

여기서 중요한 것은 어떤 변수가 어떤 특징에 해당하는지에 대한 할당이 자동으로 이루어
진다는 점이다. 그림 4-12의 앞부분에서는 합성곱 필터와 풀링 계층을 이용해서 '세로 막대'
와 '가로 막대'라는 이미지의 특징을 추출했는데, 이 단계에서는 출력 데이터가 여전히 그림
4-11에 나타낸 이미지 데이터에 불과하다. 뒷부분의 '확장된 출력 계층'에 따라 이미지를 '세
로 막대'와 '가로 막대'로 분류해서 정리하는 작업이 이루어지는 것이다.

4.2.2 합성곱 필터의 동적인 학습

지금까지 합성곱 필터를 이용해 '세로 막대'와 '가로 막대'라는 특징을 추출해서 그림 4-6
에 나타낸 ORENIST 데이터 세트 이미지를 분류하는 데 성공했다. 다음 단계로는 이를
MNIST 필기 문자 데이터에 적용하는 것인데, 여기서 한 가지 문제가 발생한다. 그림 4-6의
이미지 데이터는 '세로 막대'와 '가로 막대'를 추출하는 필터를 이용하면 되므로 겉으로 봐서
판단할 수 있다. 그러나 필기 문자(숫자)의 특징을 추출하기 위해 필요한 필터가 어떤 것인지
파악하기란 그리 간단치만은 않다.

이 문제는 필터 그 자체를 최적화 대상으로 인식하면 해결할 수 있다. 즉, 5×5 크기의 필터
에 포함된 25개의 값을 파라미터로 간주하고, 경사 하강법에 의한 최적화 대상에 포함시킨
다. 이렇게 해서 이미지를 분류하기 위해 필요한, 적절한 필터가 자동으로 구성된다.

또한, 이를 위해 필요한 텐서플로 코드도 약간만 수정하면 된다. 예를 들면, 앞서 본 코드에서는 [OCE-04]의 4행에서 필터값을 저장한 상수 오브젝트를 준비해서 변수 W_conv를 저장했다. 이 상태에서 트레이닝 알고리즘에 의한 파라미터 최적화를 실시하면 필터의 내용도 자동으로 최적화된다.

01 이 내용을 수정한 노트북 'Chapter04/ORENIST dynamic filter example.ipynb'를 이용해 실제 동작을 확인해 보자. 앞서 말한 수정 사항 이외에는 지금까지의 코드와 거의 동일한 내용이므로 여기서는 포인트가 되는 부분만 설명한다. 다음은 입력 데이터에 대해 합성곱 필터와 풀링 계층을 적용하는 계산식을 정의하는 부분이다.

[ODE-03]

```
 1: x = tf.placeholder(tf.float32, [None, 784])
 2: x_image = tf.reshape(x, [-1,28,28,1])
 3:
 4: W_conv = tf.Variable(tf.truncated_normal([5,5,1,2], stddev=0.1))
 5: h_conv = tf.abs(tf.nn.conv2d(x_image, W_conv,
 6:                             strides=[1,1,1,1], padding='SAME'))
 7: h_conv_cutoff = tf.nn.relu(h_conv-0.2)
 8:
 9: h_pool =tf.nn.max_pool(h_conv_cutoff, ksize=[1,2,2,1],
10:                        strides=[1,2,2,1], padding='SAME')
```

4행이 수정한 부분이며, '필터 크기(세로×가로)×입력 레이어 개수×출력 레이어 개수' 크기의 다차원 리스트를 Variable로 준비하고 있다. 여기서는 tf.truncated_normal에 의해 난수로 초깃값을 결정하며, stddev 옵션으로 난수의 범위를 지정하고 있다. 디폴트로는 대략 ±1 범위로 퍼진 난수를 발생하는데, 이 예에서는 ±0.1 범위로 변경하고 있다. 이는 그림 4-5의 필터를 사용할 때 필터 적용 후의 픽셀값이 너무 커질 우려가 있으므로 이를 방지하고 있다.

02 이를 이용해 파라미터를 최적화하면 그림 4-14와 같은 결과가 나온다. 위쪽에는 합성곱 필터를 적용한 결과를, 아래쪽에는 추가로 풀링 계층을 적용한 결과를 처음 9개의 이미지 데이터에 대해 나타내고 있다. 왼쪽 끝은 최적화로 얻어진 두 가지 필터를 이미지화한 것이다. 이를 보면 처음에 수동으로 준비한 것일수록 선명하지는 않지만 세로 막대와 가로 막대 각각을 추출하는 효과가 나타나고 있음을 알 수 있다. 이와 같이 합성곱 필터의 구조 자체를 데이터를 통해 학습함으로써 데이터가 갖는 특징

을 자동으로 추출할 수 있다.

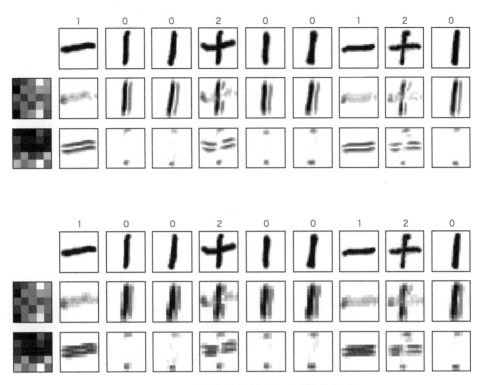

그림 4-14 합성곱 필터를 동적으로 학습한 결과

다만 이 결과에 관해서는 약간 보충 설명이 필요하다. 여기서 사용하고 있는 이미지 데이터는 데이터 구조가 단순하므로 합성곱 필터를 이용하지 않더라도 꽤 높은 정밀도로 분류할 수 있다. 따라서 동적으로 학습한 필터가 '세로 막대'와 '가로 막대'를 정확하게 추출하지 않더라도 오차 함수의 값이 충분히 작아지는 경우가 있다. 즉, 실행시의 초기 조건에 따라서는 그림 4-14와 같은 멋진 결과가 나오지 않을 수 있다. 혹은 트레이닝 알고리즘을 적용할 때 모든 데이터를 이용하고 있으므로 오차 함수의 극솟값에 파라미터가 수렴할 가능성도 있다. 여기서는 어디까지나 설명을 위해 멋진 결과가 나오도록 난수의 시드를 의도적으로 선택하고 있다.

이후 동일한 방법을 MNIST 필기 문자 데이터 세트에 적용하는데, 이때는 합성곱 필터와 풀링 계층을 추가함으로써 지금까지 본 예보다도 테스트 세트에 대한 정답률이 더 높아진다. 이는 합성곱 필터에 의한 특징 추출이 데이터 분류에 기여하고 있다는 분명한 증거라고 할 수 있을 것이다. 또한, 이때는 트레이닝 세트 데이터의 일부를 이용해 최적화를 반복하는 미니 배치에 의한 확률적 경사 하강법을 적용한다. 이에 따라 오차 함수의 극솟값으로 파라미터가 수렴될 가능성을 피하고 있다.

4.3 합성곱 필터를 이용한 필기 문자 분류

여기서는 합성곱 필터를 동적으로 학습하는 방법으로 MNIST 필기 문자 데이터 세트를 분류한다. '3.2.1 단층 신경망을 이용한 다항 분류기'에서는 그림 3.9와 같이 1,024개의 노드로 된 은닉 계층을 이용해서 테스트 세트에 대해 약 97%의 정답률을 달성했다. 이 은닉 계층의 앞부분에 합성곱 필터와 풀링 계층을 추가해서 이 결과가 더욱 향상되는 것을 확인해 보자. 또한, 트레이닝을 실행하는 도중에 **세션 상태를 저장**하고 나중에 복원하는 기능에 관해서도 설명한다.

4.3.1 세션 정보의 저장 기능

텐서플로에서는 트레이닝을 실행하는 도중에 세션 상태를 저장해 둘 수 있다. 합성곱 필터를 이용한 신경망에서는 최적화 대상 파라미터 수가 많아지므로 트레이닝 알고리즘 실행에 시간이 오래 걸린다. 이런 경우에 세션 상태를 저장해 두면 트레이닝을 중단하더라도 나중에 다시 재개할 수 있게 된다.

또는 트레이닝이 종료된 시점에 세션 상태를 저장하면 거기에는 최적화된 파라미터값이 포함되어 있다. 트레이닝 결과를 이용해 새롭게 데이터를 분류하는 등 최적화 이후에 파라미터값이 필요한 경우에는 세션 상태를 복원해서 거기에 포함된 값을 이용할 수 있다.

01 이후에 설명할 노트북 'Chapter04/MNIST dynamic filter classification.ipynb'에서는 구체적으로 다음 방법으로 세션 상태를 저장하고 있다. 먼저, 세션을 준비하고 Variable을 초기화할 때 **tf.train.Saver** 오브젝트를 생성해서 변수에 저장해 둔다.

[MDC-06]

```
1: sess = tf.InteractiveSession()
2: sess.run(tf.initialize_all_variables())
3: saver = tf.train.Saver()
```

02 다음으로 트레이닝 알고리즘을 이용해서 최적화를 실행하는 도중에 이 오브젝트의 save 메소드를 호출한다.

[MDC-07]

```
 1: i = 0
 2: for _ in range(4000):
 3:     i += 1
 4:     batch_xs, batch_ts = mnist.train.next_batch(100)
 5:     sess.run(train_step, feed_dict={x: batch_xs, t: batch_ts})
 6:     if i % 100 == 0:
 7:         loss_val, acc_val = sess.run([loss, accuracy],
 8:             feed_dict={x:mnist.test.images, t:mnist.test.labels})
 9:         print ('Step: %d, Loss: %f, Accuracy: %f'
10:             % (i, loss_val, acc_val))
11:         saver.save(sess, 'mdc_session', global_step=i)
```

이 예에서는 경사 하강법을 이용한 최적화를 100회 반복해서 이 시점에서의 오차 함수와 정답률을 계산하는데, 11행에서는 이 타이밍에 save 메소드를 호출하고 있다. 이때 인수로 저장 대상 세션과 저장용 파일명(이 예에서는 'mdc_session'), 그리고 최적화 실시 횟수(global_step 옵션)를 지정한다.

이에 따라 이 노트북과 동일한 디렉터리에 'mdc_session-<처리 횟수>' 및 'mdc_session-<처리 횟수>.meta'라는 파일이 생성된다. 이게 바로 세션 상태를 저장한 파일이다. 이때 이전 5회까지의 파일만 저장되고, 그보다 오래된 파일은 자동으로 삭제된다.

03 또한, 노트북 'Chapter04/MNIST dynamic filter result.ipynb'에서는 저장된 세션에서 필터값을 복원해서 이를 이미지로 출력한다. 세션 상태를 복원할 때는 먼저 각종 계산식을 원래 세션과 동일하게 정의한다. 그러고 나서 세션을 준비하고 Variable을 초기화한 후에 tf.train.Saver 오브젝트를 준비하고 restore 메소드를 호출한다. 이때 다음과 같이 대상이 되는 세션과 파일명(이 예에서는 'mdc_session-4000')을 인수로 지정한다.

[MDR-06]

```
1: sess = tf.InteractiveSession()
2: sess.run(tf.initialize_all_variables())
3: saver = tf.train.Saver()
4: saver.restore(sess, 'mdc_session-4000')
```

이후에는 Placeholder에 입력 데이터를 저장하고 세션을 평가해서 현재 파라미터값을 이용한 계산 결과를 얻는다. 혹은 여기서 추가로 트레이닝 알고리즘을 이용해서 파라미터 최적화를 계속할 수도 있다.

4.3.2 단층 CNN을 이용한 필기 문자 분류

그러면 합성곱 필터를 동적으로 학습하는 방법을 MNIST 필기 문자 데이터 세트에 적용해 보자. 앞서 말했듯이 '3.2.1 단층 신경망을 이용한 다항 분류기'에서 이용한 그림 3.9의 신경 망에 대해 은닉 계층 앞부분에 합성곱 필터와 풀링 계층을 추가한다. 사용할 필터의 개수 는 임의로 지정하면 되며, 여기서는 16개의 필터를 적용한다. 전체적인 구조는 그림 4-15와 같다. 이는 합성곱 필터와 풀링 계층을 각각 한 계층만 이용한 단층 CNN의 예다.

이를 구현한 것이 노트북 'Chapter04/MNIST dynamic filter classification.ipynb'다. 한편, 이 코드를 실행할 때는 3GB 이상의 여유 메모리가 필요하다. '3.2.2 텐서보드를 이용한 네 트워크 그래프 확인'의 마지막에 소개한 방법으로 다른 노트북을 실행 중인 커널을 정지해 서 여유 메모리를 확보해 두기 바란다.

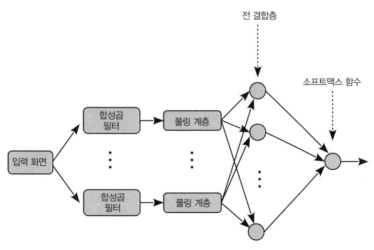

그림 4-15 합성곱 필터와 풀링 계층을 추가한 신경망

01 먼저, 모듈을 임포트하고 난수의 시드를 설정한 다음, MNIST 데이터 세트를 준비한다.

[MDC-01]

```
1: import tensorflow as tf
2: import numpy as np
3: import matplotlib.pyplot as plt
4: from tensorflow.examples.tutorials.mnist import input_data
5:
6: np.random.seed(20160703)
7: tf.set_random_seed(20160703)
```

[MDC-02]

```
1: mnist = input_data.read_data_sets("/tmp/data/", one_hot=True)
```

02 이어서 필터에 해당하는 Variable을 준비하고, 입력 데이터에 대해 필터와 풀링 계층을 적용하는 계산식을 정의한다.

[MDC-03]

```
 1: num_filters = 16
 2:
 3: x = tf.placeholder(tf.float32, [None, 784])
 4: x_image = tf.reshape(x, [-1,28,28,1])
 5:
 6: W_conv = tf.Variable(tf.truncated_normal([5,5,1,num_filters],
 7:                                          stddev=0.1))
 8: h_conv = tf.nn.conv2d(x_image, W_conv,
 9:                    strides=[1,1,1,1], padding='SAME')
10: h_pool =tf.nn.max_pool(h_conv, ksize=[1,2,2,1],
11:                        strides=[1,2,2,1], padding='SAME')
```

1행에서는 변수 num_filters에 필터 개수를 지정하고 있다. 3~11행은 '4.2.2 합성곱 필터의 동적 학습'의 [ODE-03]과 거의 비슷하지만, 합성곱 필터의 적용 방법이 약간 다르다. [ODE-03]에서는 에지를 추출하려는 목적이었으므로 각 픽셀값에 필터값을 곱해서 합계를 낸 다음, 그 절댓값을 취한다. 반면 지금의 경우는 에지를 추출하는 것이 목적이 아니라 '이미지 분류에 최적인 특징'을 추출하는 것이 목적이다. 그래서 단순히 각 픽셀값에 필터값을 곱해서 합계만 내고, 절댓값을 취하지는 않는다. 따라서 필터를 적용한 후에 픽셀값이 음수가 될 가능성이 있다. 픽셀값이 음수가 되면 '픽셀의 농도'라는 의미는 사라지지만, 이미지의 특징을 추출한 데이터로서는 의미가 있다.

03 그 다음은 풀링 계층의 출력을 전 결합층에 입력한 후 소프트맥스 함수를 이용해 확률로 변환한다.

[MDC-04]

```
 1: h_pool_flat = tf.reshape(h_pool, [-1, 14*14*num_filters])
 2:
 3: num_units1 = 14*14*num_filters
 4: num_units2 = 1024
 5:
 6: w2 = tf.Variable(tf.truncated_normal([num_units1, num_units2]))
 7: b2 = tf.Variable(tf.zeros([num_units2]))
 8: hidden2 = tt.nn.relu(tf.matmul(h_pool_flat, w2) + b2)
 9:
10: w0 = tf.Variable(tf.zeros([num_units2, 10]))
11: b0 = tf.Variable(tf.zeros([10]))
12: p = tf.nn.softmax(tf.matmul(hidden2, w0) + b0)
```

이 부분은 [ODE-04](혹은 '4.2.1 특징 변수를 이용한 이미지 분류'의 [OCE-05])와 본질적으로 같다. 다른 점이라면 풀링 계층에서 출력된 데이터의 총 개수가 '14×14×필터 개수'가 된다는 점과 전 결합층의 노드 수(여기서는 1,024개)와 소프트맥스 함수로 분류할 종류의 수(여기서는 10종류)가 다르다. 원본 이미지는 28×28픽셀 크기를 갖지만, 풀링 계층에서 14×14픽셀로 축소된다는 점에 주의하기 바란다. 또한, 전 결합층 노드의 출력에 대해 활성화 함수는 '3.2.1 단층 신경망을 이용한 다항 분류기'의 [MSL-03]과 마찬가지로 ReLU를 이용한다.

04 계속해서 오차 함수 loss, 트레이닝 알고리즘 train_step, 정답률 accuracy를 정의한다.

[MDC-05]

```
 1: t = tf.placeholder(tf.float32, [None, 10])
 2: loss = -tf.reduce_sum(t * tf.log(p))
 3: train_step = tf.train.AdamOptimizer(0.0005).minimize(loss)
 4: correct_prediction = tf.equal(tf.argmax(p, 1), tf.argmax(t, 1))
 5: accuracy = tf.reduce_mean(tf.cast(correct_prediction, tf.float32))
```

3행에서 트레이닝 알고리즘 **tf.train.AdamOptimizer**에 대해 **학습률**을 0.0005로 설정하고 있다는 점에 주의하기 바란다. 이 트레이닝 알고리즘은 학습률에 해당하는 파라미터를 동적으로 조정하게 되어 있지만, 복잡한 네트워크에 적용할 경우에는 전체적인 학습률 값을 명시적으로 지정하는 편이 더 나을 때가 있다. 여기서 설정한 값은

최적의 값을 시행착오를 통해 발견한 것이다.[3]

05 이 다음은 세션을 준비하고 Variables를 초기화한다. 앞서 설명했듯이 `tf.train.Saver` 오브젝트도 여기에서 준비한다.

[MDC-06]

```
1: sess = tf.InteractiveSession()
2: sess.run(tf.initialize_all_variables())
3: saver = tf.train.Saver()
```

06 이제 경사 하강법을 이용해서 파라미터를 최적화한다. 여기서는 1회당 100개의 데이터를 사용하는 미니 배치를 이용해 총 4,000회 처리를 반복한다. 100회마다 그 시점의 테스트 세트에 대한 정답률을 확인하면서 `tf.train.Saver` 오브젝트를 이용해 세션의 상태를 파일로 저장한다.

[MDC-07]

```
 1: i = 0
 2: for _ in range(4000):
 3:     i += 1
 4:     batch_xs, batch_ts = mnist.train.next_batch(100)
 5:     sess.run(train_step, feed_dict={x: batch_xs, t: batch_ts})
 6:     if i % 100 == 0:
 7:         loss_val, acc_val = sess.run([loss, accuracy],
 8:             feed_dict={x:mnist.test.images, t: mnist.test.labels})
 9:         print ('Step: %d, Loss: %f, Accuracy: %f'
10:                % (i, loss_val, acc_val))
11:         saver.save(sess, 'mdc_session', global_step=i)

Step: 100, Loss: 2726.630615, Accuracy: 0.917900
Step: 200, Loss: 2016.798096, Accuracy: 0.943700
Step: 300, Loss: 1600.125977, Accuracy: 0.953200
Step: 400, Loss: 1449.618408, Accuracy: 0.955600
Step: 500, Loss: 1362.578125, Accuracy: 0.956200
…… 중략 ……
Step: 3600, Loss: 656.354309, Accuracy: 0.981400
Step: 3700, Loss: 671.281555, Accuracy: 0.981300
Step: 3800, Loss: 731.150269, Accuracy: 0.981000
Step: 3900, Loss: 708.207214, Accuracy: 0.982400
Step: 4000, Loss: 708.660156, Accuracy: 0.980400
```

---

3 🔁 디폴트로는 0.001이 지정되지만, 이 예에서는 디폴트 값을 사용하면 파라미터가 발산해서 트레이닝이 제대로 실행되지 않는다. 따라서 디폴트보다 작은 값을 지정하고 있다.

지금까지의 코드와는 달리 이 과정은 실행하는 데 시간이 다소 걸린다. 커피라도 마시면서 최적화가 진행되는 모습을 느긋하게 관찰하기 바란다. 위 결과에서 알 수 있듯이 최종적으로 테스트 세트에 대해 약 98%의 정답률을 달성하고 있다. 전 결합층만을 이용했을 때의 정답률이 약 97%였으므로 정답률이 좀 더 향상되었다.

07 끝으로, 세션 상태를 저장한 파일이 출력되고 있는지 확인해 보자.

[MDC-08]

```
 1: !ls mdc_session*
```

```
mdc_session-3600       mdc_session-3800       mdc_session-4000
mdc_session-3600.meta  mdc_session-3800.meta  mdc_session-4000.meta
mdc_session-3700       mdc_session-3900
mdc_session-3700.meta  mdc_session-3900.meta
```

이후 '4.3.3 동적으로 학습된 필터 확인'에서는 새로운 노트북을 이용해 이 처리에서 얻어진 합성곱 필터의 모습을 이미지화해서 확인할 것이다. 이때 'mdc_session-4000'을 이용해 세션의 상태를 복원해서 필터값을 추출하게 된다.

08 참고로, 텐서보드용 데이터를 출력하는 과정을 추가해서 이와 동일한 내용을 구현한 코드를 노트북 'Chapter04/MNIST dynamic filter classification with TensorBoard. ipynb'에 준비해 두었다. 텐서보드 사용법은 '3.2.2 텐서보드를 이용한 네트워크 그래프 확인'에서 설명하고 있는데, 여기서는 이 노트북을 실행한 후에 주피터의 명령 터미널에서 다음 명령으로 텐서보드를 실행한다.

```
# tensorboard --logdir=/tmp/mnist_df_logs ⏎
```

09 이후 웹 브라우저에서 URL 'http://<서버 IP주소>:6006'에 접속하면 그림 4-16 및 그림 4-17과 같은 정보를 확인할 수 있다. 그림 4-16의 네트워크 그래프에서는 입력 데이터(input), 합성곱 필터(convolution), 풀링 계층(pooling), 전 결합층(fully-connected), 소프트맥스 함수(softmax)가 차례로 연결돼 있음을 볼 수 있다. 또한, 트레이닝 알고리즘(optimizer) 블록을 열면 합성곱 필터(convolution)로부터 정보가 입력되고 있음을 알 수 있다. 이는 합성곱 필터값이 최적화 처리의 대상이 되고 있기 때문이다.

한편, 그림 4-17 그래프에서 정답률 값의 변화를 볼 때 최적화 처리를 좀 더 반복하면 정답률이 더욱 올라갈 것이라고 예측해 볼 수도 있다. 그러나 실제로는 이 이상으로 최적화를 계속하더라도 정답률이 향상되지는 않았다. 이 신경망에서는 약 98%의 정답률이 한계인 것으로 보인다.

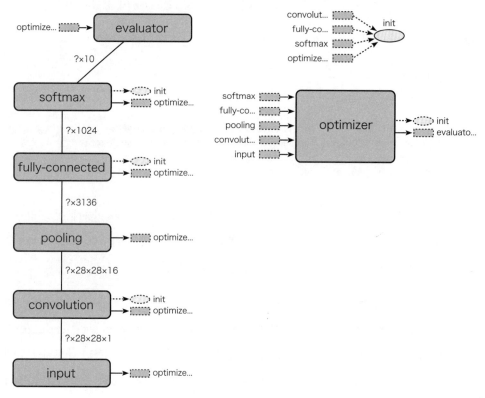

그림 4-16 텐서보드에 출력한 네트워크 그래프

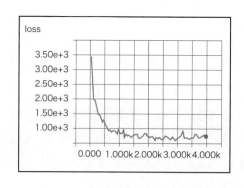

오차 함수 값의 변화

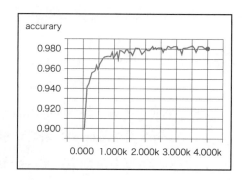

정답률 값의 변화

그림 4-17 텐서보드에 출력한 오차 함수와 정답률 변화

4.3.3 동적으로 학습된 필터 확인

MNIST 필기 문자 데이터 세트에 단층 CNN을 적용해서 테스트 세트에 대해 약 98%의 정답률을 달성했다. 여기서는 16개의 합성곱 필터를 준비해서 각각의 내용을 동적으로 학습했는데, 최종적으로 어떤 필터를 얻을 수 있었는지 확인해 보자. 이에 해당하는 노트북은 'Chapter04/MNIST dynamic filter result.ipynb'다.

01 먼저, 필요한 모듈을 임포트하고 각종 계산식을 기존 단층 CNN과 마찬가지로 정의한다. 이번 예에서는 난수의 시드를 설정할 필요가 없다는 점을 제외하고는 앞서 [MDC-01] ~ [MDC-05]와 동일한 내용이다. 이후 세션을 준비하고 Variable을 초기화한 다음, 최적화 처리를 모두 마친 세션을 복원한다.

[MDR-06]

```
1: sess = tf.InteractiveSession()
2: sess.run(tf.initialize_all_variables())
3: saver = tf.train.Saver()
4: saver.restore(sess, 'mdc_session-4000')
```

여기서는 [MDC-07] 내에 세션의 상태를 저장한 파일 'mdc_session-4000'을 읽어들여 Variable에 설정된 값을 재현하고 있다. 이 세션을 이용해서 변수 W_conv, h_conv, h_pool을 평가함으로써 합성곱 필터값과 합성곱 필터 및 풀링 계층을 각각 적용한 이미지 데이터를 얻을 수 있다. 여기서는 테스트 세트에서 최초 9개의 이미지 데이터를 Placeholder에 저장하고 평가함으로써 이에 대응하는 출력 화면을 얻는다.

[MDR-07]

```
1: filter_vals, conv_vals, pool_vals = sess.run(
2:     [W_conv, h_conv, h_pool], feed_dict={x:mnist.test.images[:9]})
```

02 여기서 얻은 데이터를 이미지로 출력한다. 먼저, 합성곱 필터의 데이터와 함께 각 필터를 적용한 후의 화면 데이터를 출력한다.

[MDR-08]

```
1: fig = plt.figure(figsize=(10,num_filters+1))
2:
3: for i in range(num_filters):
4:     subplot = fig.add_subplot(num_filters+1, 10, 10*(i+1)+1)
```

```
 5:        subplot.set_xticks([])
 6:        subplot.set_yticks([])
 7:        subplot.imshow(filter_vals[:,:,0,i],
 8:                    cmap=plt.cm.gray_r, interpolation='nearest')
 9:
10: for i in range(9):
11:        subplot = fig.add_subplot(num_filters+1, 10, i+2)
12:        subplot.set_xticks([])
13:        subplot.set_yticks([])
14:        subplot.set_title('%d' % np.argmax(mnist.test.labels[i]))
15:        subplot.imshow(mnist.test.images[i].reshape((28,28)),
16:                    vmin=0, vmax=1,
17:                    cmap=plt.cm.gray_r, interpolation='nearest')
18:
19:        for f in range(num_filters):
20:            subplot = fig.add_subplot(num_filters+1, 10, 10*(f+1)+i+2)
21:            subplot.set_xticks([])
22:            subplot.set_yticks([])
23:            subplot.imshow(conv_vals[i,:,:,f],
24:                        cmap=plt.cm.gray_r, interpolation='nearest')
```

코드가 약간 길어졌는데, 기본적으로는 이미지를 출력만 할 뿐이며, 별다른 작업을
수행하지는 않는다. 이와 동일한 코드를 사용해 풀링 계층을 적용한 후의 이미지 데
이터를 출력할 수도 있다. 변경 부분만 기재하면 다음과 같다.

[MDR-09]

```
23:            subplot.imshow(pool_vals[i,:,:,f],
24:                        cmap=plt.cm.gray_r, interpolation='nearest')
```

03 이 코드들을 실행하면 그림 4-18 및 그림 4-19와 같은 결과가 나온다. 최상단이 원
본 이미지 데이터이고, 그 아래에 16가지 필터를 적용한 결과가 표시되어 있다. 왼쪽
끝은 각각의 필터를 이미지화해서 나타낸 것이다. 필터 적용 후의 이미지에서 배경이
하얗지 않은 이유는 각 픽셀이 음의 값을 갖는 경우가 있기 때문이다. 최솟값 부분이
하얀색이고 값이 커지면 색이 진해진다.

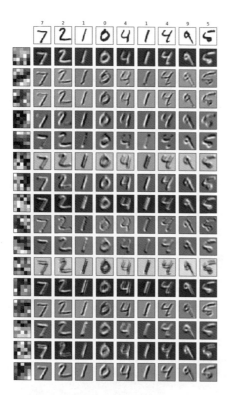

그림 4-18 합성곱 필터를 적용한 이미지

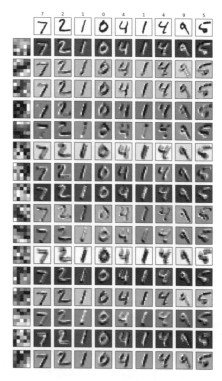

그림 4-19 합성곱 필터와 풀링 계층을 적용한 이미지

각각의 필터가 어떤 역할을 하는지는 그리 명료하지 않지만, 그림 4-18을 잘 살펴보면 특정 방향의 에지를 추출하는 필터의 존재를 확인할 수 있다. 또한, 그림 4-19는 풀링 계층을 통해 이미지를 축소한 결과다. '3.2.1 단층 신경망을 이용한 다항 분류기'의 그림 3.9에 나타낸 신경망에서는 최상단 이미지 데이터를 그대로 은닉 계층(전 결합층)에 입력했는데, 여기서는 그 아래에 있는 16장의 이미지 데이터를 전 결합층에 입력하게 된다. 이들 16가지 데이터를 통해 원래의 이미지 데이터만으로는 알 수 없었던 새로운 특징을 포착할 수 있게 된다.

04 끝으로, 여기서 이번에 얻은 트레이닝 결과에 대해 추가 정보를 확인해 보자. 최종적인 정답률이 약 98%이므로 테스트 세트 데이터군에 대해 올바르게 분류할 수 없는 데이터가 약 2% 존재하는데, 이는 얼마나 '아깝게' 틀린 것일까? 여기서 이용한 신경망에서 최종적인 출력은 소프트맥스 함수에 의한 확률 P_n 값이다. 이는 '0' ~ '9' 각각의 문자일 확률을 나타내고, 이 확률이 최대인 문자를 예측 결과로서 채택하고 있

다. 그러므로 올바르게 분류할 수 없었던 몇몇 데이터에 대해 모든 문자에 대한 확률 값을 확인해 보자.

앞서 본 코드에 이어서 다음을 실행한다. 이는 올바르게 분류할 수 없는 데이터를 10개 선별해서 각 데이터에 대해 '0' ~ '9' 각각일 확률을 막대그래프로 표시한다.

[MDR-10]

```
 1: fig = plt.figure(figsize=(12,10))
 2: c=0
 3: for (image, label) in zip(mnist.test.images,
 4:                           mnist.test.labels):
 5:     p_val = sess.run(p, feed_dict={x:[image]})
 6:     pred = p_val[0]
 7:     prediction, actual = np.argmax(pred), np.argmax(label)
 8:     if prediction == actual:
 9:         continue
10:     subplot = fig.add_subplot(5,4,c*2+1)
11:     subplot.set_xticks([])
12:     subplot.set_yticks([])
13:     subplot.set_title('%d / %d' % (prediction, actual))
14:     subplot.imshow(image.reshape((28,28)), vmin=0, vmax=1,
15:                 cmap=plt.cm.gray_r, interpolation="nearest")
16:     subplot = fig.add_subplot(5,4,c*2+2)
17:     subplot.set_xticks(range(10))
18:     subplot.set_xlim(-0.5,9.5)
19:     subplot.set_ylim(0,1)
20:     subplot.bar(range(10), pred, align='center')
21:     c += 1
22:     if c == 10:
23:         break
```

5행에서 소프트맥스 함수의 출력을 나타내는 계산값 p를 평가해서 Placeholder x에 저장한 이미지에 대해 '0' ~ '9' 각각의 문자일 확률을 구하고 있다. 이를 실행하면 그림 4-20과 같은 결과가 나온다. 각각의 이미지 위에 있는 숫자는 '예측/정답'을 나타내며, 오른쪽 막대그래프는 '0' ~ '9' 각각의 문자일 확률을 나타낸다. 이 결과를 보면 왼쪽 위의 '5'는 '6'일 확률에 이어서 '5'일 확률도 나타내고 있어서 나름대로 '아까운' 결과임을 알 수 있다.

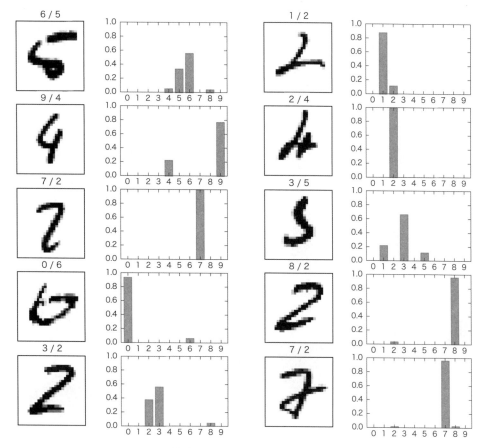

그림 4-20 올바르게 분류하지 못한 데이터에 대한 확률값

단순한 문자 인식 애플리케이션이라면 확률이 최대인 것으로 예측하는 게 타당한 이용 방법이라 할 수 있을 것이다. 그러나 분류 결과를 분석할 때는 이 예와 같이 모든 문자에 대한 확률을 살펴봄으로써 새로운 지식을 얻을 수도 있을 것이다.

제 **5** 장

합성곱 필터의 다층화를
통한 성능 향상

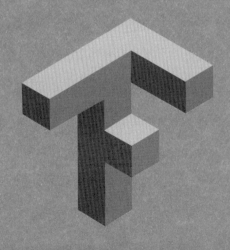

이번 장에서는 드디어 '1장을 시작하며'에서 소개한 합성곱 신경망(CNN)의 전체 구조를 완성시킨다(그림 5-1). 이전 장에서는 '합성곱 필터 → 풀링 계층 → 전 결합층→ 소프트맥스 함수'라는 과정을 누적해서 MNIST의 필기 문자 데이터 세트에 대해 약 98%의 정답률을 실현했다. 이제 여기서 한 발 더 나아가 99%의 정답률 달성을 목표로 해서 합성곱 필터를 다층화하는 과정을 더해 가도록 하겠다. 지금까지 설명하지 않았던 드롭아웃 계층(dropout layer)에 관해서도 설명할 것이다.

또한, 그 밖의 주제로 CNN을 컬러 사진 이미지 분류에 응용하는 방법 혹은 브라우저 화면 상에서 신경망의 동작 원리를 배울 수 있는 'A Neural Network Playground'를 소개한다. 마지막으로, 신경망에서의 기울기 벡터 계산 방법인 '오차 역전파법(back propagation)'에 관해 수학적인 보충 설명을 추가하겠다.

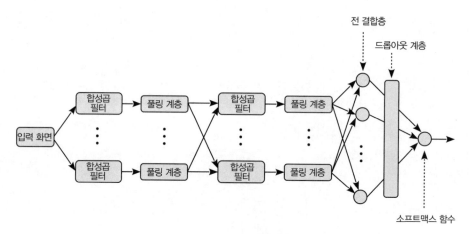

그림 5-1 **CNN의 전체 모습**

5.1 합성곱 신경망의 완성

여기서는 합성곱 필터를 다층화한 '완성된 버전'의 CNN을 구성하고, 이를 MNIST 필기 문자 데이터 세트를 분류하는 데 적용한다. 또한, 트레이닝을 마친 CNN을 이용해 브라우저 상에서 입력한 필기 문자를 자동 인식하는 간단한 애플리케이션을 구현해 본다.

5.1.1 다층형 합성곱 필터를 이용한 특징 추출

'4.3.2 단층 CNN을 이용한 필기 문자 분류'의 그림 4.19를 보면 알 수 있듯이 입력 이미지 데이터에 대해 합성곱 필터와 풀링 계층을 적용해서 필터의 개수만큼 새로운 이미지 데이터를 얻을 수 있다. 이 예에서는 원본 이미지 데이터가 16장의 이미지 데이터로 분해됐다. 각각의 이미지는 문자의 종류를 판별하는 데 필요한 '특징'을 나타낸다고 생각할 수 있다.

그렇다면 이 이미지들에 대해 합성곱 필터와 풀링 계층을 한 번 더 적용하면 어떻게 될까? 이를 통해 더 새로운 특징이 추출될 가능성은 없을까? 어떻게 보면 소박한 발상이지만, 이것이 바로 합성곱 필터를 다층화하는 목적이다. 이전 장에서도 보았듯이 필터의 구조 그 자체를 트레이닝으로 최적화하기 위해 어떤 특징을 추출해야 하는지를 사전에 생각할 필요는 없다. 먼저, 트레이닝 세트 데이터를 이용해 최적화하고, 테스트 세트에 대한 정답률이 얼마나 향상될지를 살펴보면서 필터의 개수와 크기를 튜닝해 가는 접근 방식이 가능하다.

이번 장에서는 합성곱 필터와 풀링 계층을 2단으로 쌓은 CNN을 실제로 구성하고, 텐서플로를 이용해 최적화해서 어떤 결과가 나오는지를 확인해 보겠다. 여기서는 이를 위한 준비 과정으로 2단계 필터가 이미지 데이터에 대해 어떻게 작용하는지를 정리한다. 또한, 파라미터 최적화를 효율적으로 실시하는 데 필요한 CNN 특유의 테크닉에 관해 추가 설명한다. 구체적인 설명을 위해 첫 번째와 두 번째 단계의 합성곱 필터의 개수를 각각 32개와 64개로 가정한다.

먼저, 그림 5-2는 첫 번째와 두 번째 단계의 필터 구성을 나타내는 그림이다. 28×28픽셀의 입력 이미지에 첫 번째 '합성곱 필터+풀링 계층'을 적용하면 32개의 14×14픽셀의 이미지 데이터가 출력된다. '4.1.2 텐서플로를 이용한 합성곱 필터 적용'에서의 설명을 떠올려 보면 첫 번째 단계의 필터군은 텐서플로 코드에서는 '필터 크기(세로×가로)×입력 레이어 개수×출력 레이어 개수' = '5×5×1×32'라는 다차원 리스트로 표현된다.

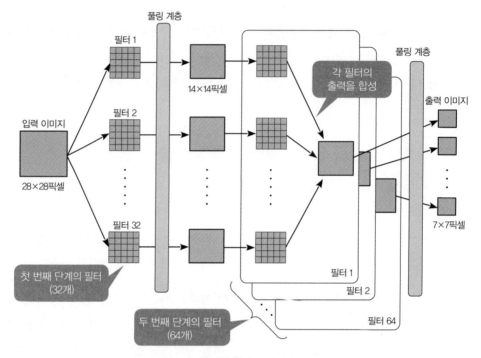

그림 5-2 **2단계 합성곱 필터의 구성**

그리고 나서 두 번째 단계의 필터를 적용할 때는 이 32개의 이미지 데이터를 '32개의 레이어로 된 하나의 이미지 데이터'라고 생각한다. 마찬가지로 '4.1.2 텐서플로를 이용한 합성곱 필터 적용'의 그림 4.7에 나타냈듯이 복수의 레이어를 갖는 이미지 데이터에 필터를 적용할 때는 각각의 레이어에 대해 서로 다른 필터를 적용한 결과를 합성한다. 이번 예에서 보면 64개인 두 번째 단계의 필터는 각각이 내부적으로 32개의 필터를 갖고 있는 것과 같다. 이렇게 두 번째 단계의 필터군은 텐서플로 코드에서 '필터 크기(세로×가로)×입력 레이어 개수×출력 레이어 개수' = '5×5×32×64'라는 다차원 리스트로 표현된다. 최종적으로 두 번째 단계의 '합성곱 필터+풀링 계층'에서는 64개의 7×7픽셀의 이미지 데이터가 출력된다.

파라미터 최적화를 효율적으로 실행하기 위한 테크닉에는 다음 세 가지가 있다.

❶ 필터 적용 후의 이미지 데이터에 활성화 함수 ReLU를 적용한다

❷ 파라미터(Variable)의 초깃값에 0을 사용하지 않는다

❸ 오버피팅을 피하기 위해 드롭아웃 계층을 넣는다

이후 '5.1.2 텐서플로를 이용한 다층 CNN 구현'에서 설명할 노트북 'Chapter05/MNIST double layer CNN classification.ipynb'에서는 이러한 테크닉을 적용한 코드를 이용하고 있다. 여기서는 이러한 포인트에 해당하는 부분을 먼저 설명하도록 하겠다.

먼저, ❶은 다음과 같은 처리를 한다. '4.2.1 특징 변수를 이용한 이미지 분류'에서 필터에 따라 추출된 특징을 더욱 강조하기 위해 0.2 이하의 픽셀값을 강제적으로 0으로 만든다. 구체적으로는 다음 코드의 7행과 같이 함수 ReLU를 적용함으로써 0.2 이하의 값을 제거했다.

[OCE-04]
```
4: W_conv = tf.Variable(tf.truncated_normal([5,5,1,2], stddev=0.1))
5: h_conv = tf.abs(tf.nn.conv2d(x_image, W_conv,
6:                              strides=[1,1,1,1], padding='SAME'))
7: h_conv_cutoff = tf.nn.relu(h_conv-0.2)
```

이 예에서는 임계값으로 0.2를 설정하고 있는데, 일반적으로는 어떤 값이 적절할지 판단하기 어렵다. 그래서 이후 사용할 코드에서는 임계값 그 자체도 최적화 대상인 파라미터로 설정한다. 구체적으로는 다음과 같은 코드로 되어 있다.

[CNN-03]
```
 6: W_conv1 = tf.Variable(tf.truncated_normal([5,5,1,num_filters1],
 7:                                            stddev=0.1))
 8: h_conv1 = tf.nn.conv2d(x_image, W_conv1,
 9:                        strides=[1,1,1,1], padding='SAME')
10:
11: b_conv1 = tf.Variable(tf.constant(0.1, shape=[num_filters1]))
12: h_conv1_cutoff = tf.nn.relu(h_conv1 + b_conv1)
```

11행에서 임계값에 해당하는 Variable로 **b_conv1**를 준비하고, 12행에서 함수 ReLU를 적용하고 있다. 이 경우 합성곱 필터를 적용한 후에 함수 tf.abs로 절댓값을 취하지는 않고 있으므로 필터 적용 후의 픽셀값은 음수가 될 수도 있다. 따라서 그림 5-3과 같이 음의 값을 포함해서 픽셀값이 **b_conv1** 이하인 부분을 잘라 내는 효과가 있다. 이에 따라 합성곱 필터의 출력에서 일정한 값 이상인 부분만 의미 있는 정보로서 다음 노드로 전달된다.

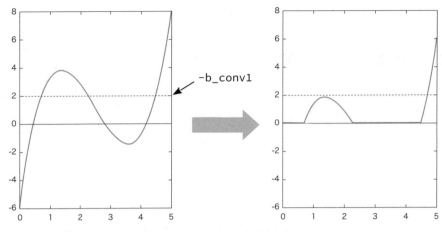

그림 5-3 활성화 함수 ReLU로 픽셀값을 잘라 내는 예

또한, 이 예에서는 11행에서 **b_conv1**을 정의할 때 상숫값을 준비하는 함수 tf.constant를 이용해 초깃값으로 0.1을 설정하고 있다. tf.constant는 **shape** 옵션으로 지정된 형식의 다차원 리스트를 준비해서 모든 요소에 동일한 값을 설정하는 함수다. 이제까지 1차 함수의 상수항은 tf.zeros를 이용해 초깃값에 0을 설정했는데, 여기서는 0에서 약간 벗어난 값을 설정하고 있다.

이는 앞서 ❷에 해당하는 테크닉이다. 필터의 초깃값을 난수를 이용해 설정하는 것과 동일한 이유로, 일부러 0에서 약간 벗어난 값으로 설정해서 오차 함수의 정류값을 피해서 최적화 처리를 효율적으로 할 수 있게 된다.

끝으로, ❸의 드롭아웃 계층은 전 결합층의 노드군과 소프트맥스 함수 사이에 위치하며, 약간 특별한 역할을 한다. 확률적 경사 하강법에서는 오차 함수를 계산해서 그 값이 작아지는 방향으로 파라미터를 수정했다. 이때 전 결합층의 노드군과 소프트맥스 함수 간 연결을 일정 비율로 무작위로 잘라 낸 상태로 오차 함수와 기울기 벡터를 계산한다(그림 5-4). 이렇게 하면 오차 함수의 값이 올바르게 계산되지 않아서 최적화가 제대로 되지 않을 것처럼 생각되는데, 이것이 바로 드롭아웃 계층의 역할이다.

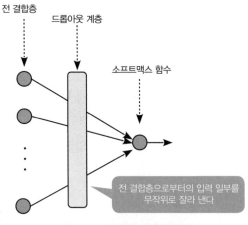

전 결합층
드롭아웃 계층
소프트맥스 함수

전 결합층으로부터의 입력 일부를
무작위로 잘라 낸다

그림 5-4 **드롭아웃 계층의 동작**

'2.1.3 테스트 세트를 이용한 검증'에서 설명했듯이 트레이닝 세트 데이터만이 갖는 특징에 대해 과잉 최적화가 이루어지면 테스트 세트에 대한 정답률이 향상되지 않는 경우가 있다. 특히, CNN처럼 다수의 파라미터를 갖는 네트워크에서는 이와 같은 오버피팅 현상이 발생하기 쉽다. 드롭아웃 계층은 오차 함수를 계산할 때 전 결합층의 일부 노드를 잘라 냄으로써 오버피팅을 회피하는 효과가 있는 것으로 알려져 있다.

드롭아웃 계층을 적용하는 구체적인 코드는 다음과 같다.

[CNN-05]

```
 6: w2 = tf.Variable(tf.truncated_normal([num_units1, num_units2]))
 7: b2 = tf.Variable(tf.constant(0.1, shape=[num_units2]))
 8: hidden2 = tf.nn.relu(tf.matmul(h_pool2_flat, w2) + b2)
 9:
10: keep_prob = tf.placeholder(tf.float32)
11: hidden2_drop = tf.nn.dropout(hidden2, keep_prob)
12:
13: w0 = tf.Variable(tf.zeros([num_units2, 10]))
14: b0 = tf.Variable(tf.zeros([10]))
15: p = tf.nn.softmax(tf.matmul(hidden2_drop, w0) + b0)
```

8행의 **hidden2**가 전 결합층의 출력이다. 11행에 있는 tf.nn.dropout이 드롭아웃 계층을 적용하는 함수로, 인수 **keep_prob**에는 잘라 내지 않고 남겨 둘 노드의 비율을 0~1 사이의 실숫값으로 지정한다. 10행에서 **keep_prob**를 Placeholder로 준비하고 있으므로 세션 내에서 계산할 때 **feed_dict** 옵션을 통해 값을 설정할 수 있다.

이후 예에서는 파라미터를 최적화할 때 **keep_pro**에 0.5를 지정한다. 또한, 파라미터 최적화가 완료된 후에 미지의 데이터에 대한 예측을 할 때 모든 노드가 연결된 상태로 계산하므로 **keep_prob**에는 1.0을 지정한다.

한편, 드롭아웃 계층에서는 노드를 잘라 내는 비율에 따라 노드로부터의 출력을 크게 하는 작업도 한다. 예를 들면, 노드의 절반을 잘라 낸 경우에는 남은 노드로부터의 출력을 두 배로 해서 전달한다. 이에 따라 소프트맥스 함수에 입력하는 값이 전체적으로 볼 때 감소하지 않도록 조정된다.

5.1.2 텐서플로를 이용한 다층 CNN 구현

그러면 '합성곱 필터＋풀링 계층'을 2단계로 쌓은 다층 CNN을 텐서플로 코드로 구현해 보자. 이에 해당하는 노트북은 'Chapter05/MNIST double layer CNN classification.ipynb'다. 이 코드를 실행할 때는 3GB 이상의 여유 메모리가 필요하다. '3.2.2 텐서보드를 이용한 네트워크 그래프 확인'의 마지막에 소개한 방법으로 다른 노트북을 실행 중인 커널을 정지해서 여유 메모리를 확보해 두기 바란다.

01 먼저, 필요한 모듈을 임포트하고 난수의 시드를 설정한 다음, MNIST 데이터 세트를 준비한다.

[CNN-01]

```
1: import tensorflow as tf
2: import numpy as np
3: import matplotlib.pyplot as plt
4: from tensorflow.examples.tutorials.mnist import input_data
5:
6: np.random.seed(20160704)
7: tf.set_random_seed(20160704)
```

[CNN-02]

```
1: mnist = input_data.read_data_sets("/tmp/data/", one_hot=True)
```

02 이어서 그림 5-1의 다층 CNN을 왼쪽부터 차례로 정의한다. 먼저, 첫 번째 단계의 합성곱 필터와 풀링 계층을 정의한다.

[CNN-03]

```
 1: num_filters1 = 32
 2:
 3: x = tf.placeholder(tf.float32, [None, 784])
 4: x_image = tf.reshape(x, [-1,28,28,1])
 5:
 6: W_conv1 = tf.Variable(tf.truncated_normal([5,5,1,num_filters1],
 7:                                           stddev=0.1))
 8: h_conv1 = tf.nn.conv2d(x_image, W_conv1,
 9:                        strides=[1,1,1,1], padding='SAME')
10:
11: b_conv1 = tf.Variable(tf.constant(0.1, shape=[num_filters1]))
12: h_conv1_cutoff = tf.nn.relu(h_conv1 + b_conv1)
13:
14: h_pool1 = tf.nn.max_pool(h_conv1_cutoff, ksize=[1,2,2,1],
15:                          strides=[1,2,2,1], padding='SAME')
```

1행의 **num_filters1**에는 첫 번째 단계의 합성곱 필터 개수를 지정한다. 그 밖의 부분은 본질적으로는 '4.3.2 단층 CNN을 이용한 필기 문자 분류'의 **[MDC-03]**과 동일한데, 11~12행에서 ReLU를 이용해 일정 값보다 작은 픽셀값을 잘라 내는 처리가 추가되어 있다. 앞서 말했듯이 잘라 낼 값을 결정하는 **b_conv1**은 초깃값을 0.1로 설정하고 있다.

03 이어서 두 번째 단계의 합성곱 필터와 풀링 계층을 정의한다.

[CNN-04]

```
 1: num_filters2 = 64
 2:
 3: W_conv2 = tf.Variable(
 4:             tf.truncated_normal([5,5,num_filters1,num_filters2],
 5:                   stddev=0.1))
 6: h_conv2 = tf.nn.conv2d(h_pool1, W_conv2,
 7:                        strides=[1,1,1,1], padding='SAME')
 8:
 9: b_conv2 = tf.Variable(tf.constant(0.1, shape=[num_filters2]))
10: h_conv2_cutoff = tf.nn.relu(h_conv2 + b_conv2)
11:
12: h_pool2 = tf.nn.max_pool(h_conv2_cutoff, ksize=[1,2,2,1],
13:                          strides=[1,2,2,1], padding='SAME')
```

1행의 **num_filters2**는 두 번째 단계의 합성곱 필터 개수를 지정한다. 그림 5-2에 나타냈듯이 하나의 필터는 내부적으로 32개의 필터를 갖고 있으므로 전체적으로는 32×

64개의 필터가 존재한다. 각각의 필터는 5×5 크기로, 3행의 **W_conv2**는 이를 모아서 저장하는 '5×5×32×64'의 다차원 리스트를 나타내는 Variable이다. 9~10행은 앞에서와 마찬가지로 일정 값보다 작은 픽셀값을 잘라 내는 처리를 한다.

04 다음은 전 결합층, 드롭아웃 계층, 소프트맥스 함수를 정의한다.

[CNN-05]

```
 1: h_pool2_flat = tf.reshape(h_pool2, [-1, 7*7*num_filters2])
 2:
 3: num_units1 = 7*7*num_filters2
 4: num_units2 = 1024
 5:
 6: w2 = tf.Variable(tf.truncated_normal([num_units1, num_units2]))
 7: b2 = tf.Variable(tf.constant(0.1, shape=[num_units2]))
 8: hidden2 = tf.nn.relu(tf.matmul(h_pool2_flat, w2) + b2)
 9:
10: keep_prob = tf.placeholder(tf.float32)
11: hidden2_drop = tf.nn.dropout(hidden2, keep_prob)
12:
13: w0 = tf.Variable(tf.zeros([num_units2, 10]))
14: b0 = tf.Variable(tf.zeros([10]))
15: p = tf.nn.softmax(tf.matmul(hidden2_drop, w0) + b0)
```

이 부분은 오차 함수, 드롭아웃 계층이 추가된 점을 제외하면 '4.3.2 단층 CNN을 이용한 필기 문자 분류'의 **[MDC-04]**와 동일한 구조로 되어 있다. 두 번째 단계의 풀링 계층에서는 하나의 입력 이미지에 대해 7×7 크기의 이미지 데이터가 총 64개 출력된다. 따라서 전 결합층에는 7×7×64개의 데이터가 입력된다. 3~4행의 **num_units1**과 **num_units2**는 각각 전 결합층에 입력할 데이터 개수와 전 결합층의 노드 개수다. 10~11행이 드롭아웃 계층을 처리하는 부분이다.

05 끝으로, 오차 함수, 트레이닝 알고리즘 및 정답률을 정의하면 신경망 정의가 완료된다.

[CNN-06]

```
 1: t = tf.placeholder(tf.float32, [None, 10])
 2: loss = -tf.reduce_sum(t * tf.log(p))
 3: train_step = tf.train.AdamOptimizer(0.0001).minimize(loss)
 4: correct_prediction = tf.equal(tf.argmax(p, 1), tf.argmax(t, 1))
 5: accuracy = tf.reduce_mean(tf.cast(correct_prediction, tf.float32))
```

3행에서는 트레이닝 알고리즘 **tf.train.AdamOptimizer**에 대해 학습률 값을 0.0001로 설정하고 있다. '4.3.2 단층 CNN을 이용한 필기 문자 분류'의 **[MDC-05]**에서는 0.0005 를 설정했는데, 여기서는 더 작은 값으로 설정하고 있다. 신경망이 복잡해질수록 파라미터값을 더 높은 정밀도로 최적화할 수 있으나, 그만큼 학습률은 더 작은 값을 설정해야 한다.

06 이후에는 세션을 준비하고 파라미터를 최적화한다. 먼저, 세션을 준비하고 Variable 을 초기화한다.

[CNN-07]

```
1: sess = tf.InteractiveSession()
2: sess.run(tf.initialize_all_variables())
3: saver = tf.train.Saver()
```

최적화 처리를 하는 도중에 세션 상태를 저장하기 위해 3행에서는 tf.train.Saver 오브젝트를 생성하고 있다.

07 이어서 1회당 50개의 데이터를 사용하는 미니 배치로 확률적 경사 하강법을 이용한 파라미터 최적화를 반복한다. 신경망이 복잡해지면 1회당 최적화 계산에 오랜 시간이 걸린다. 여기서는 계산 시간이 너무 오래 걸리지 않도록 1회당 데이터 개수를 앞서설정한 것보다 더 줄였다. 전체적으로 최적화 처리를 2만 회 실행하고 있다.

[CNN-08]

```
1: i = 0
2: for _ in range(20000):
3:     i += 1
4:     batch_xs, batch_ts = mnist.train.next_batch(50)
5:     sess.run(train_step,
6:             feed_dict={x:batch_xs, t:batch_ts, keep_prob:0.5})
7:     if i % 500 == 0:
8:         loss_vals, acc_vals = [], []
9:         for c in range(4):
10:             start = len(mnist.test.labels) / 4 * c
11:             end = len(mnist.test.labels) / 4 * (c+1)
12:             loss_val, acc_val = sess.run([loss, accuracy],
13:                 feed_dict={x:mnist.test.images[start:end],
14:                            t:mnist.test.labels[start:end],
15:                            keep_prob:1.0})
16:             loss_vals.append(loss_val)
17:             acc_vals.append(acc_val)
18:         loss_val = np.sum(loss_vals)
```

```
19:        acc_val = np.mean(acc_vals)
20:        print ('Step: %d, Loss: %f, Accuracy: %f'
21:              % (i, loss_val, acc_val))
22:        saver.save(sess, 'cnn_session', global_step=i)

-----------------------------------------------

Step: 500, Loss: 1539.889160, Accuracy: 0.955600
Step: 1000, Loss: 972.987549, Accuracy: 0.971700
Step: 1500, Loss: 789.961914, Accuracy: 0.974000
Step: 2000, Loss: 643.896973, Accuracy: 0.978400
Step: 2500, Loss: 602.963257, Accuracy: 0.980900
…… 중략 ……
Step: 18000, Loss: 258.416321, Accuracy: 0.991200
Step: 18500, Loss: 285.394806, Accuracy: 0.990900
Step: 19000, Loss: 290.716187, Accuracy: 0.991000
Step: 19500, Loss: 272.024536, Accuracy: 0.991600
Step: 20000, Loss: 269.107880, Accuracy: 0.991800
```

5~6행이 최적화 처리를 수행하는 부분이다. **feed_dict** 옵션에는 드롭아웃 계층의 인수를 저장하는 Placeholder인 **keep_prob**값도 지정하고 있다. 여기서는 0.5를 지정해서 전 결합층의 출력 중 절반을 잘라 내도록 하고 있다.

또한, 7~21행에서는 최적화를 500회 수행할 때마다 그 시점에서의 테스트 세트에 내한 정답률을 확인하고 있다. 이때는 **keep_prob**에 1.0을 지정해서 전 결합층의 출력은 잘라 내지 않도록 하고 있다. 마지막 22행에는 이 시점에서의 세션 상태를 파일에 저장하고 있다.

한편, 지금까지 테스트 세트에 대한 오차 함수와 정답률을 계산할 때는 테스트 세트의 모든 데이터를 Placeholder에 저장해서 계산값 **loss**와 **accuracy**를 평가했는데, 여기서는 테스트 세트 데이터를 분할해서 4회로 나누어 평가하고 있다. 이는 메모리 사용률을 줄이기 위한 것이며, 본질적인 내용은 아니다. 여기서 이용하는 신경망에서 테스트 세트의 모든 데이터를 한꺼번에 평가하면 대량의 메모리가 필요하므로 이렇게 처리하는 것이다.

2만 회의 최적화 처리가 완료되기까지는 전체적으로 1시간 이상 걸리므로 차분히 정답률 변화를 관찰하기 바란다. 앞서 코드 하단 결과에서 알 수 있듯이 최종적으로 테스트 세트에 대해 약 99%의 정답률을 달성하고 있다. 지금까지의 실행 결과 중에 최고 기록을 달성할 수 있었다.

08 끝으로, 세션 상태를 저장한 파일이 생성되었는지 확인해 본다.

[CNN-09]

```
1: ! ls cnn_session*
---------------------------------------------
cnn_session-18000        cnn_session-19000        cnn_session-20000
cnn_session-18000.meta   cnn_session-19000.meta   cnn_session-20000.meta
cnn_session-18500        cnn_session-19500
cnn_session-18500.meta   cnn_session-19500.meta
```

이후에는 파일 '**cnn_session-20000**'에 저장된 트레이닝 결과를 이용해 새로운 필기 문자 데이터를 분류할 수 있다.

5.1.3 필기 문자의 자동 인식 애플리케이션

여기서는 앞서 본 트레이닝 결과를 이용해 실제로 새로운 필기 문자를 자동 인식하는 코드를 작성해 보자. 이에 해당하는 노트북은 'Chapter05/Handwriting recognizer.ipynb'다. 여기서는 주피터의 노트북상에서 코드를 작성하고 있는데, 이와 동일한 처리를 웹 애플리케이션 등에서 구현하는 것도 그리 어렵지는 않을 것이다.

01 필요한 모듈을 임포트하고, 그림 5-1의 네트워크를 정의하는 부분은 앞서 본 코드와 같으므로 세션을 준비하는 부분부터 설명하도록 한다. 다음은 세션을 준비하고 Variable을 초기화한 후 트레이닝을 마친 세션의 상태를 복원한다.

[HWR-05]

```
1: sess = tf.InteractiveSession()
2: sess.run(tf.initialize_all_variables())
3: saver = tf.train.Saver()
4: saver.restore(sess, 'cnn_session-20000')
```

02 이어서 필기 문자를 입력하기 위한 자바스크립트(javascript) 코드를 준비한다. 주피터의 노트북에는 자바스크립트를 실행하는 기능이 있어서 이를 이용하고 있다. 먼저, HTML 폼과 자바스크립트 코드를 변수 **input_form**과 **javascript**에 문자열로 저장해 둔다.

[HWR-06]

```
 1: input_form = """
 2: <table>
 3: <td style="border-style: none;">
 4: <div style="border: solid 2px #666; width: 143px; height: 144px;">
 5: <canvas width="140" height="140"></canvas>
 6: </td>
 7: <td style="border-style: none;">
 8: <button onclick="clear_value()">Clear</button>
 9: </td>
10: </table>
11: """
12:
13: javascript = """
14: <script type="text/Javascript">
15:     var pixels = [];
16:     for (var i = 0; i < 28*28; i++) pixels[i] = 0
17:     var click = 0;
18:
19:     var canvas = document.querySelector("canvas");
20:     canvas.addEventListener("mousemove", function(e){
21:         if (e.buttons == 1) {
22:             click = 1;
23:             canvas.getContext("2d").fillStyle = "rgb(0,0,0)";
24:             canvas.getContext("2d").fillRect(e.offsetX, e.offsetY, 8, 8);
25:             x = Math.floor(e.offsetY * 0.2)
26:             y = Math.floor(e.offsetX * 0.2) + 1
27:             for (var dy = 0; dy < 2; dy++){
28:                 for (var dx = 0; dx < 2; dx++){
29:                     if ((x + dx < 28) && (y + dy < 28)){
30:                         pixels[(y+dy)+(x+dx)*28] = 1
31:                     }
32:                 }
33:             }
34:         } else {
35:             if (click == 1) set_value()
36:             click = 0;
37:         }
38:     });
39:
40:     function set_value(){
41:         var result = ""
42:         for (var i = 0; i < 28*28; i++) result += pixels[i] + ","
43:         var kernel = IPython.notebook.kernel;
44:         kernel.execute("image = [" + result + "]");
45:     }
46:
47:     function clear_value(){
48:         canvas.getContext("2d").fillStyle = "rgb(255,255,255)";
49:         canvas.getContext("2d").fillRect(0, 0, 140, 140);
```

```
50:        for (var i = 0; i < 28*28; i++) pixels[i] = 0
51:    }
52: </script>
53: """
```

03 준비한 HTML 폼과 자바스크립트를 다음 코드로 실행한다.

[HWR-07]

```
1: from IPython.display import HTML
2: HTML(input_form + javascript)
```

04 이때 그림 5-5의 왼쪽 폼이 표시되므로 마우스를 사용해 원하는 숫자를 쓰면 28×28=784픽셀의 이미지 데이터(흑백 두 가지 색상)가 1차원 리스트로 해서 변수 **image**에 저장된다. 또한, 'Clear' 버튼을 누르면 이미지를 초기화할 수 있다.

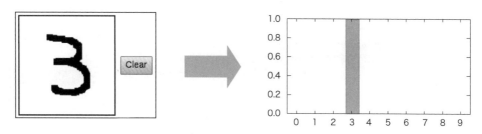

그림 5-5 **필기 숫자를 인식하는 모습**

05 변수 **image**의 이미지 데이터를 CNN에 입력해서 '0' ~ '9' 사이에 각각의 숫자일 확률을 계산한다.

[HWR-08]

```
1: p_val = sess.run(p, feed_dict={x:[image], keep_prob:1.0})
2:
3: fig = plt.figure(figsize=(4,2))
4: pred = p_val[0]
5: subplot = fig.add_subplot(1,1,1)
6: subplot.set_xticks(range(10))
7: subplot.set_xlim(-0.5,9.5)
8: subplot.set_ylim(0,1)
9: subplot.bar(range(10), pred, align='center')
```

1행에서는 **feed_dict** 옵션으로 Placeholder **x**에 변수 **image**의 내용을 저장한 상태로 소프트맥스 함수의 출력 **p**를 평가하고 있다. 3~9행은 그림 5-5의 오른쪽처럼, 나온 결과를 막대그래프로 표시한다. 이 예에서는 정확하게 문자 '3'으로 인식되고 있음을 알 수 있다. 앞서 폼에 다른 문자를 써서 다시 **[HWR-08]**을 실행하면 새로운 결과가 나온다.

06 끝으로, 여기서 입력한 이미지 데이터가 첫 번째 단계와 두 번째 단계 필터에 의해 어떻게 변화하고 있는지를 확인해 보자. 다음은 첫 번째 필터를 통과한 이미지 데이터를 나타내고 있다.

[HWR-09]

```
 1: conv1_vals, cutoff1_vals = sess.run(
 2:     [h_conv1, h_conv1_cutoff], feed_dict={x:[image], keep_prob:1.0})
 3:
 4: fig = plt.figure(figsize=(16,4))
 5:
 6: for f in range(num_filters1):
 7:     subplot = fig.add_subplot(4, 16, f+1)
 8:     subplot.set_xticks([])
 9:     subplot.set_yticks([])
10:     subplot.imshow(conv1_vals[0,:,:,f],
11:                 cmap=plt.cm.gray_r, interpolation='nearest')
12:
13: for f in range(num_filters1):
14:     subplot = fig.add_subplot(4, 16, num_filters1+f+1)
15:     subplot.set_xticks([])
16:     subplot.set_yticks([])
17:     subplot.imshow(cutoff1_vals[0,:,:,f],
18:                 cmap=plt.cm.gray_r, interpolation='nearest')
```

1~2행에서는 앞에서와 마찬가지로 Placeholder **x**에 변수 **image**의 내용을 저장한 상태로 첫 번째 단계의 필터를 적용한 결과를 나타내는 **h_conv1**과 **h_conv1_cutoff**를 평가하고 있다. 이는 활성화 함수 ReLU를 이용해 일정 값보다 작은 픽셀값을 잘라 내기 전후의 데이터를 각각 의미한다. 6~18행에서는 각각의 데이터를 이미지로 출력하고 있으며, 그림 5-6과 같은 결과가 나온다. 32가지 필터에 해당하는 32가지 이미지가 출력되고 있다.

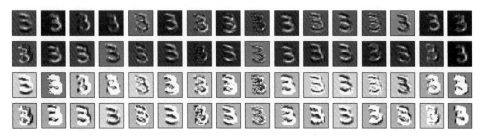

그림 5-6 첫 번째 단계의 필터를 적용한 이미지 데이터

07 마찬가지로 다음 코드에서는 두 번째 단계의 필터를 통과한 이미지 데이터를 출력한다.

[HWR-10]

```
 1: conv2_vals, cutoff2_vals = sess.run(
 2:     [h_conv2, h_conv2_cutoff], feed_dict={x:[image], keep_prob:1.0})
 3:
 4: fig = plt.figure(figsize=(16,8))
 5:
 6: for f in range(num_filters2):
 7:     subplot = fig.add_subplot(8, 16, f+1)
 8:     subplot.set_xticks([])
 9:     subplot.set_yticks([])
10:     subplot.imshow(conv2_vals[0,:,:,f],
11:                    cmap=plt.cm.gray_r, interpolation='nearest')
12:
13: for f in range(num_filters2):
14:     subplot = fig.add_subplot(8, 16, num_filters2+f+1)
15:     subplot.set_xticks([])
16:     subplot.set_yticks([])
17:     subplot.imshow(cutoff2_vals[0,:,:,f],
18:                    cmap=plt.cm.gray_r, interpolation='nearest')
```

1~2행에서는 두 번째 단계의 필터를 적용한 결과를 나타내는 **h_conv2**와 **h_conv2_ cutoff**를 평가하고 있다. 이는 각각 일정 값보다 작은 픽셀값을 잘라 내기 전후의 데이터를 의미한다. 6~18행에서는 각각의 데이터를 이미지로 출력하고 있으며, 그림 5-7과 같은 결과가 나온다. 64가지 필터에 해당하는 64가지 이미지가 출력되고 있다.

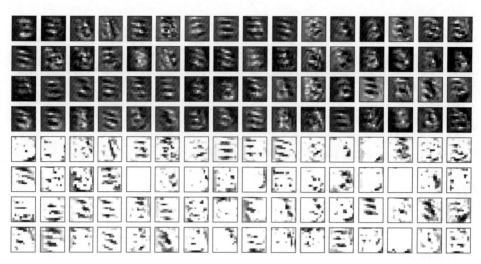

그림 5-7 두 번째 단계의 필터를 적용한 이미지 데이터

그림 5-7 하단에 있는 64개의 이미지 데이터에 풀링 계층을 적용한 것이 최종적으로 전 결합층에 입력된다. 특정 방향의 에지 등 다양한 특징이 추출되어 있어 이를 바탕으로 문자의 종류를 판별하게 된다. 그렇다고 해도 이 그림을 보고 있으면 어떻게 이를 이용해 99%의 정확도로 분류할 수 있는지 신기하다는 생각이 들 것이다. 사실 이 이미지들이 어떤 특징을 나타내고 있는지는 아직 잘 모르는 부분도 있다. 사람이 잘 느끼지 못하는 감춰진 특징을 추출하는 딥러닝의 재미를 느낄 수 있는 결과라고 볼 수도 있다.

이렇게 해서 이 책의 주제인 필기 문자를 분류하는 CNN의 구성이 완료됐다. CNN의 구조를 이해하고 텐서플로 코드로 구현하기로 한 당초의 목표를 달성한 것이다. 여기서 한 번 더 '5장을 시작하며'에 있는 그림 5-1을 되짚어 보면서 각 부분의 역할을 재확인하기 바란다. 이 그림을 처음 봤을 때는 그 의미를 전혀 알 수 없었는데 지금은 실감하면서 이해할 수 있게 되었기를 바란다.

'딥러닝'은 결코 마법 같은 구조가 아니라 어떤 의미에서는 소박한 원리로 구성되어 있다는 것을 알았을 것이다. 뒤돌아보면 소박한 원리를 바탕으로 대량의 데이터를 투입해 대량의 파라미터를 최적화함으로써 놀라울 정도로 높은 정확도를 보이는 결과를 얻을 수 있다는 점이 딥러닝의 심오한 점이기도 하다.

5.2 그 밖의 주제

여기서는 이 책의 주제인 CNN과 텐서플로를 더 깊게 이해하기 위해, 또는 직감적으로 이해하기 위해 도움이 되는 몇 가지 추가적인 내용을 소개한다.

5.2.1 CIFAR-10(컬러 사진 이미지) 분류를 위한 확장

이 책에서는 다층형 CNN을 이용해 MNIST 데이터 세트라고 하는 그레이스케일 이미지 데이터를 분류하는 데 성공했다. 여기서 구성한 CNN은 텐서플로 공식 사이트에 있는 '텐서플로 튜토리얼(TensorFlow Tutorials)'에서 'Deep MNIST for Experts'로 소개되고 있는 것이다.[1] 이 튜토리얼에는 다음 단계로 컬러 사진 이미지 데이터에 동일한 기법을 적용하는 방법이 소개되고 있다.[2]

구체적으로는 'CIFAR-10'이라는 32×32픽셀의 컬러 사진 이미지 데이터를 '비행기, 자동차, 새, 고양이, 사슴, 개, 개구리, 말, 배, 트럭'이라는 10가지 카테고리로 분류한다(그림 5-8). 이는 다루는 이미지 데이터가 컬러로 바뀌었다는 점을 제외하면 본질적으로는 MNIST 데이터 세트와 동일한 구조로 분류할 수 있다. 튜토리얼에서는 그림 5-9와 같은 CNN을 이용해 분류하고 있다.

그림 5-9의 CNN은 '정규화 계층'이라는 과정이 추가되어 있다는 점과 마지막에 전 결합층이 두 계층으로 되어 있다는 점이 지금까지와는 다르다. '정규화 계층'은 픽셀값이 극단적으로 커지지 않도록 픽셀값의 범위를 압축하는 효과가 있다. 또한, 첫 번째 단계의 합성곱 필터는 '4.1.2 텐서플로를 이용한 합성곱 필터의 적용'의 그림 4.7과 같이 컬러 이미지에 대응하는

---

[1] 🔗 Deep MNIST for Experts
   https://www.tensorflow.org/tutorials/mnist/pros/#deep-mnist-forexperts

[2] 🔗 Convolutional Neural Networks
   https://www.tensorflow.org/tutorials/deep_cnn/#convolutional-neuralnetworks

형태로 되어 있다. 64개의 필터 각각이 내부적으로는 RGB에 대응하는 세 가지 필터를 갖고 있다. 여기서 얻은 64가지 이미지 데이터가 다시 두 번째 단계에 있는 64개의 필터에서 처리된다.

그림 5-8 CIFAR-10의 데이터 세트(일부)

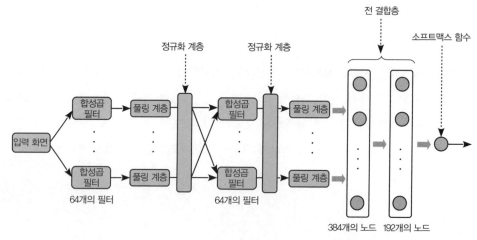

그림 5-9 CIFAR-10의 데이터 세트를 분류하는 CNN 구성

그 밖에 드롭아웃 계층이 없다는 점도 다르다. 그레이스케일 필기 문자(숫자)에 비해 다루는

데이터가 복잡해서 오버피팅이 발생하기 어려우므로 드롭아웃 계층이 불필요하다고 판단한 것으로 보인다.

그리고 MNIST 데이터 세트의 경우와 가장 다른 점은 이미지 데이터에 몇 가지 '전처리'를 한다는 점이다. CIFAR-10의 이미지 데이터는 그림 5-8과 같은 사진 이미지이므로 다음과 같은 점을 고려해서 특징을 추출할 필요가 있기 때문이다.

- 식별 대상 이외의 물체가 주변에 찍혀 있다
- 식별 대상이 이미지 중앙에 있다고 단정할 수 없다
- 이미지의 밝기나 콘트라스트(contrast)가 일정하지 않다

이러한 문제에 대응하기 위해 주어진 이미지를 그대로 이용하지 않고 다음과 같은 처리를 한 후에 CNN에 입력하는 방법을 이용하고 있다. 먼저, 트레이닝 알고리즘을 이용한 파라미터 최적화가 끝난 후에 실제 판정을 할 때의 입력 이미지에 대해서는 다음과 같은 전처리를 한다.

❶ 이미지 주변을 잘라 낸다
❷ 이미지의 다이내믹 레인지(Dynamic Range)를 평준화한다

❶은 **크로핑(Cropping)**이라고 하며 이미지 중앙에 있는 물체만을 보고 판정하기 위한 처리다. 튜토리얼의 예에서는 32×32픽셀의 이미지에서 중앙의 24×24픽셀 부분을 잘라 내고 있다.

❷는 **화이트닝(Whitening)**이라고 하며 하나의 이미지 데이터에 포함되는 각 픽셀값의 범위를 조정해서 평균 0, 표준편차 1인 범위 안에 들어가도록 한다. 이는 이미지 데이터에 포함되는 픽셀값이 대략 ±1 범위에 들어가도록 하는 것을 의미한다. 구체적으로는 RGB 각 레이어에 대해 모든 픽셀값 $\{x_i\}(i = 1, \cdots, N)$의 평균 m과 분산 s^2을 다음 식으로 계산한다.

$$m = \frac{1}{N}\sum_{i=1}^{N} x_i, \ \ s^2 = \frac{1}{N}\sum_{i=1}^{N}(x_i - m)^2 \qquad \boxed{\text{식 5.1}}$$

그리고 나서 각 픽셀값을 다음 식으로 치환한다.

$$x_i \rightarrow \frac{x_i - m}{\sqrt{s^2}} \qquad \boxed{\text{식 5.2}}$$

다음으로 트레이닝 알고리즘을 적용해서 파라미터를 최적화할 때 트레이닝 데이터로 입력할 이미지에는 다음과 같은 전처리를 한다. 확률적 경사 하강법을 이용할 경우 동일한 이미지 데이터를 여러 번 사용하게 되는데 사용할 때마다 다음과 같이 처리한다.

❶ 이미지 주변을 랜덤하게 잘라낸다

❷ 이미지를 랜덤하게 좌우 반전시킨다

❸ 이미지의 밝기와 콘트라스트를 랜덤하게 변경한다

❹ 이미지의 다이내믹 레인지를 평준화한다

❶은 **랜덤 크로핑**(Random cropping)이라고 한다. 앞서 이미지를 판정할 때는 중앙 부분을 잘라 냈는데, 여기서는 랜덤한 위치를 중심으로 해서 잘라 낸다. 어떤 물체가 이미지의 어느 위치에 있더라도 물체의 종류를 판정하는 것은 달라지지 않을 것이다. 이와 같은 사실을 신경망에 '가르치기' 위해 한 장의 이미지에서 여러 위치를 잘라 낸 복수의 이미지를 준비하고, 이들 모두에 동일한 라벨을 붙여서 파라미터를 최적화한다.

❷는 **랜덤 플리핑**(Random flipping)이라고 한다. ❶과 마찬가지로 물체가 좌우 반전되더라도 물체의 종류는 달라지지 않을 것이다. 좌우를 반전시킨 이미지에도 동일한 라벨을 붙임으로써 이러한 사실을 신경망에 가르친다. 또한, ❸에 대해서도 마찬가지다. 사진 이미지의 경우에는 상황에 따라 이미지의 밝기나 콘트라스트가 변화하지만, 물체의 종류 자체는 달라지지 않는다. 이렇게 처리해서 다양한 밝기나 콘트라스트 이미지에 대해 올바르게 판정할 수 있게 되리라 기대할 수 있다. 마지막 ❹는 판정할 때와 마찬가지로 화이트닝 처리를 한다. 이는 이미지 데이터에 국한되지 않고 대량의 데이터를 통계 처리할 때 일반적으로 이용되는 **'데이터 정규화'**에 해당한다.

이상과 같이 전처리한 이미지 데이터의 샘플은 그림 5-10과 같다. 각 행의 왼쪽 끝이 원본 이미지이고, 바로 오른쪽이 판정용 전처리를 한 것, 그보다 오른쪽에 나열되어 있는 것은 트레이닝 데이터용으로 랜덤하게 수정한 것이다.[1] 텐서플로에는 위에서 설명한 이미지 전처리를 하는 함수도 미리 준비되어 있다. 이러한 기능을 이용해 그림 5-8 및 그림 5-10의 이미지를 표시하는 노트북을 'Chapter05/CIFAR-10 dataset samples.ipynb'로 준비해 두었으므로 참고하기 바란다.

---

1 **조** 전처리를 한 데이터는 픽셀값의 범위가 통상적인 이미지 데이터의 범위에서 벗어나 있으므로 여기서는 값의 범위를 재조정해서 이미지화하고 있다.

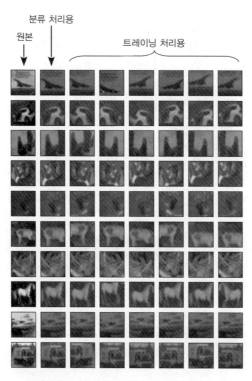

분류 처리용

원본

트레이닝 처리용

그림 5-10 전처리를 한 이미지 데이터의 예

이러한 테크닉을 적용한 결과, 그림 5-9의 CNN에 의해 테스트 세트에 대해 86%의 정답률
이 실현된다.

5.2.2 'A Neural Network Playground'를 이용한 직감적 이해

'A Neural Network Playground'(이하, Playground)는 2차원 평면상의 데이터를 신경망으로 분
류하는 모습을 실시간으로 관찰할 수 있는 웹 애플리케이션이다. 자바스크립트를 이용해
구현되어 있으며, 웹 브라우저에서 다음 URL에 접속하면 바로 테스트해 볼 수 있다.

- Neural Network Playground(http://playground.tensorflow.org/)

Playground에서는 그림 5-11과 같은 화면상에 복수의 은닉 계층으로 된 다층 신경망을 구
성할 수 있다. 2차원 평면상의 데이터에 대해 주로 3장에서 설명한 이항 분류기의 알고리
즘으로 데이터를 분류한다. 분류 대상 데이터는 그림 5-12와 같이 사전에 준비된 패턴에서
난수를 이용해 생성한다.

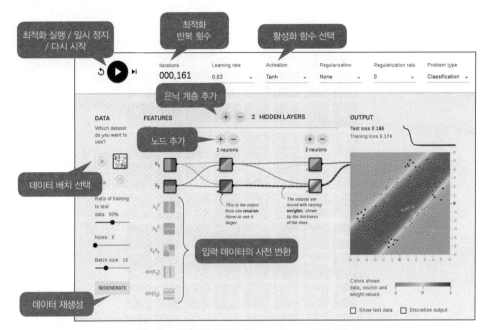

최적화 실행 / 일시 정지 / 다시 시작

최적화 반복 횟수

활성화 함수 선택

은닉 계층 추가

노드 추가

데이터 배치 선택

입력 데이터의 사전 변환

데이터 재생성

그림 5-11 'A Neural Network Playground'의 제어 화면

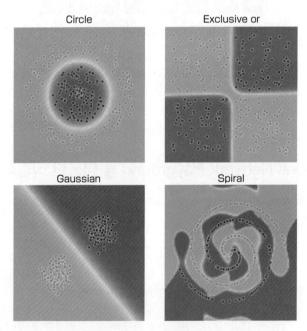

Circle

Exclusive or

Gaussian

Spiral

그림 5-12 분류 대상 데이터를 생성하는 패턴

예를 들어, 그림 5-13은 '2.1.2 텐서플로를 이용한 최우추정법 실행'의 그림 2-9와 동일하게 재현한 것이다. 데이터의 좌표 (x_1, x_2)를 '1차 함수+시그모이드 함수'로 된 출력 계층에 부여한 것으로, 평면 전체를 직선으로 분할하고 있다.

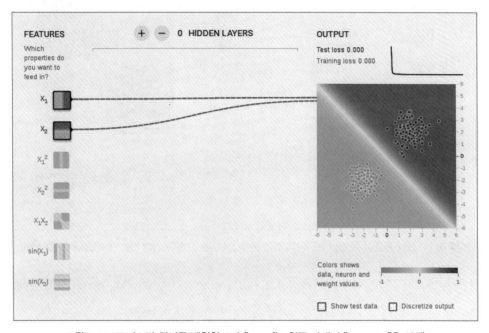

그림 5-13 로지스틱 회귀를 재현한 모습('DATA'는 왼쪽 아래의 "Gaussian"을 선택)

그리고 그림 5-14는 '3.3.1 다층 신경망의 효과'의 그림 3-18과 동일한 것이다. 대각선상에 배치된 데이터를 분류하려면 그림 3-17처럼 출력 계층을 확장할 필요가 있었는데, 이런 상황이 올바르게 재현되고 있음을 알 수 있다.

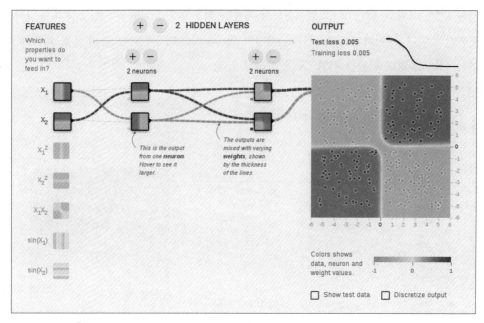

그림 5-14 은닉 계층이 두 개인 신경망에 의한 분류('DATA'는 오른쪽 위에 있는 "Exclusive or"를 선택)

한편, 브라우저 화면상에서는 파라미터 최적화가 진행되는 모습과 함께 데이터 분할 상태가 변화해 간다. 실제로 이 구성을 준비해서 실행하면 한동안 아무렇게나 분류되어 있던 것이 특정 타이밍에 갑자기 올바르게 분류된 모습으로 변화한다. 이는 '3.3.3 보충: 파라미터가 극솟값에 수렴하는 예'의 그림 3-25에서 설명했듯이 오차 함수의 극솟값 부근을 헤매다가 특정 타이밍에 갑자기 최솟값을 발견해 내는 움직임에 해당한다. 트레이닝 알고리즘에 따라 파라미터 최적화가 진행되는 모습을 시각적으로 확인할 수 있으므로 텐서플로의 구조를 직감적으로 이해할 수 있을 것이다.

아울러 이 구성에서 새로운 데이터를 생성하면서 여러 번 실행해 보면 그림 5-15와 같은 상태에 빠지는 경우가 있다. 이는 파라미터가 극솟값에 수렴해서 그 이상 최적화가 진행되지 않는 상태로, '3.3.3 보충: 파라미터가 극솟값에 수렴하는 예'의 그림 3-24에 해당하는 것이다.

그렇다면 이 데이터에 대해 은닉 계층이 하나인 단층 신경망을 적용하면 어떻게 될까? '3.3.1 다층 신경망의 효과'의 서두에서 설명했듯이 이 데이터는 은닉 계층의 노드가 두 개인 단층 신경망에서는 제대로 분류되지 않는다. 그림 5-16의 실행 결과에서 이와 같은 사실도 간단히 확인해 볼 수 있다.

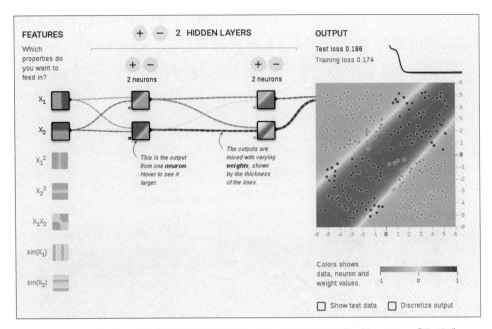

그림 5-15 파라미터가 극솟값에 수렴한 상태('DATA'는 오른쪽 위에 있는 "Exclusive or"를 선택)

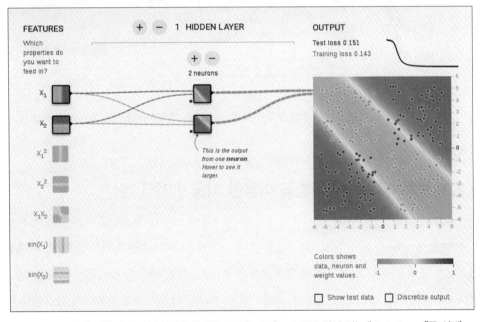

그림 5-16 은닉 계층이 하나인 신경망에 의한 분류('DATA'는 오른쪽 위에 있는 "Exclusive or"를 선택)

이 밖에도 Playground에서는 앞서 그림 5-12와 같은 패턴의 데이터를 생성할 수 있다. 원형이나 소용돌이 모양의 데이터 배치에 대해 은닉 계층의 노드를 어떻게 준비해야 제대로 분류할 수 있을지 퍼즐 감각을 발휘해 테스트해 보는 것도 재미있을 것이다(그림 5-17). 그림 5-11에 나타냈듯이 x_1^2이나 $sin(x_1)$ 등 지정되어 있는 함수를 이용해 입력 데이터를 사전에 변환하는 기능도 있으므로 이를 조합해 볼 수도 있다.

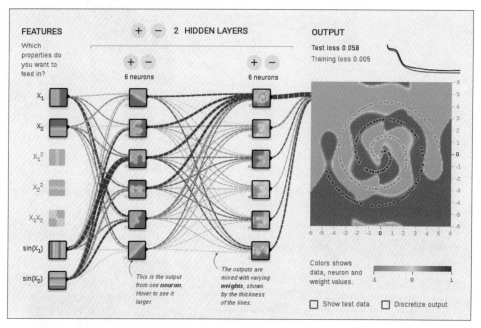

그림 5-17 소용돌이 모양의 데이터를 분류하는 예('DATA'는 오른쪽 아래에 있는 "Spiral"을 선택)

5.2.3 보충: 오차 역전파법을 이용한 기울기 벡터 계산

지금까지 여러 번 강조했듯이 텐서플로는 경사 하강법을 이용해 파라미터 최적화를 자동으로 실행하는 기능이 있다. '1.1.4 텐서플로를 이용한 파라미터 최적화'에서 설명했듯이 내부적으로는 오차 함수의 기울기 벡터를 계산하는 것으로, 오차 함수가 작아지는 방향을 찾아낸다. CNN과 같은 복잡한 신경망에 대해 기울기 벡터를 고속으로 계산하는 알고리즘이 미리 준비되어 있다는 점이 텐서플로의 특징 중 하나라고 할 수 있다.

여기서는 신경망에서 기울기 벡터 계산 방법에 대해 이론적인 관점에서 수식을 포함해서 보충 설명을 한다. 텐서플로 내부의 계산 알고리즘 그 자체를 설명하는 것은 아니고, 그 수학적인 기초가 되는 **'오차 역전파법(back propagation)'**을 중심으로 설명한다. 여기에는 합성 함수의 미분처럼 미분 계산에 관한 기초적인 지식이 전제가 된다.[2]

구체적인 설명을 위해 그림 5-18에 나타낸 두 개의 은닉 계층을 갖는 다층 신경망을 예로 들어 생각해 보자. 이는 '3.3.1 다층 신경망의 효과'의 그림 3-17에서 입력 데이터의 변수 개수와 은닉 계층의 노드 개수를 늘려서 일반화한 것이다. 이 신경망에서 기울기 벡터를 계산하는 방법을 생각해 보겠다.

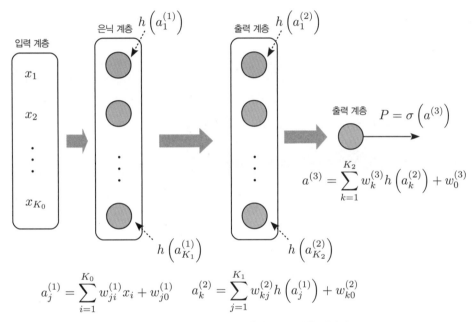

$$a_j^{(1)} = \sum_{i=1}^{K_0} w_{ji}^{(1)} x_i + w_{j0}^{(1)} \quad a_k^{(2)} = \sum_{j=1}^{K_1} w_{kj}^{(2)} h\left(a_j^{(1)}\right) + w_{k0}^{(2)}$$

그림 5-18 두 개의 은닉 계층을 갖는 다층 신경망

먼저, 계산 준비를 위해 각종 변수를 정리한다. 첫 번째 은닉 계층의 노드에서는 입력 데이터의 1차 함수가 계산된다. 이때 입력 데이터를 $(x_1, x_2, \cdots, x_{K_0})$으로 해서 1차 함수를 다음과 같이 나타낸다.

$$a_j^{(1)} = \sum_{i=1}^{K_0} w_{ji}^{(1)} x_i + w_{j0}^{(1)} \quad (j = 1, \cdots, K_1) \qquad \boxed{\text{식 5.3}}$$

---

2 ㈜ 이는 어디까지나 수학에 관심 있는 사람을 위한 보충 설명이다. 여기서 하는 설명을 모르더라도 텐서플로를 능숙하게 사용하는 데는 문제 없으므로 안심해도 된다.

$a_j^{(1)}$을 활성화 함수 $h(x)$에 대입한 것이 두 번째 은닉 계층으로 입력되는 값이다. 그러므로 두 번째 계층의 1차 함수를 다음과 같이 나타낸다.

$$a_k^{(2)} = \sum_{j=1}^{K_1} w_{kj}^{(2)} h\left(a_j^{(1)}\right) + w_{k0}^{(2)} \ \ (k = 1, \cdots, K_2)$$

식 5.4

활성화 함수 $h(x)$는 하이퍼볼릭 탄젠트나 ReLU 등을 이용한 것이라고 생각하기 바란다. $a_k^{(2)}$를 활성화 함수 $h(x)$에 대입한 것이 출력 계층에 입력되는 값이므로 마찬가지로 출력 계층의 1차 함수를 다음과 같이 나타낸다.

$$a^{(3)} = \sum_{k=1}^{K_2} w_k^{(3)} h\left(a_k^{(2)}\right) + w_0^{(3)}$$

식 5.5

$a^{(3)}$을 시그모이드 함수 $\sigma(x)$에 대입한 것이 최종적인 출력 P가 된다.

$$\sigma(x)$$

식 5.6

트레이닝 세트 데이터군 중에 특히 n번째 데이터를 입력 데이터로 한 것을 P_n이라고 나타내면 오차 함수는 다음과 같이 계산된다.

$$E = -\sum_{n=1}^{N} \{t_n \log P_n + (1 - t_n) \log(1 - P_n)\}$$

식 5.7

이는 '2.1.1 확률을 이용한 오차의 평가'의 식 2.9와 동일하며, t_n은 n번째 데이터의 정답을 나타내는 라벨이다. 이때 식 5.7에서 n번째 데이터가 기여한 부분을 추출해서 다음과 같이 나타낸다.

$$E_n = -\{t_n \log P_n + (1 - t_n) \log(1 - P_n)\}$$

식 5.8

이렇게 볼 때 오차 함수 전체는 각각의 데이터가 기여한 부분의 합이 된다.

$$E = \sum_{n=1}^{N} E_n$$

식 5.9

기울기 벡터 ∇E는 편미분으로 계산되므로 다음 관계가 성립한다.

$$\nabla E = \sum_{n=1}^{N} \nabla E_n \qquad \text{식 5.10}$$

즉, 식 5.8에 대한 기울기 벡터 ∇E_n을 개별로 계산할 수 있다면 식 5.10에 의해 오차 함수 전체의 기울기 벡터를 구할 수 있게 된다. 따라서 이후에는 식 5.3 ~ 5.6는 n번째 데이터에 대한 계산식을 나타내는 것이라 생각하고, 다음에 대한 기울기 벡터를 계산해 간다.

$$E_n = -\left\{ t_n \log P + (1 - t_n) \log(1 - P) \right\} \qquad \text{식 5.11}$$

한편, 여기서 말하는 기울기 벡터는 식 5.11을 최적화 대상인 파라미터의 함수로 간주해서 각각의 파라미터로 편미분한 결과를 나열한 벡터다. 여기서는 최적화 대상 파라미터로 다음과 같은 것이 있다.

- 식 5.3에 포함된 파라미터: $w_{ji}^{(1)}$, $w_{j0}^{(1)}$
- 식 5.4에 포함된 파라미터: $w_{kj}^{(2)}$, $w_{k0}^{(2)}$
- 식 5.5에 포함된 파라미터: $w_k^{(3)}$, $w_0^{(3)}$

따라서 식 5.11을 이러한 파라미터로 편미분한 결과를 구할 수 있다면 기울기 벡터가 계산된다. 단, 이 파라미터들은 식 5.3 ~ 5.6의 관계식을 통해 식 5.11에 들어오므로 함수 간의 의존관계를 생각하면서 합성 함수를 미분해야 한다.

예를 들면, 식 5.5에 포함된 파라미터 $w_k^{(3)}$, $w_0^{(3)}$은 식 5.5의 $a^{(3)}$을 통해 식 5.11에 들어가므로 다음 함수가 성립된다.

$$\frac{\partial E_n}{\partial w_k^{(3)}} = \frac{\partial E_n}{\partial a^{(3)}} \frac{\partial a^{(3)}}{\partial w_k^{(3)}} \qquad \text{식 5.12}$$

$$\frac{\partial E_n}{\partial w_0^{(3)}} = \frac{\partial E_n}{\partial a^{(3)}} \frac{\partial a^{(3)}}{\partial w_0^{(3)}} \qquad \text{식 5.13}$$

여기서 식 5.12와 식 5.13의 우변에 공통인 첫 번째 편미분을 $\delta^{(3)}$이라는 기호로 나타내면 이는 다음과 같이 계산된다.

$$\delta^{(3)} := \frac{\partial E_n}{\partial a^{(3)}} = \frac{\partial E_n}{\partial P}\frac{\partial P}{\partial a^{(3)}} = -\left(\frac{t_n}{P} - \frac{1-t_n}{1-P}\right)\frac{\partial P}{\partial a^{(3)}}$$

$$= \frac{P-t_n}{P(1-P)}\frac{\partial P}{\partial a^{(3)}} = \frac{P-t_n}{P(1-P)}\sigma'\left(a^{(3)}\right)$$

식 5.14

시그모이드 함수 $\sigma(x)$의 미분 $\sigma'(x)$는 공식에 따라 계산할 수 있으므로 이렇게 해서 $\delta^{(3)}$을 구체적으로 계산할 수 있게 됐다. 반면, 식 5.12와 5.13의 우변에서 두 번째 편미분은 식 5.5에서 바로 계산할 수 있다.

$$\frac{\partial a^{(3)}}{\partial w_k^{(3)}} = h\left(a_k^{(2)}\right), \quad \frac{\partial a^{(3)}}{\partial w_0^{(3)}} = 1$$

식 5.15

이상의 내용을 정리하면 $w_k^{(3)}$, $w_0^{(3)}$에 의한 편미분은 다음과 같이 계산된다.

$$\frac{\partial E_n}{\partial w_k^{(3)}} = \delta^{(3)} \times h\left(a_k^{(2)}\right), \quad \frac{\partial E_n}{\partial w_0^{(3)}} = \delta^{(3)}$$

식 5.16

계속해서 식 5.4에 포함되는 파라미터인 $w_{kj}^{(2)}$, $w_{k0}^{(2)}$를 생각해 보면 이는 식 5.4의 $a_k^{(2)}$를 통해 식 5.11에 들어간다. 따라서 다음 관계가 성립한다.

$$\frac{\partial E_n}{\partial w_{kj}^{(2)}} = \frac{\partial E_n}{\partial a_k^{(2)}}\frac{\partial a_k^{(2)}}{\partial w_{kj}^{(2)}}$$

식 5.17

$$\frac{\partial E_n}{\partial w_{k0}^{(2)}} = \frac{\partial E_n}{\partial a_k^{(2)}}\frac{\partial a_k^{(2)}}{\partial w_{k0}^{(2)}}$$

식 5.18

여기서 식 5.17과 5.18의 우변에 공통인 첫 번째 편미분을 $\delta_k^{(2)}$라는 기호로 나타내면 이는 다음과 같이 계산된다.

$$\delta_k^{(2)} := \frac{\partial E_n}{\partial a_k^{(2)}} = \frac{\partial E_n}{\partial a^{(3)}}\frac{\partial a^{(3)}}{\partial a_k^{(2)}} = \delta^{(3)} \times w_k^{(3)} h'\left(a_k^{(2)}\right)$$

식 5.19

여기서 수식의 마지막 부분에는 $\delta^{(3)}$의 정의인 식 5.14와 식 5.5의 관계식을 사용했다. 활성화 함수 $h(x)$의 미분 $h'(x)$는 공식으로 계산할 수 있으므로 이렇게 해서 $\delta_k^{(2)}$는 구체적으로 계산할 수 있다. 식 5.17과 5.18의 우변 중 두 번째 편미분은 식 5.4에서 계산할 수 있으므로 그 결과를 대입해서 최종적으로 다음 관계가 얻어진다.

$$\frac{\partial E_n}{\partial w_{kj}^{(2)}} = \delta_k^{(2)} \times h\left(a_j^{(1)}\right), \quad \frac{\partial E_n}{\partial w_{k0}^{(2)}} = \delta_k^{(2)} \qquad \boxed{\text{식 5.20}}$$

이렇게 해서 $w_{kj}^{(2)}$, $w_{k0}^{(2)}$에 의한 편미분이 정해졌다. 마지막으로, 식 5.3에 포함된 파라미터 $w_{ji}^{(1)}$, $w_{j0}^{(1)}$을 생각해 보면 이는 식 5.3의 $a_j^{(1)}$을 통해 식 5.11에 들어가므로 다음 관계가 성립한다.

$$\frac{\partial E_n}{\partial w_{ji}^{(1)}} = \frac{\partial E_n}{\partial a_j^{(1)}} \frac{\partial a_j^{(1)}}{\partial w_{ji}^{(1)}} \qquad \boxed{\text{식 5.21}}$$

$$\frac{\partial E_n}{\partial w_{j0}^{(1)}} = \frac{\partial E_n}{\partial a_j^{(1)}} \frac{\partial a_j^{(1)}}{\partial w_{j0}^{(1)}} \qquad \boxed{\text{식 5.22}}$$

식 5.21과 5.22의 우변에 공통인 첫 번째 편미분을 $\delta_j^{(1)}$이라는 기호로 나타내면 이는 다음과 같이 계산된다.

$$\delta_j^{(1)} := \frac{\partial E_n}{\partial a_j^{(1)}} = \sum_{k=1}^{K_2} \frac{\partial E_n}{\partial a_k^{(2)}} \frac{\partial a_k^{(2)}}{\partial a_j^{(1)}} = \sum_{k=1}^{K_2} \delta_k^{(2)} \times w_{kj}^{(2)} h'\left(a_j^{(1)}\right) \qquad \boxed{\text{식 5.23}}$$

여기서 수식의 마지막 부분에는 $\delta_k^{(2)}$의 정의인 식 5.19와 식 5.4의 관계식을 사용했다. 식 5.21과 5.22의 우변 중 두 번째 편미분은 식 5.3에서 계산할 수 있으므로 그 결과를 대입해서 최종적으로 다음 관계를 얻을 수 있다.

$$\frac{\partial E_n}{\partial w_{ji}^{(1)}} = \delta_j^{(1)} \times x_i, \quad \frac{\partial E_n}{\partial w_{j0}^{(1)}} = \delta_j^{(1)} \qquad \boxed{\text{식 5.24}}$$

이렇게 해서 $w_{ji}^{(1)}$, $w_{j0}^{(1)}$에 의한 편미분이 정해졌다. 계산이 약간 길어졌는데, 공식으로 정리하면 다음 순서로 모든 파라미터에 의한 편미분, 즉 기울기 벡터를 계산할 수 있게 된다.

먼저, 출력 계층의 파라미터에 의한 편미분을 다음 식으로 계산한다.

$$\delta^{(3)} := \frac{\partial E_n}{\partial a^{(3)}} = \frac{P - t_n}{P(1 - P)} \sigma' \left(a^{(3)} \right)$$

식 5.25

$$\frac{\partial E_n}{\partial w_k^{(3)}} = \delta^{(3)} \times h \left(a_k^{(2)} \right), \frac{\partial E_n}{\partial w_0^{(3)}} = \delta^{(3)}$$

식 5.26

다음으로, 이 결과를 이용해 두 번째 은닉 계층의 파라미터에 의한 편미분을 다음 식으로 계산한다.

$$\delta_k^{(2)} := \frac{\partial E_n}{\partial a_k^{(2)}} = \delta^{(3)} \times w_k^{(3)} h' \left(a_k^{(2)} \right)$$

식 5.27

$$\frac{\partial E_n}{\partial w_{kj}^{(2)}} = \delta_k^{(2)} \times h \left(a_j^{(1)} \right), \quad \frac{\partial E_n}{\partial w_{k0}^{(2)}} = \delta_k^{(2)}$$

식 5.28

끝으로, 다시 이 결과를 이용해 첫 번째 은닉 계층의 파라미터에 의한 편미분을 다음 식으로 계산한다.

$$\delta_j^{(1)} := \frac{\partial E_n}{\partial a_j^{(1)}} = \sum_{k=1}^{K_2} \delta_k^{(2)} \times w_{kj}^{(2)} h' \left(a_j^{(1)} \right)$$

식 5.29

$$\frac{\partial E_n}{\partial w_{ji}^{(1)}} = \delta_j^{(1)} \times x_i, \quad \frac{\partial E_n}{\partial w_{j0}^{(1)}} = \delta_j^{(1)}$$

식 5.30

이와 같이 오차 함수의 편미분을 계산할 때는 출력 계층부터 차례로 입력 계층을 향해 계산해 간다. 일반적인 신경망 계산은 입력 계층부터 출력 계층을 향해 계산해 가는 데 반해, 역방향으로 계산된다는 점에서 이 계산 방법을 오차 역전파법(back propagation)이라고 한다.

위와 같은 예에서 알 수 있듯이 복수의 은닉 계층을 갖는 복잡한 신경망이라도 오차 역전파법을 따르면 기울기 벡터를 계산할 수 있다. 텐서플로 내부에는 신경망 구성과 함께 오차 역전파법에 필요한 계산식을 자동으로 준비하는 기능이 내장되어 있다.

한편, 식 5.10의 관계식에서도 알 수 있듯이 트레이닝 세트 데이터가 다수 존재할 경우에도 각각의 데이터에 대한 기울기 벡터를 개별로 계산하고, 마지막에 합산할 수 있다. 텐서플로에는 멀티 코어인 서버상에서는 멀티 스레드에 의해 병렬로 계산함으로써 복수의 데이터에 대한 기울기 벡터 계산을 병렬로 실행해서 계산 처리의 고속화를 꾀한다. 또한, 이 책에서는 다루지 않았지만, 복수의 서버에서 병렬로 계산하는 병렬 분산 처리 기능도 마련되어 있다.[3]

💬 칼럼
MNIST 다음은 notMNIST에 도전!

이번 장에서 설명한 '텐서플로 튜토리얼(TensorFlow Tutorials)'에는 MNIST 데이터 세트 분류에 이어서 CIFAR-10이라는 컬러 사진 이미지를 분류하는 방법을 소개하고 있다고 설명했다. 다만, 이 방법을 실제로 실행하려면 이에 상응하는 계산 리소스(계산 시간)가 필요하므로 그리 선뜻 시도해 보기 어려울 수 있다. 그래서 MNIST 다음 단계로 좀 더 부담 없이 시도해 볼 수 있는 예로 'notMNIST'라는 데이터 세트가 있다.[4]

이는 야로슬라브 블라소프(Yaroslav Bulatov)라는 사람이 개인적으로 작성, 공개하고 있는 것으로, '0' ~ '9' 사이의 숫자 대신 'A' ~ 'J' 사이의 알파벳을 모은 데이터 세트다. 다만, 필기 문자가 아니라 무료로 이용할 수 있는 사진 중에서 그림 같은 독특한 글자체를 모아서 만들어졌다. 과연 이 이미지들은 어느 정도의 정확도로 분류할 수 있을까?

이 장에서 완성된 2계층 CNN을 적용했을 때 테스트 세트에 대해 약 94%의 정답률이 나왔다. 필자의 블로그에는 이 데이터 세트를 텐서플로에서 이용하는 방법을 소개하고 있다.[5] 관심 있다면 정답률 향상을 목표로 모델을 개선하는 데 도전해 보는 것도 좋을 것이다.

---

[3] 🔗 Distributed TensorFlow https://www.tensorflow.org/how_tos/distributed/

[4] 🔗 notMNIST dataset http://yaroslavvb.blogspot.jp/2011/09/notmnist-dataset.html

[5] 🔗 Using notMNIST dataset from TensorFlow http://enakai00.hatenablog.com/entry/2016/08/02/102917

부록

A

맥OS와 윈도우에서의
환경 준비 방법

여기서는 맥OS와 윈도우에서 도커(Docker)를 이용해 이 책의 예제 코드를 로컬 PC에서 실행할 수 있는 환경을 준비하는 방법에 관해 설명한다. 그림 A-1과 같이 PC상의 도커 컨테이너에 주피터(Jupyter)를 실행하고, 로컬 웹 브라우저에서 접속해서 사용한다.

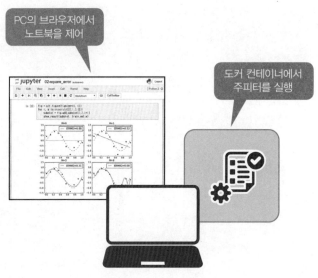

MacOS / Windows

그림 A-1 로컬 PC에서 주피터를 사용하는 모습

A.1 맥OS의 환경 준비 과정

이 책을 집필하는 시점에서 맥OS용 도커가 지원되는 것은 요세미티(Yosemite) 이후 버전이다. 여기서 소개하는 과정은 엘 캐피탄(El Capitan)에서 동작을 확인했다. 먼저, 도커 공식 웹사이트(https://www.docker.com)에서 맥OS용 도커를 다운로드한다(그림 A-2). 'Getting Started with Docker' 링크에서 다운로드 페이지를 열고 'Download Docker for Mac'을 클릭하면 설치 파일 Docker.dmg를 다운로드할 수 있다.

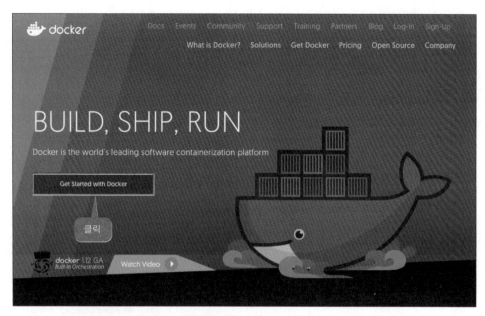

그림 A-2 도커 공식 웹사이트에서 'Getting Started with Docker'를 클릭

설치 파일을 열면 그림 A-3 화면이 표시되므로 왼쪽의 Docker 아이콘을 오른쪽 Applications 폴더로 드래그해서 애플리케이션 파일을 복사한 후, Applications 폴더에서 도커를 실행한다. 처음 실행 시에는 설치 팝업이 표시되므로 지시에 따라 설치를 완료하기 바란다.

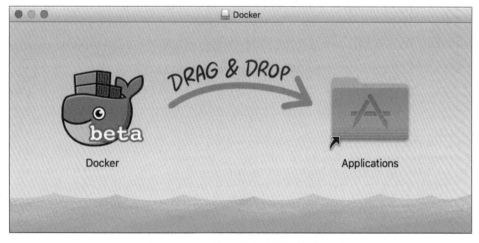

그림 A-3 애플리케이션 파일을 복사하는 화면

설치가 완료되고 도커가 실행되면 위쪽 메뉴바에 고래 아이콘이 표시된다. 이를 클릭해서

나타난 메뉴 중에 'Preferences'를 선택한 다음, 'Advanced' 탭에서 'Memory'를 4GB 이상으로 설정한다(그림 A-4). 'CPUs'는 임의로 지정하면 되지만, 예제 코드 실행 시간이 너무 오래 걸리지 않도록 4 이상으로 설정할 것을 권장한다. 마지막으로, 'Apply advanced settings'를 누르고 설정 변경을 반영한다.

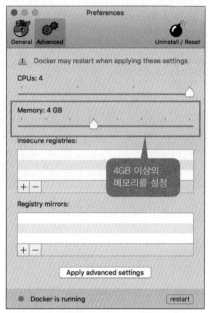

그림 A-4 도커의 설정 메뉴에서 메모리와 CPU를 설정

그러고 나서 맥OS에 있는 터미널을 열고 다음 명령을 실행하면 도커 허브(Docker Hub)로부터 이미지를 다운로드하고 컨테이너상에 주피터가 실행된다(그림 A-5). 참고로 '\'는 명령 중간에 개행할 때 입력하는 기호다.

```
$ mkdir $HOME/data ↵
$ docker run -itd --name jupyter -p 8888:8888 -p 6006:6006 \ ↵
    -v $HOME/data:/root/notebook -e PASSWORD=passw0rd \ ↵
    enakai00/jupyter_tensorflow:0.9.0-cp27 ↵
```

```
[ws10047:~ mynavi$ mkdir $HOME/data
[ws10047:~ mynavi$ docker run -itd --name jupyter -p 8888:8888 -p 6006:6006 \
[> -v $HOME/data:/root/notebook -e PASSWORD=passw0rd \
> enakai00/jupyter_tensorflow:0.9.0-cp27
Unable to find image 'enakai00/jupyter_tensorflow:0.9.0-cp27' locally
0.9.0-cp27: Pulling from enakai00/jupyter_tensorflow

a3ed95caeb02: Pull complete
da71393503ec: Pull complete
bd182e7407b8: Pull complete
ab00e726fd5f: Pull complete
d59566bcc7c5: Pull complete
7dfa8a8cd0f3: Pull complete
edc3b8fc01e0: Pull complete
7f0730d44ae5: Pull complete
608ebba7c0a3: Pull complete
42d6024691cd: Pull complete
06c005696a9c: Pull complete
Digest: sha256:4a1f4f8af59e5a1de09d3a2f46670cc4e7e5302c49a9470fd988330c1972c8b9
Status: Downloaded newer image for enakai00/jupyter_tensorflow:0.9.0-cp27
6ce4726f6ae89a04e592a89baf64a1056d144b4dbebec1436daccdf5c96fd46b
```

그림 A-5 명령을 실행했을 때

'-e PASSWORD' 옵션에는 웹 브라우저에서 주피터에 접속할 때 사용할 인증 패스워드를 지정한다. 이 예에서는 'passw0rd'를 지정하고 있다. 이후의 도커 제어 방법은 CentOS 7의 경우와 동일하므로 '1.2.1 CentOS 7에서의 준비 과정'에서 **05** 단계 이후를 참조하기 바란다. 한편, 이 과정에서 컨테이너를 실행한 경우 주피터에서 생성한 노트북 파일은 사용자의 홈 디렉터리(/User/<사용자명>) 아래에 있는 'data' 디렉터리에 저장된다(그림 A-6).

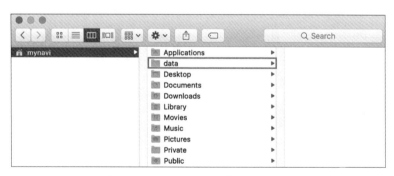

그림 A-6 노트북 파일은 'data' 폴더에 저장된다

웹 브라우저에서 주피터에 접속할 때는 URL 'http://localhost:8888'로 접속한다. 또한, 제3장과 제4장에서 텐서보드(TensorBoard)를 실행할 때는 URL 'http://localhost:6006'으로 텐서보드 화면에 접속하기 바란다. 그리고 제4장과 제5장의 예제 코드를 실행할 때는 불필요한 애플리케이션을 중지해서 충분한 메모리를 확보하기 바란다.

A.2 윈도우10의 환경 준비 과정

이 책을 집필하는 시점에서 윈도우용 도커를 지원하는 것은 64비트 윈도우10 Pro, Enterprise, Education 에디션이다. 다만, 도커와 주변 툴을 한 번에 설치해 주는 패키지인 'Docker Toolbox'를 이용하면 가상화 기술을 지원하는 64비트 윈도우7, 8(8.1), 10에서 이용할 수 있다.

Docker Toolbox에는 가상화 소프트웨어인 VirtualBox가 포함되어 있다. VirtualBox에서 가상 머신을 준비하고 그 위에 도커를 동작시키는 구조다. 다음은 Docker Toolbox를 사용하는 과정을 설명한다.

 가상화 기술 지원 여부를 확인하려면

사용하는 윈도우가 가상화 기술을 지원하는지는 다음 방법으로 확인할 수 있다.

- **윈도우7**
  마이크로소프트가 제공하고 있는 체크툴을 설치해서 확인
  https://www.microsoft.com/en-us/download/details.aspx?id=592

- **윈도우8/8.1/10**
  [Ctrl] + [Alt] + [Delete]를 눌러 작업 관리자를 띄운다. 만일 위쪽에 탭이 없으면 화면 왼쪽 아래에 있는 [자세히]를 클릭하면 나타난다. 위쪽에 '성능' 탭을 클릭해서 화면 아래쪽에 '가상화' 항목이 '사용'으로 표시되어 있다면 이용할 수 있다.

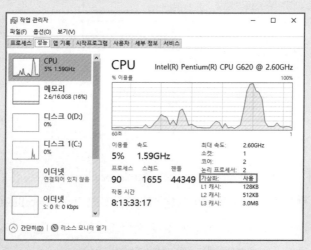

그림 A-7 작업 관리자에서 '가상화'를 확인

여기서 소개하는 과정은 윈도우10에서 동작을 확인할 수 있다.

처음에는 Docker Toolbox의 웹사이트(https://www.docker.com/products/docker-toolbox)에서 윈
도우용 도커를 다운로드한다(그림 A-8). 'Download'를 클릭하면 설치 파일 'DockerToolbox-
1.12.0.exe'를 다운로드할 수 있다(파일명 내의 버전은 다를 수 있다).

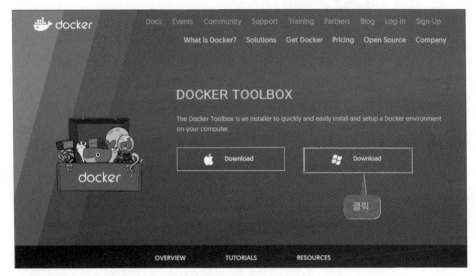

그림 A-8 Docker Toolbox의 웹사이트에서 [Download]를 클릭

다운로드한 파일을 더블 클릭해서 인스톨러를 실행한다. 여기서 '사용자 계정 컨트롤' 화면
이 표시될 경우에는 '예'를 클릭하고 계속 진행한다. 그림 A-9 화면이 나타나므로 설치 중
진단 데이터를 도커 측에 보내고 싶지 않은 경우에는 화면의 체크박스를 해제하고 [Next]를
클릭한다.

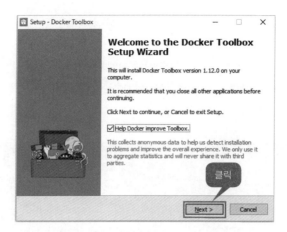

그림 A-9 인스톨러 화면에서 [Next]를 클릭

다음 화면에서는 설치 위치를 선택한다. 변경하고자 할 경우에는 원하는 경로를 지정한 후
[Next]를 클릭한다. 다음 그림 A-10 화면에서는 설치할 컴포넌트가 표시되므로 내용을 확
인하고 [Next]를 클릭한다.

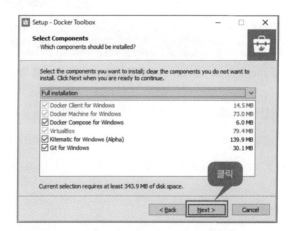

그림 A-10 설치할 컴포넌트를 확인하고 [Next]를 클릭

설치 중에 그림 A-11과 같은 화면이 나오면('이름' 부분이 다를 수도 있다) [설치]를 선택한다.

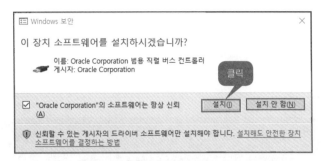

그림 A-11 이와 같은 화면이 나오면 [설치]를 클릭

화면에 나타나는 과정에 따라 그대로 진행해서 설치가 완료되었으면 프로그램 메뉴에서 [Docker → Docker Quickstart Terminal]을 선택해서 Docker Quickstart Terminal을 실행한다. 터미널이 열리고 몇몇 메시지가 표시된다. 도중에 [사용자 계정 컨트롤] 화면이 나오면 '예'를 클릭한다. 끝으로, 그림 A-12와 같은 화면이 되면 완료된 것이다. 'default'라는 이름의 가상 머신이 실행되고 있는 상태다.

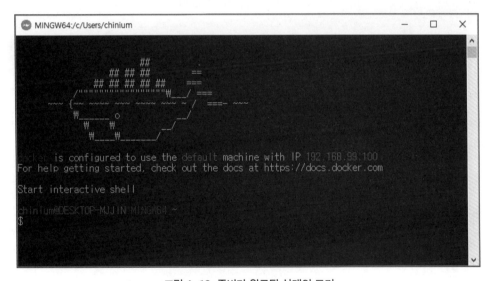

그림 A-12 준비가 완료된 상태의 도커

다음으로 아래 명령을 실행한다. 그러면 도커 허브(Docker Hub)로부터 이미지를 다운로드해서 컨테이너상에서 주피터가 실행된다(그림 A-13). '\'는 명령 도중에 개행할 때 입력하는 기호다.

```
$ mkdir $HOME/data ⏎
$ docker run -itd --name jupyter -p 8888:8888 -p 6006:6006 \ ⏎
    -v $HOME/data:/root/notebook -e PASSWORD=passw0rd \ ⏎
    enakai00/jupyter_tensorflow:0.9.0-cp27 ⏎
```

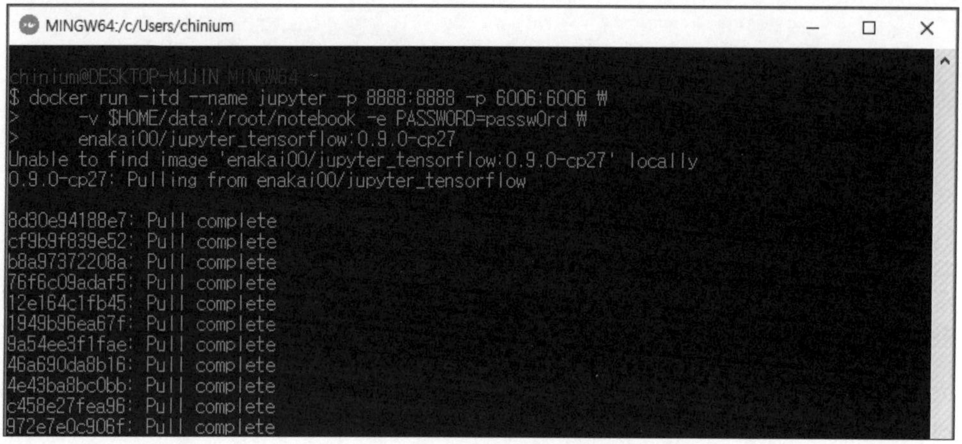

그림 A-13 명령을 실행했을 때

'-e PASSWORD' 옵션에는 웹 브라우저에서 주피터에 접속할 때 사용할 인증 패스워드를 지정한다. 이 예에서는 'passw0rd'를 지정하고 있다. 이후의 도커 제어 방법은 CentOS 7의 경우와 동일하므로 '1.2.1 CentOS 7에서의 준비 과정'에서 **05** 단계 이후를 참조하기 바란다. 한편, 이 단계에서 컨테이너를 실행한 경우, 주피터에서 생성한 노트북 파일은 사용자의 홈 디렉터리(/User/<사용자명>) 아래에 있는 'data' 디렉터리에 저장된다.

웹 브라우저에서 주피터에 접속할 때는 URL 'http://localhost:8888'로 접속한다(만일 제대로 안 될 경우에는 'docker-machine ip'라고 입력해서 얻어진 IP 주소를 기반으로 'http://<IP 주소>:8888'로 접속해 보기 바란다). 또한, 제3장과 제4장에서 텐서보드를 실행할 때는 URL 'http://localhost:6006' 혹은 'http://<IP 주소>:6006'으로 텐서보드 화면에 접속하기 바란다.

준비를 마쳤으면 도커에서 사용할 메모리를 늘려 두도록 하자. 일단 아래 명령으로 가상 머신을 정지한다.

```
# docker-machine stop default ⏎
```

계속해서 프로그램 메뉴에서 [Oracle VM VirtualBox]를 실행한다. 왼쪽에 [default]라는 이름의 VM을 선택하고, 위쪽에 [설정]을 클릭한다(그림 A-14).

화면 왼쪽에 [시스템]을 선택하고, 오른쪽에 [마더보드] 탭의 [기본 메모리] 슬라이더를 움직여서 4GB 이상으로 설정해 둔다(그림 A-15). 또한, [프로세서] 탭에서는 [프로세서 개수]를 지정할 수 있다. 설정은 임의로 하면 되지만, 예제 코드 실행 시간이 너무 길어지지 않도록 4 이상으로 설정할 것을 권장한다. 설정을 마쳤으면 [확인]을 클릭하고, VirtualBox를 종료한다.

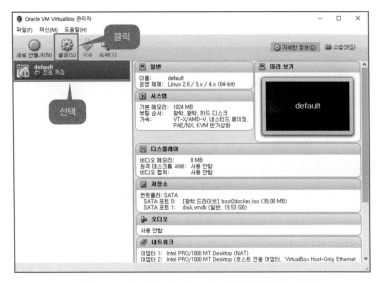

그림 A-14 [Oracle VM VirtualBox]에서 [설정]을 클릭

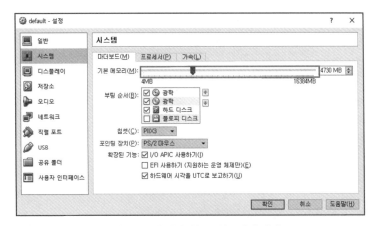

그림 A-15 슬라이더를 드래그해서 설정

도커에서 작업을 계속할 경우에는 다음 명령으로 가상 머신을 다시 실행한다.

```
# docker-machine start default ↵
```

B 파이썬 2의 기본 문법

B.1 Hello, World!와 자료형, 연산

■ Hello, World!

먼저, print문으로 문자열을 표시하는 예다. 문자열은 홑따옴표(') 또는 겹따옴표(")로 감싼다. '#'을 쓰면 해당 행의 '#'부터 오른쪽은 모두 주석 처리된다. 한편, 아래 코드에서 직선 아래에 있는 내용은 출력 결과다.

```
# 'Hello, World!'를 표시
print 'Hello, World!'
———————————————————————————————————————
Hello, World!
```

■ 변수 대입과 연산

변수에는 임의의 자료형의 값을 대입할 수 있다. 다음은 정수를 대입하고 덧셈을 하는 예다. print문에 복수의 변수를 ','로 구분해서 지정하면 개행 없이 이어서 출력된다.

```
a = 10
b = 20
c = a + b
print a, b, c
———————————————————————————————————————
10 20 30
```

■ 정수형과 부동 소수점형

파이썬에는 정수형(int형)끼리의 계산과 부동 소수점형(float형)을 포함하는 계산이 엄밀하게 구별된다. 정수형끼리의 계산 결과는 반드시 정수가 된다. 다음의 첫 번째 예에서는 정수형끼리의 계산으로 간주되며, 계산 결과에서 소수점 이하는 버려진다.

```
print 3/2
print 3/2.0

1
1.5
```

■ 연산자

주요 사칙 연산자와 대입 연산자는 다음과 같다.

표 B.1 사칙 연산자

연산자	의미	예 (답)
+	덧셈	2+4 (6)
-	뺄셈	6-3 (3)
*	곱셈	3*3 (9)
/	나눗셈	9/4 (2.25)
%	나누기를 한 나머지	9%4 (1)
**	거듭제곱	2**3 (8)

표 B.2 대입 연산자

연산자	의미
+=	좌변에 우변을 더하고 대입
-=	좌변에서 우변을 빼고 대입
*=	좌변에 우변을 곱하고 대입
/=	좌변을 우변으로 나누고 대입

B.2 문자열

■ 문자열의 기본 조작

복수행에 걸치는 문자열을 지정할 때는 ''' 또는 """를 세 개 연속해서 나열한 삼중따옴표를 사용한다. 다음과 같이 개행도 문자열에 포함된다.

```
html_text = '''
<html>
  <body>
```

```
    </body>
</html>
'''
print html_text
```

```
<html>
  <body>
  </body>
</html>
```

두 개의 문자열은 '+'로 연결한다.

```
print 'TensorFlow' + ' 학습'
```

```
TensorFlow 학습
```

문자열을 부분적으로 추출할 경우에는 첨자(인덱스)를 사용한다. 첨자는 0부터 시작하며
[a:b]의 형태로 썼을 때 'a'부터 'b'의 바로 전'까지의 문자를 추출한다. a 혹은 b를 생략하면
처음부터 혹은 끝까지를 뜻한다.

```
string = 'TensorFlow'
print string[1:6]
print string[:6]
print string[6:]
```

```
ensor
Tensor
Flow
```

■ 문자열의 포맷

다음은 문자열 안에 변숫값을 포함시키는 예다. 문자열 안에 %d, %f, %s와 같은 포맷 기호를
지정하고, 그 뒤에 '%'를 덧붙여 변수를 지정한다. 포맷 기호는 C언어의 printf문과 같다.
다음의 마지막 예와 같이 복수의 변수를 지정할 때는 ( )로 감싼 튜플을 이용한다.

```
a = 123
b = 3.14
c = 'Hello, World!'

print '정수 %d를 출력' % a
```

```
print '부동 소수점 %f를 출력' % b
print '문자열 %s를 출력' % c
print '복수의 변수 %d, %f, %s를 출력' % (a, b, c)
```
```
정수 123을 출력
부동 소수점 3.140000을 출력
문자열 Hello, World!을 출력
복수의 변수 123, 3.140000, Hello, World!을 출력
```

B.3 리스트와 딕셔너리

■ 리스트(배열)

리스트(배열)은 [ ] 내에 복수의 값을 ',' 구분자로 나열해서 작성한다. 문자열과 마찬가지로 첨자를 이용해 일부를 추출할 수 있다. 값의 추가, 변경, 삭제도 가능하다. 다음은 리스트의 일부를 첨자로 추출하는 예다.

```
a = [10, 20, 30, 40]
print a
print a[0]
print a[1:3]
```
```
[10, 20, 30, 40]
10
[20, 30]
```

다음은 첨자로 지정한 부분을 변경하는 예다.

```
a = [10, 20, 30, 40]
a[0] = 15
print a
a[1:3] = [25, 35]
print a
```
```
[15, 20, 30, 40]
[15, 25, 35, 40]
```

다음은 빈 리스트에 값을 추가해 가는 예다.

```
a = []
a.append(10)
```

```
print a
a.append(20)
print a
```

```
[10]
[10, 20]
```

range 함수를 이용하면 등차수열의 리스트를 생성할 수 있다. range(a, b, c)는 a 이상 b 미만의 값을 step c로(c만큼 건너뛰면서) 생성한다. c를 생략하면 step 1이 된다. 또한, a를 생략하면 0부터 시작한다.

```
print range(10)
print range(1,7)
print range(1,10,2)
```

```
[0, 1, 2, 3, 4, 5, 6, 7, 8, 9]
[1, 2, 3, 4, 5, 6]
[1, 3, 5, 7, 9]
```

■ 딕셔너리

딕셔너리(사전형)는 키와 값을 쌍으로 저장한다. 값을 추출할 때는 키를 지정한다. 다음은 딕셔너리를 정의한 후에 키를 지정해서 값을 추출하는 예다.

```
price = {'Apple': 250, 'Banana': 100, 'Melon': 5000}
print price['Apple']
```

```
250
```

다음은 빈 딕셔너리를 정의한 후에 키를 지정해서 값을 등록해 가는 예다.

```
price = {}
price['Apple'] = 250
price['Banana'] = 100
print price
```

```
{'Apple': 250, 'Banana': 100}
```

B.4 제어구문

■ 반복처리

다음은 리스트의 값을 차례로 변수에 대입하면서 처리를 반복하는 예다. 반복 대상 블록은
들여쓰기(indent)로 나타낸다.

```
for n in [1, 2, 3]:
    print n,    # 반복 대상
    print n*10  # 반복 대상

1 10
2 20
3 30
```

enumerate 함수에 리스트를 넘기면 각 요소에 0부터 시작하는 일련 번호를 얻을 수 있다.
다음 예를 참고하기 바란다.

```
for n, fruit in enumerate(['Apple', 'Banana', 'Melon']):
    print "%d: %s" % (n, fruit)

0: Apple
1: Banana
2: Melon
```

■ 조건분기

if문을 이용한 조건분기는 다음 서식으로 기술한다. 조건이 참/거짓인 경우에 실행할 블록
은 들여쓰기로 나타낸다.

```
if (조건):
    <조건이 성립하는 경우의 처리>
else:
    <조건이 성립하지 않는 경우의 처리>
```

복수의 조건을 지정할 때는 다음과 같다.

```
if (조건1):
    <조건1이 성립하는 경우의 처리>
```

```
elif (조건2):
    <(조건1이 성립하지 않고) 조건2가 성립하는 경우의 처리>
else:
    <그 밖의 경우의 처리>
```

while문은 조건이 성립하고 있는 동안 블록 내의 처리를 반복한다. 블록 내에서는 continue(이후 처리를 수행하지 않고 블록의 처음으로 돌아간다) 및 break(강제적으로 블록을 빠져 나온다)를 사용할 수 있다. 다음은 1~100의 자연수에 대해 3의 배수를 제외하고, 10의 배수를 출력하는 예다.

```
i = 0
while (i<100):
    i += 1
    if i % 3 == 0:
        continue
    if i % 10 == 0:
        print i,
```
10 20 40 50 70 80 100

if문과 while문의 조건 부분에 사용하는 주요 비교 연산자는 다음과 같다.

표 B.3 비교 연산자

연산자	예	의미
==	a==b	a와 b가 같다
!=	a!=b	a와 b가 같지 않다
>, <	a>b	a는 b보다 크다
>=, <=	a>=b	a는 b보다 크거나 같다
or	a or b	a와 b 중 적어도 하나가 성립한다
and	a and b	a와 b 모두 성립한다
not	not a	a는 성립하지 않는다

■ with 구문

with 구문은 특별한 전처리 및 후처리를 자동 실행하는 기능을 제공한다. 예를 들면, with 구문을 이용해 파일을 열면 블록 종료 시에 자동적으로 파일을 닫는다. 다음은 바이너리 파일 'datafile'을 읽기 전용 모드로 여는 예다.

```
with open ('datafile', 'rb') as file:
    <변수 file을 이용해 파일에 액세스한다>
```

■ 리스트의 내포 표기

다음과 같이 for문을 이용한 루프로 리스트를 생성하는 경우가 있다.

```
list1 = []
for x in range(10):
    list1.append(x*2)

print list1
```
```
[0, 2, 4, 6, 8, 10, 12, 14, 16, 18]
```

이와 같은 처리는 '리스트의 내포 표기(list comprehension)'를 이용하면 다음과 같이 한 행으로 정리해서 쓸 수 있다.

```
list2 = [x*2 for x in range(10)]

print list2
```
```
[0, 2, 4, 6, 8, 10, 12, 14, 16, 18]
```

또는 이중 루프로 2차원 리스트를 생성할 경우에도 마찬가지다. 다음 list3과 list4는 같은 내용이다.

```
list3 = []
for y in range(1,4):
    list_in = []
    for x in range(1,4):
        list_in.append(y*x)
    list3.append(list_in)

list4 = [[y*x
          for x in range(1,4)]
         for y in range(1,4)]

print list3
print list4
```
```
[[1, 2, 3], [2, 4, 6], [3, 6, 9]]
[[1, 2, 3], [2, 4, 6], [3, 6, 9]]
```

B.5 함수와 모듈

■ 함수의 정의

독자적인 함수를 정의할 때는 다음 서식을 이용한다.

```
def 함수명(인수1, 인수2, …):
    함수에서 실행할 처리
    return <반환값>
```

다음은 8%인 소비세를 계산하는 함수 tax를 정의해서 이용하는 예다. tax의 반환값은 부동소수점형이지만, print문으로 출력할 때 포맷 기호 %d를 이용해서 정수 부분만을 출력하고 있다.

```
def tax(price):
    tax = price * 0.08
    return tax

for x in range(100,300,50):
    print "가격: %d, 소비세: %d" % (x, tax(x))
```
```
가격: 100, 소비세: 8
가격: 150, 소비세: 12
가격: 200, 소비세: 16
가격: 250, 소비세: 20
```

■ 모듈 임포트

모듈은 도움이 되는 클래스, 함수, 정수 등이 미리 정의된 라이브러리 파일이다. 기존 모듈을 임포트함으로써 거기에 포함된 컴포넌트를 이용할 수 있게 된다. 예를 들어, 다음을 실행하면 numpy 모듈에 포함된 함수를 np.<함수명>으로 호출할 수 있게 된다.

```
import numpy as np
```

컴포넌트를 지정해서 임포트하면 컴포넌트 이름으로 직접 호출할 수도 있다. pandas 모듈에서 DataFrame 클래스와 Series 클래스를 임포트해서 동일한 이름(DataFrame과 Series)으로 이용할 수 있게 된다.

```
from pandas import DataFrame, Series
```

> **참고 정보**
>
> 파이썬 2의 내장 함수와 표준 모듈에 관해서는 다음 공식 문서를 참고하기 바란다.
>
> · 파이썬 표준 라이브러리 – v2.7
>   (http://docs.python.jp/2.7/library/index.html)
>
> 또한, 텐서플로에서 사용하는 파이썬 함수에 관해서는 다음 문서도 참고하기 바란다.
>
> · TensorFlow Python reference documentation
>   (https://www.tensorflow.org/api_docs/python/)
>
> · 위 페이지의 'Neural Network' 섹션
>   (https://www.tensorflow.org/versions/r0.9/api_docs/python/nn.html)

C 수학 공식

■ 수열의 합과 곱을 나타내는 기호

기호 $\sum$와 기호 $\prod$는 각각 수열의 합과 곱을 나타낸다. 다음은 $x_1 \sim x_N$의 합과 곱을 뜻한다.

$$\sum_{n=1}^{N} x_n = x_1 + x_2 + \cdots + x_N$$

$$\prod_{n=1}^{N} x_n = x_1 \times x_2 \times \cdots \times x_N$$

이 식에 포함된 문자 n은 프로그램 코드에서 반복 처리의 루프를 도는 로컬 변수에 해당하는 것이다. 다른 문자로 변경하더라도 계산의 내용은 변하지 않는 점에 주의하기 바란다.

■ 행렬의 계산

$N \times M$ 행렬은 행수(세로의 길이)가 N이고, 열수(가로의 길이)가 M인 행렬을 나타낸다. $N \times M$ 행렬과 $M \times K$ 행렬의 곱은 $N \times K$ 행렬이 된다. 다음은 2×3 행렬과 3×2 행렬의 곱을 계산하는 예다.

같은 크기인 행렬의 합은 대응하는 성분끼리의 합으로 나타낸다.

$$\begin{pmatrix} a_1 & a_2 \\ a_3 & a_4 \end{pmatrix} + \begin{pmatrix} b_1 & b_2 \\ b_3 & b_4 \end{pmatrix} = \begin{pmatrix} a_1 + b_1 & a_2 + b_2 \\ a_3 + b_3 & a_4 + b_4 \end{pmatrix}$$

특히, 한 열에 성분을 나열한 가로 벡터는 $1 \times N$ 행렬, 한 행에 성분을 나열한 세로 벡터는

$N \times 1$ 행렬로 다룰 수 있다. 또한, 전치기호 T는 행렬의 행과 열을 바꾸는 조작을 나타내는 것으로, 특히 세로 벡터와 가로 벡터를 바꾸는 효과가 있다.

$$(x_1, x_2, \cdots, x_N)^{\mathrm{T}} = \begin{pmatrix} x_1 \\ x_2 \\ \vdots \\ x_N \end{pmatrix}$$

■ 로그함수

로그함수 $y = \log x$는 지수함수 $y = e^x$의 역함수로 정의된다. 여기서 e는 네이피어 상수 $e = 2.718\cdots$을 나타낸다. 이 책의 내용을 이해하기 위해서는 $y = \log x$가 단조증가함수 (x가 증가하면 $\log x$도 증가한다)라는 점과 다음 공식이 성립한다는 점만 알면 충분하다.

$$\log ab = \log a + \log b, \ \log a^n = n \log a$$

■ 편미분

복수의 변수를 갖는 함수에 대해 특정 변수로 미분하는 것을 편미분이라고 한다.

$\dfrac{\partial E(x, y)}{\partial x}$: y를 고정하고 x로 미분

$\dfrac{\partial E(x, y)}{\partial y}$: x를 고정하고 y로 미분

특히, 각각의 변수로 편미분한 결과를 나열한 벡터를 '기울기 벡터'라고 하며, 다음 기호로 나타낸다.

$$\nabla E(x, y) = \begin{pmatrix} \dfrac{\partial E(x,y)}{\partial x} \\[2ex] \dfrac{\partial E(x,y)}{\partial y} \end{pmatrix}$$

찾아보기